Storia e Società

a cura di
Emilio Gentile   Spencer M. Di Scala

Mussolini socialista

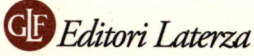

© 2015, Gius. Laterza & Figli,
ad eccezione della lingua inglese

www.laterza.it

Prima edizione maggio 2015

			Edizione		
1	2	3	4	5	6
				Anno	
2015	2016	2017	2018	2019	2020

Proprietà letteraria riservata
Gius. Laterza & Figli Spa, Roma-Bari

Questo libro è stampato
su carta amica delle foreste

Stampato da
SEDIT - Bari (Italy)
per conto della
Gius. Laterza & Figli Spa
ISBN 978-88-581-1968-6

È vietata la riproduzione, anche
parziale, con qualsiasi mezzo effettuata,
compresa la fotocopia, anche
ad uso interno o didattico.
Per la legge italiana la fotocopia è lecita
solo per uso personale *purché
non danneggi l'autore*. Quindi ogni
fotocopia che eviti l'acquisto
di un libro è illecita e minaccia
la sopravvivenza di un modo
di trasmettere la conoscenza.
Chi fotocopia un libro, chi mette
a disposizione i mezzi per fotocopiare,
chi comunque favorisce questa pratica
commette un furto e opera
ai danni della cultura.

PREMESSA

Le vicende biografiche di Mussolini nel periodo in cui fu militante socialista, fra il 1902 e il 1914, sono state largamente studiate fin dall'epoca del regime fascista, e soprattutto dopo la fine del fascismo e la morte del suo duce. Varie e contrastanti sono state le interpretazioni che gli storici hanno dato del Mussolini socialista, oscillanti fra chi lo ha accostato a Lenin per la concezione della rivoluzione e del partito rivoluzionario, e chi invece ha negato che Mussolini sia mai stato veramente socialista e marxista, persino quando fu uno dei massimi dirigenti del Partito socialista italiano e il direttore dell'«Avanti!». Quasi tutte queste interpretazioni sono state influenzate dalla successiva esperienza fascista, con la tendenza a rintracciare nel Mussolini socialista il Mussolini fascista.

A cento anni dall'intervento italiano nella Grande Guerra, che fu all'origine della drammatica rottura fra Mussolini e il Partito socialista, avvenuta in seguito alla sua conversione all'interventismo, alla fondazione del quotidiano «Il Popolo d'Italia» e alla sua espulsione dal Psi, i curatori e gli altri autori di questo volume hanno ritenuto utile riesaminare l'esperienza socialista di Mussolini senza proiettare retroattivamente su di essa le esperienze successive del Mussolini promotore del fascismo e duce di un regime totalitario. Ciascun autore ha trattato un aspetto o un momento particolare del Mussolini socialista, sulla base delle proprie specifiche competenze.

Il soggiorno di Mussolini in Svizzera, uno dei più importanti per la sua formazione culturale e politica, è qui analizzato, sulla base di nuovi documenti, dallo studioso svizzero Simone Visconti, che anticipa parte della sua ricerca sulla cultura di Mussolini dal socialismo al fascismo; il successivo soggiorno di Mussolini a Trento, e in particolare i rapporti con Cesare Battisti, sono analizzati da Stefano Biguzzi, autore di un'importante biografia dell'irredentista trentino. Sulla controversa influenza del sindacalismo rivoluzionario sul pensiero e sull'azione mussoliniana getta nuova luce Marco Gervasoni, uno dei maggiori studiosi italiani del pensiero di Georges Sorel, del sindacalismo rivoluzionario e della cultura politica socialista. Due storici americani hanno invece indagato i rapporti fra Mussolini e il socialismo riformista: Spencer M. Di Scala, autore di studi fondamentali su Filippo Turati e il socialismo italiano, ha analizzato l'atteggiamento dei riformisti di sinistra nei confronti del rivoluzionarismo mussoliniano, mentre Charles Killinger, il principale biografo americano di Salvemini, ha messo in luce gli aspetti di profonda dissonanza e i momenti di contingente concordanza fra il rivoluzionario romagnolo e il riformista dissidente pugliese. A Pierluigi Allotti, giornalista professionista e storico del giornalismo, è stato affidato il capitolo dedicato a Mussolini giornalista. Emilio Gentile, infine, ha ripercorso l'esperienza socialista mussoliniana dall'esordio della militanza socialista fino alla conversione all'interventismo, mettendo al centro dell'indagine il significato che la realtà e l'ideale della Terza Italia ebbe nel rivoluzionarismo di Mussolini e nella sua conversione all'interventismo.

In libri come questi, qualche ripetizione è inevitabile, come lo è una diversità di valutazione e di giudizi su questioni particolari. Ma di questa diversità certamente si avvantaggia il tentativo di analizzare il pensiero e l'azione del socialista Mussolini senza vederlo già vestito in camicia nera, alla guida di squadre armate per distruggere il Partito socialista, che lui stesso aveva contribuito in modo decisivo a incamminare sulla via senza ritorno del rivoluzionarismo massimalista.

I Curatori

MUSSOLINI SOCIALISTA

L'EDUCAZIONE RIVOLUZIONARIA
DI UN ROMAGNOLO IN SVIZZERA

di Simone Visconti

Il 9 luglio 1902 Mussolini lasciò Pieve di Gualtieri, in Emilia, dove lavorava da febbraio come insegnante, per la Svizzera. Le difficoltà professionali legate alla sua condizione di maestro senza posto fisso, e, dunque, la prospettiva di ritrovarsi di nuovo a carico della famiglia lo spinsero a cercare fortuna altrove[1]. Non è da escludere che a motivare questa scelta concorresse anche un certo gusto per l'avventura, un aspetto sul quale le agiografie della Sarfatti e del De Begnac hanno particolarmente insistito. Se è vero, come Mussolini stesso scrisse nella sua autobiografia, che mentì alla famiglia e all'amico Bedeschi a proposito del lavoro che lo aspettava in Svizzera, partendo perciò senza «meta fissa»[2], non per questo la sua fu una scelta originale e improvvisata, ma avvenne nella scia di una consistente emigrazione italiana verso quel paese.

Alla fine del XIX secolo, un importante sviluppo industriale, dovuto alla costruzione di imponenti infrastrutture legate allo sviluppo ferroviario e dell'industria (ponti, gallerie, dighe), attirava in Svizzera un numero sempre maggiore di lavoratori stranieri; tra questi, gli italiani figuravano al secondo posto dopo i tedeschi: erano presenti in maggioranza nel settore edilizio, dove fornivano il grosso della manodopera poco qualificata[3]. Tra il 1876 e il

---

[1] B. Mussolini, «Lettera a Sante Bedeschi», Gualtieri, 6 giugno 1902, in B. Mussolini, *Opera Omnia* (d'ora in poi M., *O. O.*), a cura di E. e D. Susmel, La Fenice-Volpe, Firenze-Roma 1951-80, 44 voll., vol. I, p. 210.

[2] M., *O. O.*, XXXIII, *La mia vita dal 29 luglio 1883 al 23 novembre 1911*, p. 248.

[3] Su questi aspetti si veda in particolare G. Arlettaz e S. Arlettaz, *La Suisse et les étrangers. Immigration et formation nationale, 1848-1933*, Éditions Antipo-

1910, le partenze italiane per la Svizzera rappresentavano l'8,7% (982.000 individui) della massa migrante[4], una percentuale composta soprattutto da italiani del Nord, manovali e muratori che emigravano spesso per una stagione o per un periodo limitato[5]. Quella di Mussolini fu dunque una decisione in accordo con le pratiche e le abitudini migratorie della sua regione[6].

Anche da un punto di vista socioprofessionale, Mussolini non rappresentava un caso isolato nell'emigrazione dell'epoca: egli apparteneva alla fascia del basso ceto impiegatizio, maestri e insegnanti che, malgrado il processo di scolarizzazione, non riuscivano a trovare un impiego ed erano costretti a scegliere tra emigrare all'estero o accettare un lavoro più umile nel proprio paese[7]. Non fu dunque la miseria, tanto meno una ragione politica, a spingere Mussolini a partire, ma la ricerca di nuove possibilità e occasioni per una più soddisfacente e consistente realizzazione personale[8]. L'attività politica si rivelò solo in seguito un possibile sbocco professionale capace di valorizzare le sue competenze intellettuali e garantirgli un certo prestigio sociale[9], sebbene non fosse la sola e unica attività a cui si dedicò, visto che in Svizzera Mussolini dovette cercare diverse soluzioni per procurarsi da vivere.

Stabilire con precisione quanto Mussolini lavorò, in che condizioni e con quale stipendio non è possibile, almeno non attraverso

---

des, Lausanne 2004, pp. 40, 41, 22-24. Si veda anche M. Vuilleumier, *Les ouvriers italiens en Suisse avant 1914: les difficultés d'une intégration*, in A. Bechelloni, M. Dreyfus e P. Milza (dir.), *L'intégration italienne en France. Un siècle de présence italienne dans trois régions françaises (1880-1980)*, Complexe, Bruxelles 1995, pp. 409-420.

[4] M. Cerutti, *Un secolo di emigrazione italiana in Svizzera (1870-1970), attraverso le fonti dell'Archivio federale*, in «Studi e fonti. Pubblicazioni dell'Archivio federale svizzero», XX, 1994, p. 12.

[5] G.M. Sabino, «*In Svizzera*», in P. Bevilacqua, A. De Clementi e E. Franzina (a cura di), *Storia dell'emigrazione italiana. Arrivi*, Donzelli, Roma 2001, p. 148.

[6] Nelle sue memorie il socialista italiano Luigi Fonti ricorda un gruppo numeroso di socialisti emiliani e romagnoli in Ticino, cfr. L. Fonti, *Un socialista italiano in Ticino*, Mimesis, Milano 2010, p. 70.

[7] P. Milza, *Mussolini*, Fayard, Paris 1999, p. 55.

[8] Sulle ragioni della partenza di Mussolini si vedano le riflessioni di Milza, ivi, pp. 55-56.

[9] I maestri furono una categoria socioprofessionale sollecitata dai dirigenti del Partito socialista per l'opera di propaganda, cfr. M. Ridolfi, *Il PSI e la nascita del partito di massa, 1892-1922*, Laterza, Roma-Bari 1992, p. 182.

le sue testimonianze scritte, troppo vaghe al riguardo o esageratamente dettagliate su eventi particolari ma limitati nel tempo: emblematica è, in proposito, la lettera a Bedeschi, da cui emerge l'immagine del muratore costretto a lottare contro la miseria, utilizzata dalle future agiografie fasciste per parlare dell'esperienza svizzera. La realtà fu ben diversa, come dimostrano la lettera a Teofilo Panuzzi[10] e l'autobiografia.

Il soggiorno svizzero segnò un periodo di intensa attività politica retribuita, realizzata attraverso la redazione di articoli e conferenze, un'attività però non sufficiente al suo sostentamento, che lo obbligava frequentemente a completare le entrate con lavori provvisori e spesso poco interessanti: manovale, commesso, impiegato d'ufficio, insegnante privato.

Fatta eccezione per alcune giornate di lavoro da manovale a Orbe, Mussolini cominciò ben presto l'attività politica: il suo primo articolo uscì il 9 agosto, a poco meno di un mese dal suo arrivo in Svizzera, mentre il 24 agosto tenne una conferenza a Montreux. Dal 29 agosto ricoprì la carica di vicesegretario del Sindacato muratori e manovali di Losanna, e poco dopo, il 6 settembre, venne eletto segretario[11]. La retribuzione era di soli 5 franchi mensili, ma a questi vanno aggiunti i compensi per gli articoli e le conferenze[12]. Mussolini percepì nel 1902, in media, dai 15 ai 20 franchi al mese per gli articoli[13]. Nel 1903, tra maggio e ottobre, scrisse nove articoli per un ammontare di 90 franchi, corrispondenti a una media di 15 franchi mensili.

Questa stima approssimativa deve essere riportata alle condizioni economiche dell'epoca. Il salario medio di un operaio variava dai 70 ai 130 franchi al mese[14]. Leggermente superiore era la re-

---

[10] M., *O. O.*, XXXVIII, «Lettera a Teofilo Panizzi», Berna, 8 marzo 1903, p. 1.

[11] Archives Cantonales Vaudoises (d'ora in poi ACV), Archives privées, Fonds Jaquillard (Robert), Benito Mussolini: photographies de groupe et photographies de procès-verbaux d'assemblée PP 736, 5, 3 (= T 9, 5), Assemblea del 29 agosto 1902, Assemblea del 6 settembre 1902.

[12] Mussolini ricevette un compenso di 5 franchi per una conferenza a Coira, cfr. M. Bezençon, *La vie âpre et aventureuse de Mussolini en Suisse*, in «L'Illustration», 882, agosto 1938, p. 28.

[13] Si è scelta come unità di misura la somma di 10 franchi ad articolo, così fu pagato dal «Proletario» diretto da Serrati, si veda M., *O. O.*, XXXVIII, «Lettera a Teofilo Panizzi», Berna, 8 marzo 1903, p. 1.

[14] I dati sono tratti da G. De Michelis, *L'emigrazione italiana nella Svizzera*, No-

tribuzione del segretario del Partito socialista italiano in Svizzera, il quale percepiva, secondo gli statuti, 140 franchi (60 franchi per la redazione del giornale «L'Avvenire del Lavoratore», 50 franchi venivano dalle corrispondenze per l'«Avanti!» e 30 franchi dalla cassa del partito[15]). Altro elemento indispensabile per l'analisi delle condizioni economiche di Mussolini in Svizzera è il costo della vita. I socialisti italiani, in un loro studio sulla situazione materiale dei lavoratori italiani in Svizzera all'inizio del secolo, sostenevano che la spesa media mensile di un operaio si aggirava attorno ai 65 franchi[16]. Ma è probabile che si potesse vivere con meno, se si considera che verso la fine dell'Ottocento l'assistenza pubblica losannese elargiva ai più bisognosi tra i 12 e i 20 franchi al mese[17].

I soli proventi derivanti dall'attività politica, i 15 o 20 franchi al mese, escluse le conferenze, non furono certo sufficienti al suo sostentamento, ma sicuramente evitarono a Mussolini di patire la fame, e resero la sua permanenza in Svizzera meno misera di quanto egli abbia cercato di dipingerla.

Il dato più importante e più utile per comprendere l'esperienza di Mussolini in Svizzera non è quello economico e quantitativo, ma piuttosto quello sociologico. Quali che fossero le sue condizioni di vita, Mussolini frequentò sempre e solo la parte più intellettuale dell'emigrazione, avvocati (Salvatore Donatini, Tito Barboni), pubblicisti e organizzatori politici (Giacinto Menotti Serrati, Angelica Balabanoff), studenti universitari, maestri come lui (Ottavio Dinale), ma anche artigiani (il sarto Sigismondo Bartoli) e commercianti (Carlo De Paulis). La categoria dei muratori e manovali, alla quale Mussolini più tardi pretese di appartenere,

---

te redatte per incarico del Commissariato della Emigrazione (ministero degli Affari Esteri), G. Bertero, Roma 1903, p. 69. Il salario di un operaio dell'industria tessile si aggirava attorno ai 70 franchi mensili secondo una testimonianza dell'epoca, cfr. Gemesse, *Oh! La svizzera che paese incantevole!*, in «L'Avvenire del Lavoratore», 18 gennaio 1902.

[15] G.M. Serrati, *Risposta alle sezioni di Zurigo*, in «L'Avvenire del Lavoratore», 18 gennaio 1902.

[16] I dati sono ripresi da De Michelis, *L'emigrazione italiana nella Svizzera*, cit., p. 69.

[17] J.-P. Tabin, A. Frauenfelder e C. Togni, *Temps d'assistance: le gouvernement des pauvres en Suisse romande depuis la fin du XIXe siècle*, Antipodes, Lausane 2008, p. 35.

era in realtà destinataria dell'azione politica, la massa da educare, da rendere cosciente e da organizzare. Essi erano il pubblico delle conferenze che Mussolini incontrava regolarmente, ma non appartenevano alla sua quotidianità. Egli visse a contatto con le nuove categorie sociali dell'emigrazione, come quella dei rifugiati politici, che si era stabilita in Svizzera dopo le repressioni antisocialiste di fine Ottocento e che aveva partecipato attivamente alla riorganizzazione politica degli italiani, o quella della nuova generazione di lavoratori qualificati, artigiani e piccoli commercianti, più numerosi a partire dai primi anni del Novecento, venuti dall'Italia o formatisi direttamente in Svizzera[18].

Diverse abitudini di vita e lavorative, ma anche differenze di mentalità, dividevano la *vecchia* dalla *nuova* emigrazione[19]. L'emigrante militante che apparteneva a queste nuove categorie sociali, spesso lontano dalla fatica del lavoro manuale, poteva destinare parte del suo tempo agli incontri e agli scambi di idee: ciò rappresentava una dimensione essenziale, positiva e formativa della sua vita. E infatti, dalle carte della polizia di Losanna risulta che nell'estate del 1904 Mussolini fu spesso in compagnia di Serrati, intento a discutere con lui nel negozio di un altro militante, Zanini[20]. Questa era la rete sociale nella quale Mussolini s'inserì e si formò: un'esperienza umana e intellettuale nuova e molto importante per la sua formazione, perché gli consentì un immediato coinvolgimento nella vita politica dell'emigrazione italiana.

In Svizzera Mussolini iniziò una vera e propria attività politica, come affermò lui stesso nella lettera a Teofilo Panizzi, che lo portò presto ad approfondire e ad arricchire le sue conoscenze.

---

[18] M. Vuilleumier, *Les exilés en Suisse et le mouvement ouvrier socialiste (1871-1914)*, in M. Degl'Innocenti (a cura di), *L'esilio nella storia del movimento operaio e l'emigrazione economica*, Lacaita, Manduria 1999, pp. 74-76.

[19] A Basilea a partire dall'inizio del Novecento la composizione sociale degli emigrati italiani cominciò a cambiare con l'affermarsi di una nuova componente «piccolo borghese», creando una spaccatura, sociale e politica, in seno alla comunità italiana, cfr. P. Manz, *Emigrazione italiana a Basilea e nei suoi sobborghi 1890-1914: momenti di contatto tra operai immigrati e società locale*, Edizioni Alice, Lugano 1988, pp. 34-41.

[20] ACV, Département de justice et police, Secrétariat général, administration KVII, b, 22, Dossier Serrati, Police de Sureté, Rapport de l'agent Girardet du 28 juillet 1904 n. 988.

Un processo formativo essenziale, nato dal contatto con le organizzazioni politiche dell'emigrazione italiana in Svizzera e le loro vicissitudini, nonché dalla sua esperienza diretta sul terreno delle lotte operaie, che lo marcherà profondamente. Inoltre il particolare contesto sociopolitico del socialismo italiano in terra elvetica servì a Mussolini da osservatorio per analizzare, e integrare nella sua concezione politica, i cambiamenti e le vicende del socialismo italiano, in particolare dello scontro tra riformisti e rivoluzionari.

La formazione politica di Mussolini si sviluppò attraverso il contatto e la contaminazione ideologica con le varie correnti del socialismo, da quella intransigente ed evoluzionista a quella più rivoluzionaria e marxista, a quella, in particolare, del nascente sindacalismo rivoluzionario, senza dimenticare l'influenza dell'anarchismo. Quello di Mussolini era un profilo ideologico eterogeneo[21] che si strutturava, però, attorno a due maggiori preoccupazioni che distinguono, a livello dell'elaborazione politica, due grandi momenti del soggiorno svizzero. Il primo, dall'arrivo in Svizzera fino agli inizi del 1903, ruotava attorno alla problematica dell'ideale socialista, la sua forza, la necessità della sua affermazione e diffusione attraverso la propaganda. Il secondo momento fu segnato, invece, dall'affermarsi di una concezione rivoluzionaria, nata da nuove esperienze concrete e intellettuali che gli permisero una lettura più articolata della realtà sociale e dell'azione politica.

Questa fondamentale dimensione di sperimentazione, arricchimento e rapido ampliamento delle conoscenze politiche di Mussolini fu resa possibile proprio dalla particolare condizione del socialismo italiano in Svizzera. L'entrata in politica di Mussolini, il suo successo, le sue riflessioni erano saldamente legate a questa realtà, ed è questo il punto di partenza indispensabile per l'analisi del suo pensiero politico.

L'arrivo in Svizzera del giovane Mussolini coincise, infatti, con un momento delicato di riorganizzazione interna del Partito socialista italiano nella Confederazione elvetica, successivo alla partenza del segretario Serrati, nel febbraio del 1902, e di Carlo

---

[21] Sulla particolarità e la natura della cultura di Mussolini si vedano le riflessioni di D. Musiedlak, *Mussolini*, Presses de Sciences Po, Paris 2005, pp. 171-173.

Dell'Avalle, direttore dell'organo di stampa del partito, «L'Avvenire del Lavoratore», il 14 giugno dello stesso anno. L'avvocato socialista senese Salvatore Donatini assicurò per un breve periodo la segreteria del partito e la redazione del giornale: un compito difficile, che presto lo scoraggiò inducendolo a lasciare la segreteria e a dirigere solo per breve tempo il giornale[22]. Nonostante ciò, come vedremo in seguito, il suo contributo fu notevole.

Dopo la partenza di Serrati, il comitato esecutivo del partito iniziò le pratiche per la nomina di un nuovo segretario. La mancanza di un valido candidato in Svizzera spinse il comitato esecutivo a cercarlo in Italia: era necessario un uomo all'altezza della situazione, che sapesse consolidare e migliorare l'organizzazione politica in Svizzera, come esigeva la tendenza generale, nel socialismo italiano, alla professionalizzazione politica a livello regionale e locale[23]. Era l'adesione recente al Partito socialista italiano, fortemente voluta da Serrati malgrado la riluttanza del Psi, che permetteva ai socialisti italiani in Svizzera di rivolgersi ai connazionali in Italia per l'assunzione di un nuovo segretario[24].

L'operazione si rivelò, però, tutt'altro che facile, perché il primo candidato prescelto, il socialista ravennate Nino Mazzoni, non poté accettare l'offerta, giacché la sezione di Ravenna si oppose fermamente, considerando il momento inopportuno a causa delle forti tensioni e dei conflitti fra socialisti e repubblicani nel Ravennate. Enrico Ferri dovette intervenire di persona per convincere i compagni in Svizzera a rinunciare, e dovette adoperarsi per trovare un secondo nome, Ernesto Cesare Longobardi[25], che però respinse a sua volta l'offerta[26]. Il comitato esecutivo decise allora di nominare il già direttore dell'«Avvenire», l'avvocato milanese Tito Barboni, da poco giunto in Svizzera. Il 9 agosto «L'Avvenire

---

[22] A. Rosada, *Giacinto Menotti Serrati nell'emigrazione (1899-1911)*, Editori Riuniti, Roma 1972, p. 70.

[23] Ridolfi, *Il PSI e la nascita del partito di massa*, cit., p. 184.

[24] Il Psi accettò l'adesione solo nel 1901. L'adesione doveva facilitare l'ingaggio di personale qualificato, propagandisti e organizzatori, necessari allo sviluppo delle attività politiche, e, in secondo luogo, permettere una migliore difesa degli interessi dei migranti italiani durante i congressi italiani. Su tutta la vicenda cfr. Rosada, *Giacinto Menotti Serrati nell'emigrazione*, cit., pp. 43-50.

[25] *Atti della C. E. del P.S.I. in Svizzera*, in «L'Avvenire del Lavoratore», 28 giugno 1902.

[26] T. Barboni, *Per l'unisono*, in «L'Avvenire del Lavoratore», 9 agosto 1902.

del Lavoratore» pubblicava il secondo articolo di Mussolini, e nello stesso numero l'avvocato Barboni annunciava ufficialmente il suo mandato di redattore del giornale e segretario del Partito[27], chiudendo così la difficile fase di transizione – e di carenza di dirigenti – in seno al Partito socialista in Svizzera.

Anche la collaborazione di Mussolini al giornale socialista, dall'agosto del 1902, avveniva in un contesto particolare per l'organo del socialismo italiano in Svizzera: la nascita recente del Partito socialista italiano in Svizzera significava l'inizio di un'attività politica nuova che il giornale doveva trasmettere. Dopo la partenza del direttore Dell'Avalle, e sotto la nuova gestione dell'avvocato Donatini dal 21 giugno 1902, si assistette infatti ad una ridefinizione dei compiti e dei contenuti del giornale. «L'Avvenire» era in effetti da tempo oggetto di dure critiche, come quelle di Serrati che, scherzosamente, lo definiva «un orto», alludendo alla troppa varietà e confusione dei contenuti, alla mancanza di articoli di fondo e alla eccessiva presenza di dispute personali[28].

Appena assunto l'incarico, Donatini annunciò la svolta che intendeva dare all'organo del partito. L'organizzazione operaia, scriveva Donatini, si trovava assolutamente a digiuno di idee e ideali socialisti, e, se da una parte egli riconosceva l'importanza del lavoro effettuato per la costituzione e il consolidamento del partito, dall'altra dichiarava la necessità di impegnare l'organo del partito anche in un'opera di propaganda, per «sviluppare la nozione del fine a cui debbono tendere queste organizzazioni», senza però rinunciare alle informazioni sulle "questioni pratiche del momento". Donatini riteneva necessario modificare la struttura del giornale riducendo il numero delle lettere pubblicate e soprattutto eliminando le «deplorevoli questioni personali». Ciò avrebbe consentito di dare maggior spazio a nuovi collaboratori, «per modo che così il giornale servirà anche di palestra a chi vuole abituarsi a scrivere»[29]. Il cambiamento fu accolto con soddisfazione da alcuni, che lo definirono una «rivoluzione»[30], ma molti furono anche gli scontenti che non rinnovarono l'abbonamento.

---

[27] Id., *Avanti!*, in «L'Avvenire del Lavoratore», 2 agosto 1902.
[28] F. Berutti, *Siamo pratici*, in «L'Avvenire del Lavoratore», 5 aprile 1902.
[29] S. Donatini, *Ai compagni!*, in «L'Avvenire del Lavoratore», 21 giugno 1902.
[30] Id., *Ringraziamenti*, in «L'Avvenire del Lavoratore», 28 giugno 1902.

La situazione si risolse con la partenza di Donatini e l'assunzione di Barboni[31], il quale, sebbene in maniera meno radicale, continuò sulla via aperta dal suo predecessore.

L'arrivo di Mussolini al giornale coincise, dunque, con una fase di apertura e di maggior impegno teorico dell'organo socialista. Il giovane insegnante romagnolo ebbe così modo di cimentarsi in un lavoro di riflessione politica che il giornale non solo concedeva, ma di cui necessitava per compiere la sua missione di educazione politica. Diversamente da quanto sostenuto in seguito, negli anni del fascismo, da Angelica Balabanoff[32], che conobbe il giovane socialista romagnolo in Svizzera e strinse con lui un'amicizia contribuendo in modo decisivo alla sua formazione marxista, l'integrazione di Mussolini nel socialismo italiano in Svizzera non dipese solo dalla generosità dei compagni verso un giovane bisognoso e squattrinato, ma fu piuttosto un incontro, uno scambio reciproco. Per i socialisti italiani emigrati si trattava di annoverare tra le proprie fila un elemento capace e intellettualmente preparato, utile in un partito da poco costituito, per giunta dilaniato spesso dalle lotte intestine, e che scarseggiava di militanti validi nell'opera di organizzazione e di propaganda; per Mussolini l'inserimento nel Partito socialista italiano in Svizzera significò avere l'opportunità di un lavoro prestigioso, così come era nelle sue aspirazioni. Ciò non toglie nulla alla generosità dei vari socialisti che lo accolsero e lo aiutarono durante il suo soggiorno svizzero.

In Svizzera Mussolini trovò dunque uno spazio e una condizione favorevole per una rapida affermazione politico-professionale. «Mussolini era assiduo collaboratore dell'"Avvenire del Lavoratore": i suoi articoli erano apprezzati e letti dai compagni, cosa di cui Serrati era molto compiaciuto», ricorda un socialista italiano residente in Ticino[33]. La notorietà di Mussolini cresceva, nell'ambiente socialista, al pari del suo impegno politico. Nel marzo del 1904 la sua partecipazione al congresso del Partito socialista italiano in

---

[31] Rosada, *Giacinto Menotti Serrati nell'emigrazione*, cit., p. 70.
[32] A. Balabanoff, *Ricordi di una socialista*, De Luigi, Roma 1946, pp. 12 sgg.
[33] Fonti, *Un socialista italiano in Ticino*, cit., p. 132. Anche il socialista Gaetano Zannini aveva notato il talento del giovane romagnolo e lo aveva segnalato a Serrati. Si vedano gli estratti delle lettere di Zannini a Serrati citate in R. De Felice, *Mussolini il rivoluzionario, 1883-1920*, Einaudi, Torino 1995, p. 30.

Svizzera a Zurigo, in qualità di delegato della sezione di Ginevra, dimostrava la sua ascesa e integrazione politica. La sua popolarità dipendeva anche da una serie di eventi giudiziari, le espulsioni che egli subì dai cantoni svizzeri – da Berna nel giugno del 1903 e da Ginevra nell'aprile del 1904 – provocarono non poche reazioni sulla stampa socialista ed anarchica, svizzera e italiana[34].

Mussolini era ormai conosciuto non solo nell'ambiente politico socialista italiano e svizzero, ma anche alle autorità federali: la sorveglianza della polizia nei suoi confronti cominciò durante lo sciopero di Berna nel marzo del 1903 e si protrasse per tutto il suo soggiorno in Svizzera[35]. Il giovane rivoluzionario fu certamente apprezzato anche come conferenziere, sebbene di molte conferenze non sia rimasta documentazione. Gli agenti della polizia di Losanna che assistettero al contraddittorio tra Mussolini e il pastore evangelico Alfredo Taglialatela la sera del 25 marzo 1904 alla Maison du Peuple di Losanna lo descrivono come un «brillant orateur», «fort bien documenté», che parlò per un'ora di fronte a 450 persone[36]. La conferenza, elogiata dal Serrati sulle colonne del giornale, sarà in seguito pubblicata, sotto forma di opuscolo, dalla Biblioteca Internazionale di Propaganda Razionalista, piccola casa editrice creata a Ginevra dal socialista Luigi Piazzalunga con la collaborazione dello stesso Mussolini[37]. Diversi anni più tardi, un altro testimone ricorderà sulle colonne della «Gazette de Lausanne» di aver assistito alla conferenza del socialista belga Emile Vandervelde in cui prese la parola un giovane, Mussolini, la cui presenza fisica lo impressionò e che parlò con «grandiloquence»[38].

Sul piano della riflessione politica il soggiorno svizzero rappresentò un vero e proprio tirocinio, durante il quale Mussolini scoprì

---

[34] Si vedano a proposito i vari articoli di giornale riportati nell'appendice documentaria dell'*Opera Omnia*: M., *O. O.*, I, pp. 246-248, 251-253.

[35] Sulle vicende di Mussolini a Berna e la sorveglianza della polizia si veda l'articolo di P. Martig, *Mussolini und die Schweiz*, in «Berner Zeitschrift für Geschichte und Heimatkunde», 45, 1983, pp. 185-196.

[36] ACV, KVII, b, 22, Police de Sureté, Rapport des agents Grassi et Desarzens du 26 mars 1904.

[37] M., *O. O.*, XXXIII, *La mia vita dal 29 luglio 1883 al 23 novembre 1911*, cit., p. 254. Per la Biblioteca Mussolini tradusse e curò l'opera di A.H. Malot, *I ciarlatani neri*, Tipografia Operaia, Ginevra 1904.

[38] Ph. B., *Mussolini à Lausanne,* in «Gazette de Lausanne», 24 gennaio 1928.

le attività e le difficoltà maggiori legate al lavoro politico e sindacale, e definì la sua visione politica in senso rivoluzionario seguendo soprattutto le vicende del socialismo italiano, che egli osservava però dal particolare contesto del socialismo italiano in Svizzera: un contesto segnato dal costante lavoro delle organizzazioni italiane di propaganda e di educazione politica dell'emigrazione. Si trattava di «formare associazioni potenti per numero e coscienze», come scriveva Mussolini agli inizi della sua attività politica[39].

Un tale programma di lavoro urtava, però, contro una serie di ostacoli nell'ambiente conflittuale dell'emigrazione italiana in Svizzera. Il neosegretario Barboni aveva ricordato, all'esordio del suo mandato politico, la necessità di rinforzare la solidarietà contro la tendenza costante al duro conflitto, non solo verbale, ma spesso anche fisico. «Come siamo ancora lontani dalla fratellanza tra i lavoratori!», scriveva un corrispondente dell'«Avvenire» a proposito di uno scontro violento tra piemontesi e milanesi[40]. Ciò spiega perché la propaganda socialista, almeno in Svizzera, fosse ricca di appelli alla solidarietà e alla fratellanza, appelli che non riproducevano una semplice e consolidata retorica socialista, ma fungevano da richiamo costante ai comportamenti virtuosi fra compagni, che il socialismo si proponeva di realizzare come espressione concreta di una nuova e superiore umanità[41]. Anche Mussolini si fece promotore di questo ideale:

> Questa forza [l'ideale socialista] che trova la sua più bella ed eloquente espressione nel proletariato che ascende a mete luminose di Giustizia; questa forza che mira ad *umanizzare* gli uomini di tutta la terra si è già manifestata come sentimento che affratella, pensiero che fa ragione dell'altruismo, opera quotidiana di solidarietà[42].

E quotidiano, per l'appunto, doveva essere il lavoro dei socialisti in Svizzera per portare le masse dei lavoratori al grado di coscienza politica necessaria affinché adottassero un vero comportamento

---

[39] M., *O. O.*, I, *La virtù dell'attesa*, in «L'Avvenire del Lavoratore», 9 agosto 1902, p. 12.
[40] *La bestia umana*, in «L'Avvenire del Lavoratore», 13 settembre 1902.
[41] Su questo tema cfr. P. Audenino, *L'avvenire del passato: utopia e moralità nella sinistra italiana alle soglie del XX secolo*, Unicopli, Milano 2002.
[42] M., *O. O.*, I, *Sport di coronati*, in «Il Proletario», 29 giugno 1903, p. 32.

socialista. Ne era consapevole Serrati, che conosceva bene, in ogni aspetto, l'universo dei lavoratori emigrati e tutti gli ostacoli che l'opera di educazione politica doveva superare, dovendo far fronte all'indifferenza o, peggio ancora, all'ostilità di molti lavoratori nei confronti dell'organizzazione politica e sindacale[43]. Questi problemi erano in qualche modo legati alla natura dell'emigrazione italiana in Svizzera: una massa instabile, a causa delle continue partenze e degli arrivi, che richiedeva un lavoro costante e ininterrotto di educazione politica[44]. A complicare il già difficile lavoro di organizzazione dei lavoratori contribuirono anche diversi imprenditori svizzeri, reclutando manodopera poco qualificata e non politicizzata, dunque più facile da sfruttare, direttamente in Italia, secondo una prassi denunciata dal giornale socialista[45].

Il difficile lavoro politico, di propaganda e di organizzazione sindacale era destinato non solo alla semplice difesa e al miglioramento economico dei lavoratori, ma doveva anche rimediare alla cattiva immagine che gravava sugli italiani in Svizzera. Partito e organizzazioni sindacali cercarono, tramite un lavoro di educazione, di integrarli meglio nella società di quel paese[46]. A questo fine venivano organizzate campagne di sensibilizzazione contro la violenza, l'uso e l'abuso di «alcool e coltello», sull'importanza dell'igiene, della cura della propria immagine e dell'alloggio, e sulla necessità della solidarietà fra i lavoratori[47]. Si trattava, insomma, di far uscire sia materialmente che simbolicamente gli emigranti italiani dalle loro condizioni di miseria.

E proprio di fronte al problema della miseria prendevano corpo concezioni e linguaggi politici diversi. Fra i socialisti che go-

---

[43] Si veda in particolare G.M. Serrati, *Viva l'Unione!...*, Federazione Muraria Unica in Svizzera, Losanna 1904.

[44] T. Barboni, *Nulla si perde*, in «L'Avvenire del Lavoratore», 20 dicembre 1902. Sulle difficoltà del lavoro sindacale cfr. Vuilleumier, *Les exilés en Suisse et le mouvement ouvrier socialiste (1871-1914)*, cit., p. 78. Cfr. De Michelis, *L'emigrazione italiana nella Svizzera*, cit., pp. 115, 148.

[45] Perlungher, *La situazione dei lavoratori italiani nel bernese*, in «L'Avvenire del Lavoratore», 22 marzo 1902.

[46] Vuilleumier, *Les ouvriers italiens en Suisse avant 1914: les difficultés d'une intégration*, cit. L'integrazione e la difesa degli interessi italiani in Svizzera, agli inizi del Novecento, è considerata ancora molto insufficiente. Cfr. De Michelis, *L'emigrazione italiana nella Svizzera*, cit., pp. 148-152.

[47] Rosada, *Giacinto Menotti Serrati nell'emigrazione*, cit., p. 33.

devano di una condizione agiata, come il segretario Tito Barboni, la miseria ispirava un sentimento misto di rabbia e di pietà: così egli vedeva e descriveva l'arrivo degli emigrati sul suolo elvetico:

> È la stagione in cui cadono le foglie, in cui le rondinelle prendono il volo per i paesi caldi... in cui i nostri connazionali curvi sotto i sacchi dei loro poveri panni passano per le stazioni di confine a frotte, spesso affastellati nei vagoni, e magari legati là dentro come in una gabbia [...]. Di fronte a questi spettri si leva dalle nostre coscienze un grido di ribellione[48].

Era la retorica tipica di un certo socialismo, che metteva in scena il degrado sociale e fisico dell'uomo, auspicando per i lavoratori una *rigenerazione* fisica e morale[49]. Era un linguaggio che, come nel caso dell'avvocato Barboni, si accordava spesso con gli ideali riformisti, che insistevano sul miglioramento delle condizioni materiali attraverso cambiamenti graduali.

L'atteggiamento verso la miseria era assai diverso in quella frangia del socialismo che anteponeva al problema materiale quello ideale[50]. È il caso di Mussolini: il suo linguaggio era affine a quello di Donatini, essendo entrambi impegnati non solo a migliorare le condizioni materiali dei lavoratori, ma soprattutto a promuovere la loro educazione intellettuale e morale, mirando alla formazione della loro coscienza politica attraverso la propaganda scritta e orale piuttosto che attraverso l'attività organizzativa, che invece stava a cuore a Serrati[51].

L'influenza di Donatini su Mussolini fu sicuramente importante. L'avvocato senese difendeva una visione «politica» del socialismo, incentrata sulla figura del partito-guida, che esaltava la dimensione etica dell'azione socialista contro le tendenze «economiste», tipiche, in particolare, della corrente anarcosindacalista molto presente a Ginevra.

---

[48] T. Barboni, *Autunno...*, in «L'Avvenire del Lavoratore», 6 dicembre 1902.
[49] M. Gervasoni, *Speranze condivise. Linguaggi e pratiche del socialismo nell'Italia liberale*, Marco Editore, Lungro di Cosenza 2008, pp. 80-86.
[50] Ivi, pp. 90-91.
[51] Rosada, *Giacinto Menotti Serrati nell'emigrazione*, cit., p. 79.

Ma la questione sociale non è una semplice questione di stomaco, la questione economica è la più immediata e la più importante ma non l'unica. La questione sociale è anche elevamento morale ed intellettuale; non potrà la classe operaia emanciparsi finché non sarà prima di tutto padrona di sé stessa, cioè moralmente migliore[52].

In questa direzione intendeva impegnarsi la rivista che Mussolini e Donatini tentarono, senza successo, di lanciare assieme tra la fine del 1903 e gli inizi del 1904, proponendosi di «elevare la cultura dell'operaio e di allargare il suo orizzonte intellettuale», colmare una «deplorevole lacuna della stampa ufficiale di partito, che assorbita continuamente dalle particolari necessità della lotta quotidiana è forzata a trascurare la parte educativa e morale del nostro movimento emancipatore»[53].

Riaffermare l'ideale socialista, uscendo dalla lotta contingente per diffondere i principi del socialismo, il suo fine ultimo: questo era il programma di un socialismo marxista e rivoluzionario che si profilava, proprio in quegli anni, in alternativa al socialismo riformista[54]. Quest'ultimo incentrava la sua azione sulle conquiste legali in Parlamento, e valorizzava l'operato e le battaglie delle organizzazioni economiche, evitando l'estremismo rivoluzionario[55]. In polemica con questa tendenza, il sindacalista rivoluzionario Arturo Labriola affermava infatti che il socialismo nella sua nuova veste democratica, riformista, si riduceva ad un semplice «fatto di *benessere materiale*», mentre doveva essere il «compendio di tutti i conati che recano la rottura dell'involucro della vecchia società, nel campo etico, come nel campo economico, come nella sfera dell'azione politica»; Labriola precisava, a tale proposito, che «i fini rivoluzionari del Socialismo non si accordano sempre con gl'*interessi immediati*

---

[52] La citazione è tratta da un resoconto di una conferenza-contraddittorio tra Luigi Bertoni e Salvatore Donatini a Thalwil, Legislazione sociale, in «La Sveglia Socialista», 23 agosto 1902.
[53] M., *O. O.*, I, *Pubblicazioni*. «*I Tempi Nuovi*», in «L'Avvenire del Lavoratore», 23 gennaio 1904, pp. 249-250.
[54] A. Riosa, *Il sindacalismo rivoluzionario in Italia e la lotta politica nel partito socialista dell'età giolittiana*, De Donato, Bari 1976, p. 15-39.
[55] Sulla natura e la complessità del fenomeno riformista cfr. il capitolo 5, *Il socialismo riformista in Italia agli inizi del secolo XX*, in M. Scavino, *Il socialismo nell'Italia liberale: idee, percorsi, protagonisti*, Unicopli, Milano 2007, pp. 133-165.

dei lavoratori»[56]. Il socialismo dei nuovi rivoluzionari, cui Mussolini si avvicinò, guardava ad un futuro radicalmente diverso e in netto contrasto con la realtà circostante, un punto di arrivo che bisognava tenere ben fisso e richiamare regolarmente per non perdersi nei meandri delle preoccupazioni contingenti.

La situazione particolare dell'emigrazione italiana in Svizzera e la necessità di un lavoro continuo di propaganda e di educazione hanno sicuramente favorito, sul suolo elvetico, la diffusione di quelle correnti del socialismo italiano, prima quella intransigente di Enrico Ferri, poi quella sindacalista rivoluzionaria di Labriola, che, contro il riformismo, sostenevano appunto un bisogno di propaganda ideale e di educazione politica continue[57].

Mussolini trovò quindi in Svizzera un clima favorevole all'elaborazione di una visione politica rivoluzionaria, che metteva l'accento sulla dimensione etica e pedagogica del socialismo, corrispondente al suo temperamento e alla sua formazione intellettuale. La maturazione di questa visione rivoluzionaria è ben visibile nei suoi scritti. Dopo un inizio in cui aveva affermato la necessità di un'azione graduale, lontana dai «colpi di mano», in linea con la visione dominante nel socialismo, la concezione politica mussoliniana si sviluppò in senso antiriformista[58]. In un articolo della vigilia del congresso di Imola, che si svolse dal 6 al 9 settembre 1902, Mussolini si schierò apertamente contro l'operato di Filippo Turati. Secondo Mussolini, l'abbandono della politica reazionaria e il nuovo indirizzo liberale impresso da Giovanni Giolitti al governo non erano il risultato di una vittoria politica dovuta all'azione dell'estrema sinistra, ma la conseguenza di «una grande forza morale sviluppatasi in tutto il paese» che aveva costretto la monarchia a «volgere il timone della barca politica verso le prode

---

[56] A. Labriola, *Fabianesmio II*, in «Socialismo», 9, 25 giugno 1902.
[57] Sul ruolo di Ferri nella difesa della propaganda contro il riformismo cfr. R. Pisano, *Il paradiso socialista: la propaganda socialista in Italia alla fine dell'800 attraverso gli opuscoli di «Critica sociale»*, Franco Angeli, Milano 1986, p. 55. Anche per Arturo Labriola l'educazione delle masse attraverso la propaganda era una tappa politica fondamentale che spettava al Partito socialista, cfr. W. Gianinazzi, *Intellettuali in bilico: «Pagine libere» e i sindacalisti rivoluzionari prima del fascismo*, Unicopli, Milano 1996, pp. 27, 72-73.
[58] M., O. O., I, *La virtù dell'attesa*, in «L'Avvenire del Lavoratore», 9 agosto 1902, p. 11.

(finora semplicemente intraviste) di un savio governo». Mussolini concludeva l'articolo affermando la necessità, per il socialismo, di ritornare «ai suoi metodi antichi di lotta», ad una «vecchia e corroborante politica socialista»[59].

Con questo riferimento alla propaganda socialista, che aveva caratterizzato la prima fase di espansione e successo del Partito socialista italiano, Mussolini affermava apertamente la sua preferenza politica, la quale non implicava però, per il momento, la rottura con i riformisti, perché per Mussolini, così come per la maggior parte dei socialisti, era necessario preservare l'unità del partito. Nel festeggiare, però, la vittoria della ritrovata unità al congresso di Imola, Mussolini definiva inequivocabilmente la sua visione del socialismo, in cui la dimensione ideale, la «realtà morale», doveva dominare sugli uomini e le correnti.

Quando gli uomini prendono il posto all'Idea, l'io borghese (fatto di piccole vanità, di puntigli, di bassezze) rigermoglia nelle anime[60].

Proprio l'imborghesimento del socialismo e la sua conseguente deriva Arturo Labriola criticava da tempo nel quadro di una campagna antiriformista che si andava progressivamente radicalizzando, e che portò, verso la fine del 1902, alla nascita di «Avanguardia socialista». Al settimanale, nato con l'intento di definire con maggior precisione i contorni e l'azione della corrente rivoluzionaria, collaborò anche Mussolini dal settembre del 1903. Fino a quella data la sua attività giornalistica si concentrò attorno ad una prima visione socialista che insisteva sull'importanza della forza morale, che esaltava l'ideale socialista e che deplorava anche le difficoltà della sua diffusione, come aveva potuto costatare dal difficile lavoro delle organizzazioni socialiste in Svizzera, temi che Mussolini trattava secondo le esigenze del contesto.

Una seconda fase di riflessione politica cominciò con l'anno 1903, quando Mussolini elaborò una concezione rivoluzionaria

---

[59] M., *O. O.*, I, *La necessità della politica socialista in Italia*, in «L'Avvenire del Lavoratore», 30 agosto 1902, p. 15.
[60] M., *O. O.*, I, *La gente nuova*, in «L'Avvenire del Lavoratore», 20 settembre 1902, p. 19.

più chiara e meglio strutturata. La sua visione politica prendeva spunto da varie esperienze personali, come la partecipazione alle lotte dei lavoratori italiani in Svizzera, e dal processo di scontro e radicalizzazione politica interna al socialismo italiano.

Lasciando Losanna per Berna, nel marzo del 1903, Mussolini ebbe occasione di conoscere sul campo le dinamiche, le difficoltà e le forti tensioni sociali di un importante sciopero di carpentieri, al quale venne inviato proprio dal sindacato Manovali e Muratori di Losanna, di cui era segretario, a sostegno appunto delle lotte sindacali.

L'esperienza dello sciopero mostrava che sul terreno dello scontro economico era possibile un'azione congiunta sia di affermazione politica sia di difesa degli interessi materiali. A Berna si trattò, infatti, non solo di continuare o meno lo sciopero, ma di affiancare a questo azioni dimostrative di natura politica, ovvero manifestazioni operaie di solidarietà per gli scioperanti. Due ambiti, lotta politica e lotta economica, artificialmente separati a causa dei diverbi che avevano accompagnato la lenta nascita del Partito socialista italiano in Svizzera. Il partito era stato voluto da chi, come Serrati, credeva nell'importanza di un'organizzazione politica contro la volontà di altri socialisti che miravano invece alla sola lotta economica da svolgere all'interno delle organizzazioni svizzere[61]. La separazione non aveva però risolto il problema dei rapporti fra lotta politica e lotta economica, e il dibattito sulla neutralità o meno dell'azione sindacale rimase all'ordine del giorno.

A Berna Mussolini entrò in contatto con l'azione degli anarcosindacalisti, in particolare dell'anarchico Luigi Bertoni, che proprio sul terreno degli scioperi concentravano i loro sforzi di lotta politica. La questione economica, finora assente dagli articoli di Mussolini, veniva collocata ora, grazie all'esperienza bernese, sullo stesso piano dell'azione educativa[62]. Il contatto con le lotte operaie coincise con l'esigenza mussoliniana di approfondire la sua conoscenza del marxismo. Le prime tracce di tale esigenza appaiono nell'ottobre del 1903, quando in un suo articolo Mussolini

---

[61] Rosada, *Giacinto Menotti Serrati nell'emigrazione*, cit., pp. 24-28, 39-42.

[62] «[...] occorre migliorare economicamente le condizioni delle classi sacrificate e diffondere fra di esse le nuove idee», in M., *O. O.*, I, *Gli orrori del chiostro*, in «Il Proletario», 30 agosto 1903, p. 37.

riprendeva ed esponeva sinteticamente la storia del socialismo di Werner Sombart[63], il noto economista e storico tedesco. L'opera di Sombart introduceva nel pensiero mussoliniano i primi concetti del materialismo storico: il socialismo come risultato teorico nato da un particolare contesto socioeconomico, quello capitalista, e dai bisogni della classe operaia. L'interpretazione materialistica della storia e dei rapporti sociali imprimeva alla visione politica mussoliniana una forte radicalizzazione, già sperimentata nell'esperienza concreta e ora confermata dalla concezione teorica di un inevitabile scontro di interessi tra borghesia e proletariato, e si risolveva attraverso la lotta di classe con l'obiettivo della rivoluzione sociale. Ma l'impostazione deterministica e fatalistica del materialismo storico dovette risultare insoddisfacente per Mussolini, troppo meccanico, ragione per cui in conclusione dell'articolo si preoccupò di ribadire, attraverso le parole del Sombart, l'importanza, per la preparazione e la riuscita della rivoluzione, dell'azione educativa e propagandistica del socialismo, contro chi riponeva troppa fiducia nell'avvento graduale e pacifico della società socialista.

L'11 ottobre 1903 Mussolini scrisse la prima corrispondenza per «Avanguardia socialista»; in breve tempo la collaborazione si intensificò, e dal 25 ottobre la sua collaborazione divenne frequente. Sulle pagine del giornale milanese di Arturo Labriola e Walter Mocchi, Mussolini trovò uno spazio adeguato dove esprimere liberamente le sue idee politiche ed esporre l'esito di un percorso politico che lo aveva portato ad aderire all'ala più estrema del socialismo. Era una chiara scelta di campo.

Sul piano delle idee politiche, il periodo di collaborazione al giornale coincise con un momento di riflessione sulla natura della rivoluzione. Mussolini prendeva coscienza, attraverso lo studio del marxismo e di una generale letteratura rivoluzionaria, dell'inevitabilità dei conflitti di classe e della rivoluzione, ma dovette rendersi conto che sullo svolgimento e la tattica da adottare per la sua preparazione mancavano studi dettagliati e giudizi unanimi, soprattutto in merito al ruolo politico della violenza e delle masse.

---

[63] M., *O. O.*, I, *Socialismo e movimento sociale nel secolo XIX*, in «Il Proletario», 18 settembre 1903, p. 43.

Al congresso socialista di Zurigo, che si tenne tra il 19 e il 20 marzo 1904, i socialisti rivoluzionari, tra cui appunto Mussolini, adottarono una visione pragmatica di fronte all'uso della violenza, che, secondo loro, dipendeva dal contesto storico e dal contegno della borghesia, e non poteva costituire un oggetto di dibattito politico[64]. In realtà, dietro a questa visione neutrale e pragmatica si celava la consapevolezza, e forse la certezza, che la rivoluzione fosse inevitabilmente violenta[65].

Sulla condotta e sullo svolgimento della rivoluzione Mussolini si interrogò più volte. L'azione di propaganda, da molti collocata al centro della tattica rivoluzionaria, era rivolta alla formazione delle coscienze e alla preparazione delle forze necessarie, ma non entrava nel merito dell'attuazione dell'azione rivoluzionaria. Questa carenza derivava, in una certa misura, dal miscuglio ideologico fra marxismo ed evoluzionismo che caratterizzava molti scritti socialisti e che si traduceva in una interpretazione troppo deterministica del divenire sociale. La letteratura anarchica rappresentò per Mussolini, prima del sindacalismo rivoluzionario, un terreno fecondo per indagare ulteriormente la dinamica rivoluzionaria.

Dalla lettura di *Le parole di un rivoltoso* di Kropotkin, che tradusse per il giornale anarchico ginevrino «Le Reveil» diretto da Luigi Bertoni, Mussolini trasse un elemento nuovo che introdusse nella sua visione politica, cioè la necessità e l'importanza storica delle minoranze. La rivoluzione, nella concezione di Kropotkin, doveva scaturire da una serie di fattori concomitanti, dal degrado del potere statale, dall'azione di minoranze rivoluzionarie e, infine, dalla partecipazione delle masse[66]. Mussolini trovò in seguito un primo riscontro scientifico del ruolo delle minoranze rivoluzionarie nella teoria paretiana delle élites[67].

L'incontro con il sindacalismo rivoluzionario, tra l'estate e l'autunno del 1904, al momento della sua affermazione come cor-

---

[64] M., *O. O.*, I, *Il congresso dei socialisti italiani in Svizzera*, in «Avanguardia socialista», 3 aprile 1904, p. 54.

[65] «[...] l'espropriazione della borghesia sarà accompagnata da un periodo più o meno lungo di violenze», M., *O. O.*, I, *Intorno alla notte del 4 agosto*, in «Avanguardia socialista», 30 luglio 1904, p. 61.

[66] M., *O. O.*, I, *Pagine rivoluzionarie, "le parole d'un rivoltoso"*, in «Avanguardia socialista», 3 aprile 1904, p. 51.

[67] Sull'influenza di Pareto nel pensiero mussoliniano si veda p. 32.

rente distinta del socialismo italiano, consentì a Mussolini una chiarificazione supplementare della pratica rivoluzionaria:

> Oggi si avverte però una nuova concezione socialista, concezione profondamente "aristocratica". Il socialismo divenuto necessità economica del proletariato, si preoccupa solo degli interessi di questa classe sacrificata. [...] La meta non è più la nebulosa socializzazione dei mezzi di produzione, ma è l'*espropriazione* della borghesia. [...] L'azione socialista allora si risolve in un duplice processo di *differenziazione* e di *integrazione*. Noi ci differenziamo già fin d'oggi nei rapporti e nella vita delle nostre comunità scavando ancor più profondo il solco fra le nostre concezioni e quelle che informano la società borghese; Noi integriamo nei sindacati operai – nuclei della futura comunità socialista – le capacità tecniche, intellettuali e morali[68].

Lo sforzo di elaborazione teorica fin qui descritto è solo un aspetto del complesso ed eterogeneo pensiero politico mussoliniano. Pur seguendo l'evoluzione dell'opposizione antiriformista del giornale di Labriola, Mussolini non abbandonò per questo il suo primo impianto concettuale socialista, in cui il partito era al centro dell'azione politica e ad esso spettava il ruolo essenziale di educazione delle masse. Labriola e altri sindacalisti condividevano l'idea e la necessità di un partito socialista educatore, ma di fatto affidarono al sindacato un ruolo sempre più centrale: per controbilanciare il peso che nel partito andava assumendo la lotta legale e parlamentare, e nell'ottica di una rivoluzione che fosse soprattutto antistatale, da svolgere fuori e contro la politica istituzionale[69].

A queste conclusioni Mussolini non giunse mai; dal sindacalismo recuperò l'uso del marxismo come pedagogia rivoluzionaria che riconduceva la politica sul terreno fondamentale della lotta di classe, e, di fatto, proseguì la sua carriera nelle fila del Partito socialista, cercando di imprimergli una direzione e un'azione rivoluzionaria che non si risolvessero unicamente nella battaglia elettorale, ma piuttosto nell'elevamento culturale delle masse e nello scontro

---

[68] M., *O. O.*, I, *Opinioni e documenti. La crisi risolutiva*, in «Avanguardia socialista», 3 settembre 1904, p. 69.

[69] D. Marucco, *Arturo Labriola e il sindacalismo rivoluzionario in Italia*, Einaudi, Torino 1970, pp. 156-158.

ideologico con le forze avversarie[70]: una concezione del socialismo che si era formata sin dal principio del suo soggiorno in Svizzera.

La politica fu una parte importante, sebbene non l'unica, del soggiorno svizzero di Mussolini: ad essa si accompagnò un bisogno crescente di approfondimento culturale. L'attività di studio prese diverse forme: dalle letture dei giornali a quella di libri nelle varie biblioteche, sino ad una parziale e limitata frequentazione universitaria. Il tentativo di applicarsi nello studio nasceva da circostanze e da contesti particolari. Mussolini divenne un punto di riferimento per la propaganda anticlericale e antireligiosa, temi molto sentiti nel socialismo italiano in Svizzera, e ciò lo spinse certamente ad allargare le sue conoscenze, in particolare quelle scientifiche. La frequentazione del mondo studentesco universitario, a Ginevra e a Losanna, influì sulla sua decisione di intraprendere degli studi, scelta che si concretizzò con l'iscrizione all'Università di Losanna nel maggio del 1904.

Il lavoro intellettuale esercitò un'influenza notevole sulle idee politiche di Mussolini, e, più in generale, sulla sua visione del mondo; egli non solo approfondì conoscenze scientifiche già acquisite con i suoi studi in Italia, in particolare conoscenze di biologia evoluzionista, ma venne a contatto altresì con delle realtà culturali nuove, con delle teorie scientifiche e filosofiche, in particolare quelle di Nietzsche, che esploravano la dimensione irrazionale dell'uomo e che facevano della vita, della sua forza ed espansione, la base di ogni azione morale umana. La sua visione dell'uomo e del fatto sociale si arricchiva di nuove teorie che Mussolini cercò di integrare alla sua idea di socialismo. Momento culminante di questo percorso intellettuale fu proprio la frequentazione dell'Università di Losanna, dove Mussolini – più che avvicinarsi alle idee di Vilfredo Pareto, di cui seguì forse qualche corso –, perfezionò la sua cultura scientifica e maturò, di conseguenza, un approccio relativista della realtà. Come per la politica, il percorso culturale di Mussolini fu intimamente legato al contesto socioculturale svizzero.

---

[70] L'importanza della diffusione della cultura è ribadita in M., *O. O.*, I, *Socialismo e socialisti*, in «La Lima», 30 maggio 1908, p. 142; il ruolo centrale del partito e della battaglia ideologica è sottolineato nell'articolo M., *O. O.*, VI, *Replica a Graziadei*, in «Il Giornale d'Italia», 6 luglio 1914, p. 242.

La volontà di intraprendere degli studi maturò dopo l'intensa stagione di propaganda e di attività politica che aveva caratterizzato il primo anno di esperienza in Svizzera di Mussolini. La decisione fu presa dopo il suo rientro in terra elvetica, che aveva temporaneamente lasciato a causa dello stato di salute della madre. Una volta migliorate le condizioni della madre, sul finire del 1903, ritornò in Svizzera, anche per evitare il servizio militare.

A fine gennaio 1904, e dopo un breve soggiorno in Francia, ad Annemasse, in compagnia di Salvatore Donatini, che vi si era trasferito in seguito alla sua espulsione dal cantone ginevrino, Mussolini si stabilì a Ginevra con l'intento di iscriversi all'università e cominciò a frequentare la biblioteca universitaria[71]. Le opere da lui consultate riguardavano principalmente il tema dell'esistenza di Dio, di cui avrebbe dibattuto in un pubblico contraddittorio col pastore evangelico Taglialatela il 26 marzo dello stesso anno. La conferenza s'inseriva all'interno di una vasta campagna anticlericale, che il socialismo italiano in Svizzera promuoveva con efficacia fin dall'inizio del Novecento come conseguenza diretta di una situazione di concorrenza tra organizzazioni socialiste e religiose, in particolare dell'Opera Bonomelli[72].

---

[71] Mussolini si recò 18 volte in biblioteca e consultò 16 opere, tutte nel mese di marzo, ad eccezione di una consultata il 6 aprile. Di G. D'Annunzio i seguenti titoli: *Il Piacere*, Treves, Milano 1900; *L'Innocente*, Treves, Milano 1899; *Poésie (1881-1883). Canto Novo. Intermezzo*, Treves, Milano 1896; L. Stein, *La question sociale au point de vue philosophique*, F. Alcan, Paris 1900; Voltaire, *La philosophie de Voltaire*, Ladrange, Paris 1848; E. Ferri, *Les criminels dans l'art et la littérature*, F. Alcan, Paris 1897; A. Labriola, *Essais sur la conception matérialiste de l'histoire*, avec une préface de G. Sorel, V. Giard et E. Brière, Paris 1897; F. Nietzsche, *Aphorismes et Fragments*, traduit de l'allemand par H. Lichtenberger, F. Alcan, Paris 1899; A. Fouillée, *Nietzsche et l'immoralisme*, F. Alcan, Paris 1902; S. Sighele, *Psychologie des sectes*, traduit de l'italien, V. Giard & E. Brière, Paris 1898; A. Espinas, *La Philosophie sociale du XVIIIe et la Révolution*, F. Alcan, Paris 1898; E. Hartmann, *La religion de l'Avenir*, traduit de l'allemand, G. Baillière, Paris 1898; P. Bourget, *Physiologie de l'amour moderne*, A. Lemerre, Paris 1891; H. Lichtenberger, *La Philosophie de Nietzsche*, F. Alcan, Paris 1899; E. Denis-Dumont, *De la syphilis: unité d'origine, incurabilité, traitement: leçons faites à Hôtel-Dieu de Caen*, V.-A. Delahaye, Paris 1880; P. Regnard, *Sorcellerie, magnétisme, morphinisme, délire des grandeurs*, E. Plon Nourrit, Paris 1887. Cfr. *Bibliothèque de Genève, Département des manuscrits* (d'ora in poi *BGE, ms*), Archives de la Bibliothèque Publique Universitaire (BPU), Service Publique, Registres des ouvrages consultés en Salle de Lecture, et statistiques, 1839-1960, Cc 59, années 1903-1904.

[72] La missione cattolica, fondata da mons. Bonomelli (1831-1914) nel maggio 1900, era attiva in vari paesi europei e del Sudovest asiatico, ed era nata per assiste-

Socialisti e cattolici si contendevano la stessa massa emigrante che giungeva sul suolo elvetico. La propaganda anticlericale aveva di conseguenza un obiettivo politico preciso: impedire e limitare l'azione dell'Opera Bonomelli, che non solo tendeva a sottrarre ai socialisti dei potenziali militanti, ma faceva degli emigrati italiani dei pessimi elementi per le battaglie sul lavoro. La lotta anticlericale era considerata perciò indispensabile per il successo e l'avanzata del socialismo italiano in Svizzera, le divisioni nascevano semmai dai contenuti della propaganda anticlericale. Molti socialisti italiani, tra cui Mussolini, aderirono al Libero Pensiero[73], sviluppando tematiche che non erano più semplicemente anticlericali, ma si spostavano sul piano di una battaglia generale contro il fatto religioso. Questa tendenza esulava dalla linea anticlericale de «L'Avvenire del Lavoratore», legata alla lotta contingente contro l'Opera Bonomelli: Serrati infatti considerava un dispendio di energie e di forze la militanza nel Libero Pensiero, malgrado una sua iniziale adesione al movimento anticlericale e antireligioso, mentre per il noto socialista e futuro sindacalista rivoluzionario Angelo Oliviero Olivetti, il socialismo era soprattutto una battaglia contro i dogmi religiosi[74]. Mussolini divenne ben presto un punto di riferimento in materia di religione e molto richieste furono le sue conferenze in questo ambito.

Le letture mussoliniane nella biblioteca di Ginevra non si esauriscono però all'interno della sola battaglia anticlericale socialista; esse furono in parte condizionate dal contatto con un ambiente diverso ed esterno al socialismo. Fu il mondo studentesco univer-

---

re gli emigrati italiani. Sulle sue attività in Svizzera cfr. De Michelis, *L'emigrazione italiana nella Svizzera*, cit., pp. 140-142.

[73] A Ginevra una società del Libero Pensiero fu fondata nel 1890 da Charles Fulpius, che, nel marzo del 1900, creò una prima rivista legata al movimento anticlericale dal nome «Lumière», cfr. C. Cantini, *La fédération intercantonale de la Libre Pensée (1901-1939)*, in «le libre penseur», 119, 12, dicembre 2003, pp. 1-2. Nell'ambiente socialista italiano fu A.O. Olivetti a creare, nell'agosto del 1904, una sezione italiana del Libero Pensiero a cui aderì Mussolini. Si veda Gianinazzi, *Intellettuali in bilico*, cit., p. 145. Mussolini tenne anche una conferenza nell'ambito di una manifestazione del Libero Pensiero svizzero francese, cfr. G.H., *Une fête de la Libre Pensée à Neuchâtel*, in «Lumière», 4, aprile 1904, pp. 69-70.

[74] Rosada, *Giacinto Menotti Serrati nell'emigrazione*, cit., pp. 79-80. Sul rapporto di A.O. Olivetti con il Libero Pensiero cfr. Gianinazzi, *Intellettuali in bilico*, cit., pp. 142-149.

sitario della città di Calvino ad introdurre Mussolini in un universo culturale più vasto e complesso. Osservando l'insieme dei libri consultati dai vari frequentatori della biblioteca durante i primi mesi del 1904, si può notare come le letture di Mussolini s'inseriscano perfettamente nel quadro generale di quelle effettuate dagli altri frequentatori, in particolare dagli studenti slavi[75]. Frequenti sono le loro letture dei testi più consultati da Mussolini (Nietzsche, Lichtenberger, Espinas e Labriola) e non è raro incontrare, nel registro dei prestiti, richieste che associano testi di Marx a quelli di Nietzsche, a dimostrazione di come una certa cultura studentesca, di origine slava, fosse attratta da questi accostamenti fra marxismo e pensiero nietzschiano più di quanto lo fosse la cultura socialista[76]. Che si trattasse comunque di letture «alla moda» lo proverebbe il fatto che molte delle opere consultate da vari lettori appartenevano alla cultura scientifica del tardo-positivismo sviluppatasi fra Ottocento e Novecento, spinta dall'affermazione, in ambito scientifico e accademico, della psicologia e della sociologia, e dominata dal problema delle folle e dalla decadenza dei popoli. È però molto probabile che la scelta delle opere lette da Mussolini, almeno per quelle francesi, sia stata influenzata dagli interessi culturali diffusi tra gli studenti che praticavano la biblioteca ginevrina.

La frequentazione, da parte di Mussolini, del mondo studentesco di origine slava fu facilitato non solo da interessi comuni per lo studio, ma anche da condizioni sociali ed economiche che avvicinavano la comunità italiana a quella slava. In un memoriale della colonia italiana di Ginevra veniva sottolineato come slavi e italiani fossero, in Svizzera, i gruppi etnici meno difesi dalle autorità elvetiche, nonché i più stigmatizzati ed economicamente sfruttati da parte della popolazione autoctona[77]. La natura dei contatti e dei rapporti che Mussolini intrattenne con la comunità slava è stata distorta dalle biografie fasciste. Fu un'esperienza che non può essere certamente ridotta a una serie di avventure amorose, ma neppure può essere considerata come una sorta di apprendistato alla «scuola

---

[75] *BGE, ms*, Archives de la BPU, Cc 59, Registre des années 1903-1904.
[76] Sulla penetrazione del pensiero nietzschiano nel socialismo italiano si veda V. Pinto, *Volontà di potenza. Percorsi del «superuomo» nietzscheano nella cultura socialista italiana (1895-1915)*, M&B Publishing, Milano 2008.
[77] *Vogliamo giustizia!*, Memoria della Colonia italiana di Ginevra, L'Elzeviriana, Firenze 1903, pp. 14-15.

della rivoluzione». Infatti non risulta che Mussolini abbia avuto frequenti contatti con i rivoluzionari russi: i contatti furono sporadici e occasionali, come avvenne con la commemorazione della Comune di Parigi alla sala Handwerk di Ginevra il 18 marzo 1903. Mussolini frequentò la comunità degli studenti, molti dei quali provenienti dalla Russia, che giungevano in Svizzera più per motivi di studio che per ragioni politiche[78]. Nella sua autobiografia Mussolini ricordava e citava il nome di alcuni di questi emigrati.

Facevano con me la vita da *bohème* il Serrati, pubblicista, tornato da New York, il Tomoff, bulgaro, che ho già ricordato, l'Eisen, rumeno, il Bontscheff, bulgaro, Gateaux, un parigino, Sigismondo Bartoli, un sarto romano. Ci aiutavamo reciprocamente. Il bene di ognuno era il bene di tutti.

La documentazione archivistica mostra che le persone citate da Mussolini non erano attivisti ed esponenti politici sorvegliati dalla polizia, bensì solo studenti. Nell'autobiografia Mussolini ricordava soprattutto Eleonora Horochowsky-Shéviakoff, russa di Jaroslaw, iscritta alla facoltà di Medicina a Ginevra, dove ottenne il diploma nell'agosto del 1904 e un dottorato nel 1908 in ginecologia[79]. Con lei Mussolini ebbe pure una relazione sentimentale; Teneff Panaïote Tomoff (o Tommoff), bulgaro, anch'egli studente di Medicina a Losanna, conseguì un dottorato nel 1905[80]; Barni Bontcheff, pure lui bulgaro, iscritto a Ginevra sempre a Medicina[81]; l'ultimo dei citati nella sua autobiografia è il rumeno Maurizio Eisen, studente di Chimica a Losanna[82].

Di queste persone e dei contatti avuti con Mussolini non resta che la descrizione del passo citato dell'autobiografia. Diversamente da quanto affermato dalle biografie fasciste in merito ai

---

[78] N. Tikhonov, *Les étudiantes russes dans les universités suisses à la fin du XIXᵉ siècle et au début du XXᵉ siècle: les raisons d'un choix*, in A.-L. Head-König e L. Mottu-Weber (éds.), *Les femmes dans la société européenne*, Droz, Genève 2000, pp. 91-103.

[79] Nata il 4 aprile 1875, Archives de l'Université de Genève (d'ora in poi AUG), Feuille de contrôle 410e/55, e Diplômes 410 z/6.

[80] Nato il 27 maggio 1877 a Osman-Pazar, ACV, KXIII, RMS 6, 197.109, Inscritpions aux cours 1903-1904.

[81] Nato il 12 gennaio 1877 a Razgrad, AUG, 410e/16.

[82] Nato il 28 novembre 1884 a Jassi, ACV, KVII, h, 482/63.

rapporti del giovane Mussolini con l'emigrazione slava in Svizzera, si trattò principalmente di scambi che contribuirono soprattutto alla sua formazione culturale. Non fu dunque l'internazionalismo politico, pur largamente presente nella Confederazione elvetica, a dare all'esperienza svizzera mussoliniana un carattere cosmopolita, ma piuttosto la frequentazione del mondo universitario, fuori e dentro le aule accademiche.

Sul piano delle idee, le letture fatte nella biblioteca di Ginevra servirono a Mussolini ad allargare ed aggiornare le sue conoscenze scientifiche nel quadro dei mutamenti che la cultura aveva subito negli ultimi anni dell'Ottocento[83]: qui scoprì l'opera di Friedrich Nietzsche, mediata dalle sintesi di Henri Lichtenberger e Alfred Fouillée. Quest'ultimo, pur riconoscendo un'originalità al pensiero del filosofo tedesco, preferiva le conclusioni del filosofo francese Jean-Marie Guyau[84]. Mussolini veniva così a contatto contemporaneamente con il pensiero dei due filosofi, accomunati nel celebrare la vita vissuta intensamente e libera da ogni condizionamento. La maggior parte delle letture mussoliniane convergeva verso una critica alle vecchie concezioni della morale, rifacendosi specialmente alle ultime scoperte scientifiche nel campo della biologia e della psicologia. La morale diventava, in particolare nell'opera di Nietzsche e Guyau, un fatto individuale slegato dalla questione del bene universale[85]. La lettura critica di Fouillée permetteva al giovane socialista di avviarsi alla conoscenza del pensiero di Nietzsche senza aderire alle sue conclusioni più radicali e antisocialiste, respinte da Fouillée, a favore della visione più positiva e solidale di Guyau[86].

Le opere di Nietzsche, Fouillée ed Espinas affrontavano, in modi e stili assai diversi, il problema della ragione umana, dei suoi limiti e del suo rapporto con l'insieme degli aspetti che costituiscono e, allo stesso tempo, condizionano la vita. Era una problematica che, a cavallo tra Ottocento e Novecento, divenne

---

[83] Secondo Musiedlak le letture erano in gran parte ricollegabili al darwinismo sociale, cfr. Musiedlak, *Mussolini*, cit., pp. 189 sgg.
[84] Fouillée, *Nietzsche et l'immoralisme*, cit., p. 275.
[85] Musiedlak, *Mussolini*, cit., pp. 192-193.
[86] Fouillée, *Nietzsche et l'immoralisme*, cit., p. 275.

centrale nella riflessione filosofica e che trovò il punto culminante, in Francia, nella riflessione di Bergson[87]. Proprio in questo paese la riflessione nasceva in un clima culturale, quello degli anni Novanta dell'Ottocento, di revisione e di critica, interna ed esterna, del positivismo, contemporaneamente ai progressi della psicologia scientifica e alla conseguente scoperta dell'irrazionale. In questo clima si affermò l'esigenza di riformare il positivismo senza tuttavia negarlo, bensì «spiritualizzarlo». Fouillée, per esempio, aveva cercato di conciliarlo con l'idealismo, per riaffermare l'importanza della volontà contro il meccanicismo biologista[88]. Alfred Espinas, dopo essere stato sostenitore dell'opera di Herbert Spencer, prendeva atto, come altri, dei limiti del pensiero di quest'ultimo e avanzava la necessità di una filosofia più matura[89], incentrata sullo studio dell'azione umana, una problematica che Espinas riteneva essenziale nel particolare contesto filosofico e politico francese, che proprio su queste questioni, sul determinismo e il libero arbitrio e le sue implicazioni morali e giuridiche, si era profondamente diviso[90]. Egli si proponeva di studiare il comportamento individuale e collettivo per rinnovare gli studi sul funzionamento sociale, affinché si rimediasse ai mali che, secondo lui, andavano ricercati non nell'economia, ma nella politica e nella morale[91].

Nell'opera di Espinas la biologia era ancora la scienza che permetteva di spiegare il funzionamento della società: intesa come un insieme di regole e pratiche di vita create dall'adattamento e dalla reazione di un determinato gruppo umano a un ambiente particolare. Il problema risiedeva semmai nello studio delle origini e delle cause: le regole e le pratiche di vita nascevano, secondo Espinas, in una parte oscura della coscienza collettiva di cui erano tuttora sconosciute le cause e le motivazioni[92]. Espinas si basava sui re-

---

[87] F. Worms, *Bergson et ses contemporains: le problème de l'homme entre vie et connaissance*, in Id. (éd.), *Le moment 1900 en philosophie*, Presses Univ. Septentrion, Paris 2004, pp. 23-41.

[88] D. Becquemont e L. Mucchielli, *Le cas Spencer: religion, science et politique*, Presses Universitaires de France, Paris 1998, p. 273.

[89] Espinas, *La philosophie sociale du XVIIIe siècle et la Révolution*, cit., p. 14.

[90] Ivi, p. 6.

[91] Ivi, p. 5.

[92] Ivi, p. 11.

centi studi di psicologia per dimostrare come l'azione umana fosse in realtà condizionata dalle sensazioni e in modo solo indiretto dalle idee[93]. Il sociologo francese poneva in primo piano, nella sua ricerca di una nuova filosofia dell'azione, il sentimento, la volontà e il desiderio, termini intimamente connessi e intercambiabili. L'azione doveva essere sostenuta da una fede, e il futuro non poteva che costruirsi su credenze sorrette da sentimenti forti:

[...] nous avons la conscience de faire ce que nous voulons, de donner l'être à l'objet de nos préférences, de posséder en notre foi une puissance créatrice. Nous nous croyons libres et nous le sommes en effet, subjectivement, puisque sans l'énergie de notre vouloir, sans l'ardeur de nos amours, sans la hardiesse et la persévérance de nos convictions, des réalités qui vont surgir resteraient dans le néant[94].

Espinas non era certo un cultore dell'individualismo e la sua filosofia, anche se sembrava fare eco alla nietzschiana volontà di potenza, restava in realtà solidamente circoscritta in una visione organicista del sociale, in cui il comportamento dell'individuo era fortemente predeterminato. Una visione ancora biologica del sociale, dunque, ma slegata dalla necessità di una comprensione razionale del comportamento umano, il quale finiva per dipendere unicamente da forze misteriose. Come per Fouillée, si trattava di un tentativo di ridare e ritrovare una dimensione spirituale alla vita umana, partendo dalla scienza.

Difficile valutare ciò che Mussolini abbia appreso dal libro di Espinas, anche se il registro della biblioteca indica che lo consultò per ben sei volte. È possibile però che l'insistenza sulla dimensione biologica e psicologica, ma non razionale delle azioni umane, la necessità che esse siano determinate da credenze forti, lo abbia colpito, confermando la sua visione «evangelica»[95] del socialismo fondata sulla necessità della motivazione ideale e sull'efficacia della forza morale nelle azioni politiche. L'opera di Espinas per-

---

[93] Ivi, p. 7.
[94] Ivi, p. 16.
[95] «Noi che apparteniamo alla derisa ala evangelica del partito socialista», M., O. O., I, *Socialismo e movimento sociale nel secolo XIX*, in «Il Proletario», 18 settembre 1903, p. 43.

metteva di esaltare la dimensione ideale all'interno di un sapere scientifico e non metafisico, ed è molto probabile che in questa dimensione morale, biologica e umana, non metafisica, le idee di Nietzsche e di Guyau abbiano trovato una loro logica collocazione nell'ideologia in formazione del giovane rivoluzionario. Grazie all'opera dei due filosofi, Mussolini associò alla visione ortodossa del pensiero socialista, con la sua morale di solidarietà, una visione nuova, basata sull'esaltazione della vita in sé, senza fini né ideali precisi.

La morale di rinuncia del deismo, lasceranno posto alla "morale umana"; basata sul principio della fraternità universale e sul completo, libero sviluppo, sull'espansione feconda di tutto quel cumulo di energie che formano la integrale persona umana![96]

Le letture ginevrine permisero, dunque, un allargamento della cultura mussoliniana in nuovi ambiti scientifici e filosofici, che egli tentava di riportare nel quadro della sua visione socialista. A Ginevra però Mussolini si limitò a frequentare solo la biblioteca universitaria, perché l'iscrizione all'università non fu possibile a causa della sua espulsione dal cantone. Fu invece possibile a Losanna, dove Mussolini si trasferì dopo la sua scarcerazione a Bellinzona e il suo ritorno in terra romanda. Il 7 maggio 1904 Mussolini si immatricolò all'università, come attesta il suo libretto studentesco[97].

Mussolini seguì all'università il semestre estivo, da maggio, quando si iscrisse, fino a metà luglio. Nel suo libretto sono indicati i tre corsi previsti dal programma di Scienze sociali: il corso di Economia politica con il professor Pareto, tenuto però da Pasquale Boninsegni, che, in quel periodo, faceva le sue prime esperienze all'università come supplente di alcuni corsi di Pareto[98]; un corso di Sociologia, tenuto anche questo da Pareto, e un corso di Filosofia generale, tenuto dal professor Maurice Millioud.

---

[96] M., *O. O.*, XXXIII, *L'uomo e la divinità* (Contraddittorio del 26 marzo 1904), Lugano, Cooperativa Tipografia Sociale, 2 luglio 1904, pp. 4-37.
[97] O. Robert, *Matériaux pour servir à l'histoire du doctorat h.c. décerné à Benito Mussolini en 1937*, Université de Lausanne, Lausanne 1987, pp. 34-35.
[98] F. Mornati, *Pasquale Boninsegni e la Scuola di Losanna*, Utet, Torino 1999, pp. 30-31.

La frequenza dell'università da parte di Mussolini ha dato luogo ad una serie di controversie sulla sua effettiva presenza tra i banchi dell'accademia[99] e soprattutto sull'influenza del pensiero paretiano. Se un rapporto diretto con Pareto è con molta probabilità da escludere[100], l'influenza del pensiero paretiano, mediata da Boninsegni, risulta documentata[101]. Va inoltre tenuto presente che in quel periodo il nascente sindacalismo rivoluzionario si riferiva spesso ai *Systèmes Socialistes* di Pareto. È probabile che alcune idee del professore italiano siano giunte a Mussolini per questa via. Un primo riscontro testuale del concetto di élites lo si trova in un articolo del 30 luglio 1904[102], in concomitanza quindi con i suoi studi. Mussolini si riferì direttamente alle idee paretiane in un articolo di «Avanguardia socialista», che conteneva il resoconto di una conferenza di Pareto tenuta a Ginevra agli inizi di ottobre del 1904. Ciò non dimostra, tuttavia, una conoscenza approfondita dell'opera di Pareto da parte di Mussolini, che nell'articolo si limitava a riassumerne la relazione, da cui selezionava qualche concetto utile per la sua battaglia antiriformista[103].

L'attenzione prevalente per l'influenza di Pareto su Mussolini ha lasciato invece in ombra l'aspetto forse più importante della sua esperienza universitaria, ossia la frequentazione del corso di Filosofia di Millioud. A differenza delle lezioni di Pareto, un certo numero di indizi attestano la presenza di Mussolini a una parte dei corsi del professore romando. Il corso di Filosofia generale di Millioud, per il semestre estivo del 1904, era dedicato alla natura, all'uomo, al problema morale e metafisico[104]. Mussolini iniziò a

---

[99] Secondo il professor Millioud le apparizioni di Mussolini fra i banchi dell'università «étaient du domaine de la contrebande»: cfr. A. Fonjallaz, *Energie et volonté. Un chef: Mussolini*, Éd. de la Revue mondiale, Paris 1933, p. 19.

[100] F. Mornati, *Mussolini e Losanna*, in «Nuova Antologia», aprile-giugno 1993, pp. 472-483.

[101] Id., *Pasquale Boninsegni e la Scuola di Losanna*, cit., pp. 301-302, nota 33.

[102] «Così per il sistema capitalista, l'*Élite* proletaria può strappar quotidianamente parziali conquiste»: in M., *O. O.*, I, *Intorno alla notte del 4 agosto*, in «Avanguardia socialista», 30 luglio 1904, p. 62.

[103] M., *O. O.*, I, *Uomini e idee. "L'individuel et le social"*, in «Avanguardia socialista», 14 ottobre 1904, p. 73.

[104] Bibliothèque Cantonale Universitaire de Lausanne, Département des manuscrits (d'ora in poi BCU, Ms), Fonds Maurice Millioud, IS, 1912, V, Notes des cours du semestre d'été 1904.

seguirlo non prima del lunedì 9 maggio, dopo il suo arrivo a Losanna e la sua immatricolazione. In maggio l'insegnamento era dedicato alla natura, al principio della vita e alla formazione delle specie animali, seguendo lo sviluppo del pensiero scientifico, in particolare contemporaneo, e in accordo con le teorie evoluzioniste di cui Millioud esponeva non solo i risultati ma anche le difficili battaglie occorse alla loro affermazione. Si trattava, dunque, non di corsi di storia del pensiero filosofico classico, ma di un approccio che rinnovava il legame con la scienza.

Il corso non poteva non interessare Mussolini, attratto dal sapere scientifico nella sua dimensione rivoluzionaria, distruttore di dogmi e fautore di nuove verità. Dal 6 giugno Millioud affrontò il problema dell'uomo e della sua origine, un tema che sviluppò durante più settimane, per passare, dalla fine di giugno, allo studio delle prime civilizzazioni. Lunedì 13 giugno Mussolini prese in prestito alla biblioteca universitaria di Losanna un libro di Gustave Le Bon, *L'Homme et les sociétés. Leurs origines et leur histoire*[105]. Il contenuto del libro presentava non poche analogie con i temi trattati nel corso, ed è quindi probabile che Mussolini abbia deciso, il giorno medesimo in cui ebbe luogo la lezione di Millioud[106], di recarsi in biblioteca per ritirarlo. La scelta non si spiega altrimenti: infatti Le Bon era conosciuto per i suoi scritti sulle folle (*Psychologie des Foules* del 1895) e sul socialismo (*Psychologie du socialisme* del 1898), non certo per questo lavoro del 1881. È, del resto, significativo che dal registro dei prestiti della biblioteca, per tutto il 1904, l'opera di Le Bon sia stata richiesta solo da Mussolini e da un certo Stoyan Simeonoff, bulgaro, anch'egli iscritto al corso di Millioud[107].

Mussolini non solo frequentò, come si è potuto constatare, una parte dei corsi, ma conobbe personalmente il professore[108]. Tuttavia, la via degli studi accademici non durò molto per Mus-

---

[105] Il primo tomo, mentre il secondo lo ritirò il lunedì 11 luglio, BCU, Ms, Archives BCU, Registre des prêts à domicile 1903-1905.

[106] Le lezioni si svolgevano il lunedì e il mercoledì.

[107] Data del prestito il 12 dicembre 1904, BCU, Ms, Archives BCU, Registre des prêts à domicile 1903-1905.

[108] Il prof. Millioud lo lasciò intendere in un suo articolo, cfr. M. Millioud, *Le mot malheureux de M. Mussolini*, in «Gazette de Lausanne», 25 giugno 1921. Alla morte del professore, nel gennaio del 1925, Mussolini fece deporre una corona

solini, ma non per questo abbandonò l'attitudine e la curiosità per lo studio. Quella dello studioso, dello scienziato, fu un modo di essere, spesso una posa, ch'egli ostentava nei suoi scritti, conformandosi così alla cultura socialista che sulla scienza poggiava gran parte delle proprie attese e promesse di cambiamento. Ma la scienza subiva non pochi mutamenti negli anni di fine e inizio secolo: molte certezze vennero rimesse in discussione da nuove scoperte scientifiche, e sembrava che proprio la mancanza di certezze dovesse caratterizzare il futuro del sapere scientifico, ciò che per molti attestava addirittura la fallibilità della scienza nella sua capacità di spiegare il mondo[109].

Mussolini, attraverso le sue letture e i corsi all'Università di Losanna, integrò invece positivamente, rispetto a chi al contrario vedeva la relatività come un insuccesso della scienza, i cambiamenti in atto nel mondo scientifico; i richiami continui alla relatività della scienza erano per lui una prova della vitalità e della forza di quel sapere:

> Mentre il dogma rappresenta la fissità, la cristallizzazione del pensiero umano negli angusti limiti di una formula, la scienza invece agilmente si trasforma, assimila ogni nuova scoperta, modifica, se occorre, i suoi metodi d'indagine, è pronta a cancellare tutto un passato se riconosciuto falso[110].

Il relativismo assumeva, in opposizione a concezioni dogmatiche della realtà, un ruolo centrale e positivo nella visione del mondo di Mussolini, su cui poggiare l'intera comprensione della realtà circostante:

> Nulla in questo mondo vi è di assoluto, ma tutto è relativo. Niente di eternamente immobile, ma in continua trasformazione, movimento perenne di forze[111].

---

di fiori sulla sua tomba: cfr. *La mort du Professeur Millioud*, in «Feuille d'Avis de Lausanne», 12 gennaio 1925.
[109] Cfr. A. Rasmussen, *Critique du progrès, «crise de la science»: débats et représentations du tournant du siècle*, in «Mil neuf cent», 1, 1996, pp. 89-113.
[110] M., *O. O.*, XXXIII, *L'uomo e la divinità*, cit., p. 15.
[111] *Ibid.*

Questa visione del mondo relativista permise a Mussolini di articolare le varie esperienze culturali di tutto il periodo svizzero: marxismo e scienza evoluzionista attraverso il concetto della mutazione continua, delle realtà naturali e sociali; mentre il vitalismo di Nietzsche confermava, nell'ambito della vita umana e della morale, l'assenza di leggi assolute.

L'insieme dell'esperienza di Mussolini nella Confederazione elvetica fu all'insegna della formazione, politica e intellettuale, che maturò a contatto con realtà sociali e culturali nuove. L'importanza del soggiorno svizzero va però rilevato soprattutto nella sua dimensione intellettuale, poiché gettò le basi di una particolare visione del mondo che Mussolini modificherà e arricchirà in seguito, ma non abbandonò mai completamente.

UN RIVOLUZIONARIO IN TRENTINO
di Stefano Biguzzi

Per comprendere pienamente il significato del periodo che Mussolini trascorse in Trentino tra il 6 febbraio e il 26 settembre del 1909, è indispensabile avere un quadro generale di quell'area dal punto di vista storico e sociopolitico. Compattamente italiano per lingua e cultura, il Trentino era stato un principato vescovile fino al 1796. Tra quell'anno e il 1801 passò tre volte di mano tra francesi e austriaci; accorpato alla provincia del Tirolo fino al 1803, dopo Austerlitz venne attribuito alla Baviera fino al 1810, quando Napoleone lo unì al Regno d'Italia creando il Dipartimento dell'Alto Adige.

L'esperienza napoleonica terminava il 31 ottobre 1813. Il 9 giugno 1815 il congresso di Vienna ratificava l'annessione del Trentino all'Austria e, per negare qualsiasi legame con l'Italia, aggregava la regione non alle province del Lombardo-Veneto ma alla contea del Tirolo (1816) e alla Confederazione germanica (1818).

Le popolazioni rurali che più si erano opposte al nuovo modello di società importato dalle truppe franco-bavaresi avevano accolto positivamente il passaggio all'Austria; questo in ragione di un ritorno a forme di governo feudali che più si avvicinavano a modelli tradizionali trasmessi da generazioni, ma anche e soprattutto per il saldissimo connubio tra Stato e Chiesa.

Per chi invece aveva potuto vivere nel breve volgere di un triennio il realizzarsi dell'unità nazionale vaticinata dagli illuministi, sperimentando la praticabilità di un itinerario che potesse condurre al congiungimento con l'Italia, la sottomissione agli Asburgo assumeva ben altro significato. Com'era accaduto per i sedimenti di civiltà latina sopravvissuti all'impero romano che la pressione delle popolazioni tedesche, anziché disperdere, aveva più fortemente cementato, allo stesso modo la Restaurazione, il rinnovarsi di una sottomissione allo straniero percepita come sempre più anacronistica, la pesantezza del regime poliziesco e censorio risultarono decisivi nel far sopravvivere e rafforzare il sentimento di appartenenza nazionale stimolandone una progressiva diffusione[1].

La dominazione asburgica produsse poi un terzo approccio alla prospettiva politica del Trentino, definendo e rafforzando i due delineatisi nel periodo napoleonico tra la reazione sanfedista guidata nel 1809 da Andreas Hofer e i primi bagliori di un risveglio nazionale confluito poi nella stagione risorgimentale. La condizione umiliante riservata al Trentino nella Dieta tirolese (sette membri su cinquantadue, quando il rapporto tra trentini e tirolesi era circa di 320.000 contro 400.000) e l'atteggiamento sprezzante della classe dirigente di Innsbruck determinarono infatti il sorgere di istanze autonomistiche che, pur non mettendo in discussione il potere degli Asburgo, puntavano a guadagnare spazi di sovranità che rispecchiassero almeno in parte la dignità di uno Stato autogovernatosi per quasi otto secoli.

Dopo esser stato lambito, nel 1848, dalla prima guerra d'Indipendenza e aver fornito combattenti alle lotte di liberazione nazionale, il Trentino sfiorò l'occasione di unirsi all'Italia nel 1866, quando Garibaldi, vittorioso a Bezzecca, si era ormai aperto la via per Trento. Gli accordi diplomatici non prevedevano però che quella porzione di impero venisse ceduta all'Italia, così, l'«Obbedisco» con cui il Generale rispose all'ordine di arrestare l'avanzata stroncò le speranze di chi già intravedeva la patria italiana. Il colpo di grazia venne poi nel 1882 con la stipula della Triplice Alleanza tra Italia, Austria e Germania, la morte di Garibaldi e il disperato sacrificio dell'irredentista triestino Guglielmo Oberdan.

Il Trentino in cui Mussolini avrebbe trascorso gran parte del 1909 era una regione povera, a economia prevalentemente agricola e artigianale, con primi nuclei di sviluppo industriale sorti nei centri urbani. Con i suoi 28.000 abitanti, Trento era una città

---

[1] Cfr. S. Benvenuti, *Storia del Trentino*, Edizioni Panorama, Trento 1995, vol. II.

piccola ma ricca d'interessi che traeva vantaggio da una posizione geografica a cavallo tra due etnie. La convivenza con la macchina statale, fortemente sostenuta dalla Chiesa, era agevolata dall'uso della lingua italiana anche nei rapporti con una burocrazia particolarmente efficiente e composta in gran parte da funzionari trentini, mentre l'elemento tedesco era prevalente nei reparti dell'esercito massicciamente schierati nella regione. La dominazione asburgica si avvertiva però, in modo più subdolo e negativo, nello stato di depressione economica indotto dall'amministrazione di Innsbruck e rivelato dall'altissima percentuale di emigrazione, nel crescente peso delle servitù militari, nell'appoggio fornito all'aggressiva penetrazione delle associazioni pangermaniste, in una soffocante censura sulla stampa e, non ultimo, nell'impossibilità per i trentini, come per gli altri italiani d'Austria, di accedere a un'istruzione universitaria nella propria lingua madre e di creare così una classe dirigente autoctona.

Lo scenario politico trentino era occupato da tre soggetti. Il partito liberal-nazionale, moderato e borghese, aveva visto il proprio consenso ridursi progressivamente per le riforme elettorali culminate con l'avvento del suffragio universale. Pur considerandosi unici eredi della tradizione risorgimentale e primi paladini della causa nazionale, i liberal-nazionali mantenevano rapporti di quieto vivere con il governo austriaco per non ledere lo status di classe economicamente dominante; le concessioni si cercava così di strapparle più con l'ossequio all'autorità che con la lotta, limitandosi in casi estremi a gesti simbolici, come la sterile astensione dai lavori della Dieta di Innsbruck.

Ben più attivi nel difendere autonomia e italianità del Trentino erano i socialisti. Nata nel 1895 grazie al decisivo impulso di Cesare Battisti, giovane geografo trentino formatosi a Firenze, la locale sezione del «Partito sociale democratico in Austria» si era subito segnalata per le battaglie combattute in favore della redenzione sociale degli ultimi, mantenendo strette relazioni sia con l'austromarxismo che con i compagni italiani. Intrecciata a queste lotte, Battisti aveva sviluppato un'intensissima azione democratica in difesa dell'autonomia (fu grazie ai socialisti se l'astensione dalla Dieta di Innsbruck ebbe termine), per la nascita di una università italiana, contro il crescente peso del militarismo e del pangermanesimo. Per Battisti, diversamente dagli altri socialisti, non era concepibile parlare di patria a chi era in condizioni di schiavitù economica, così come non si poteva parlare di lotta di classe a chi non era libero di mantenere la propria identità culturale. Questa impostazione lo porterà nell'arco di vent'anni a raccogliere molti consensi e a provocare il distacco dell'ala più progressista dei liberal-nazionali, ma anche a scontrarsi più volte con il nucleo più rigidamente internazionalista del partito e ad affrontare due scissioni poi rientrate[2].

Su posizioni antitetiche rispetto ai liberal-nazionali e ai socialisti si collocavano invece i popolari. Questo partito di ispirazione clericale che un giovane e agguerrito Alcide De Gasperi[3] guidava dalle pagine de «Il Trentino», era il più forte e il più votato grazie al radicamento territoriale garantito dalla rete delle parrocchie, al peso economico assicurato da un prospero sistema di banche, cooperative e organi di stampa, ma grazie anche, e soprattutto, alla protezione delle autorità, alle quali garantiva la fedeltà di quel mondo contadino che rappresentava la maggioranza della popolazione.

Dei temi che occupavano il dibattito politico, insieme a quelli economici e autonomistici, un cenno particolare merita infine quello dell'irredentismo, la corrente politica che aspirava al ricongiungimento di Trentino e Venezia Giulia, all'Italia, ovvero alla «redenzione» di quelle terre dal giogo asburgico. Fino alle nuove prospettive aperte dalla Grande Guerra, con l'irredentismo – rivendicato come eredità, riletto in chiave democratica, combattuto come diabolico sovvertimento dell'ordine costituito – si confronteranno tutti i partiti trentini. E lo faranno all'interno di uno scenario geopolitico che dagli inizi del Novecento, oltre ad aver visto progressivamente allentarsi i vincoli della Triplice (decisivi in tal senso l'ascesa al trono di Vittorio Emanuele III, il colpo di mano austriaco in Bosnia nel 1908, la rivelazione dei progetti per una guerra preventiva contro l'Italia), registrava una crescente aggressività delle società pangermaniste (*Deutscher Schulverein*, *Südmark*, *Volksbund*) che avevano come obiettivo germanizzare

---

[2] Cfr. R. Monteleone, *Il movimento socialista nel Trentino, 1894-1914*, Editori Riuniti, Roma 1971; S. Biguzzi, *Cesare Battisti*, Utet, Torino 2008.
[3] Cfr. P. Pombeni, *Il primo De Gasperi*, il Mulino, Bologna 2007; P. Craveri, *De Gasperi*, il Mulino, Bologna 2006.

un Trentino visto solo ed esclusivamente come estremo sud del Tirolo, ultima propaggine della civiltà tedesca prima dell'aborrito mondo latino.

Fin dalle origini il socialismo trentino aveva mantenuto stretti rapporti con quello italiano che, insieme a interessanti spunti di dibattito politico, aveva sempre offerto un valido supporto organizzativo per compensare la cronica carenza di dirigenti. Questo aspetto era tornato all'ordine del giorno dopo che, nel marzo 1908, il responsabile del Segretariato trentino del lavoro, Domenico Gasparini, aveva terminato il suo mandato[4]. La sua uscita di scena e la difficoltà di reperire un valido sostituto, confermata dal succedersi di nuovi segretari e dai lunghi periodi nei quali la carica restava vacante, aveva finito per indebolire l'attività del sindacato, mentre prendeva nuova consistenza il proposito di tornare a collegare il movimento operaio alla struttura del partito. In novembre era stato aperto ancora una volta il concorso ma, fino ai primi del 1909, non si trovò nessuno disposto ad assumersi l'incarico che, in cambio di una modesta retribuzione, richiedeva un considerevole lavoro organizzativo, giornalistico e di propaganda. All'appello per la carica di segretario e direttore del foglio «L'Avvenire del Lavoratore» rispose un venticinquenne romagnolo che, reduce da un burrascoso soggiorno in Svizzera conclusosi con l'espulsione e da alcune brevi esperienze come maestro elementare, si era segnalato guidando gli scioperi dei braccianti forlivesi nell'estate del 1908:

> Giunsi a Trento il 6 febbraio, alle nove di sera. Nevicava. C'erano alla stazione a ricevermi alcuni compagni, fra i quali l'onorevole Avancini ed Ernesto Ambrosi, col quale mi avvinsi poi colla più fraterna amicizia. Uscendo dalla stazione riportai un'indicibile impressione del colossale monumento a Dante. Alla mattina seguente, insieme col Ga-

---

[4] Gasparini si era dimesso nell'autunno del 1907 accettando di restare fino alla nomina del nuovo segretario: «vi addusse motivi di salute, la necessità di tornare alla sua professione [falegname ed ebanista] e, non ultime, le difficoltà derivanti dal non conoscere la lingua tedesca, diventata tanto più indispensabile quanto più stretti si erano fatti i legami con le grandi federazioni sindacali austriache». R. Monteleone, *Adriano Gasparini*, in F. Andreucci, T. Detti (a cura di), *Il movimento operaio italiano: dizionario biografico, 1853-1943*, Editori Riuniti, Roma 1975-79, vol. II, p. 448.

sperini [Gasparini] Domenico, mi recai per una conferenza a Merano, il *Kurort* [stazione di cura] più quotato del basso Tirolo. Nei giorni seguenti presi possesso del mio ufficio[5].

Con queste parole Benito Mussolini ricorderà il suo primo incontro con il socialismo trentino; anche se la permanenza a Trento si ridusse a soli sette mesi, quella fase esistenziale avrebbe rappresentato un momento particolarmente importante, contribuendo ad «un'ulteriore definizione della sua particolare ideologia» e gettando «le basi della sua affermazione nel socialismo italiano»[6].

Sui motivi che l'avevano spinto a intraprendere la nuova esperienza, alla quale era stato indirizzato su interessamento di Angelica Balabanoff (entrata in contatto con il socialismo trentino durante un applaudito ciclo di conferenze nel 1908) e Giacinto Menotti Serrati, Renzo De Felice ha osservato: «Psicologicamente Mussolini andò a Trento com'era sin allora andato in tutte le altre località, un po' per spirito di avventura e di novità, un po' per sbarcare il lunario»[7]. Di questo stato d'animo dominato dall'istinto, alla ricerca della propria strada giorno per giorno, *homme qui cherche*, per citare un suo pseudonimo giovanile, più che *homme qui va*, ci offrono un'eloquente testimonianza due lettere scritte all'inizio e alla fine del periodo trentino. Nella prima, indirizzata all'amico Torquato Nanni il 26 febbraio 1909, Mussolini scriveva:

Tu ben comprendi che io non son affatto lieto della mia posizione attuale. Non invecchierò quale stipendiato del partito socialista austriaco – oh, no – quando saprò strimpellare il violino – girerò il mondo piuttosto che vivere agli ordini dei nuovissimi padroni. Scrivo articoli di quinta colonna sul «Popolo» – socialista – ma di proprietà del dott. Battisti e non è improbabile che mi venga offerta la redazione. Accetterei. Quanto al mio avvenire non ho piani fissati. Vivo, come sempre, alla giornata[8].

---

[5] B. Mussolini, *Opera Omnia*, a cura di E. e D. Susmel, La Fenice, Firenze 1951-63, 36 voll., vol. XXXIII, p. 265.

[6] R. De Felice, *Mussolini il rivoluzionario, 1883-1920*, Einaudi, Torino 1995, p. 62. Sull'argomento vedi anche S. Mattei, *Il socialista Mussolini a Trento (1909)*, in «Letture trentine e altoatesine», 33, 1983, pp. 83-107.

[7] Ivi, p. 61.

[8] Mussolini, *Opera Omnia*, cit., vol. II, p. 263.

Nella seconda, poche settimane dopo essere ritornato a Forlì, esprimeva tutta la propria insoddisfazione a un altro amico, Rino Alessi, accarezzando nuovamente un vecchio progetto di andare in America: «sono stanco di stare a Forlì, sono stanco di stare in Romagna, sono stanco di stare in Italia, sono stanco di stare al mondo (intendi, l'antico, non la *lacrimarum valle*). Voglio andarmene nel nuovo»[9].

Al di là di questa condizione interiore, o forse proprio nel tentativo di contrastarla, e nonostante la sua indole rivoluzionaria fosse in netto contrasto con la realtà trentina[10], Mussolini in poche settimane si appassionò al nuovo lavoro e la sua vita «ebbe per tutto il periodo che rimase in Trentino un ritmo febbrile, a volte quasi frenetico»[11]. Questa metamorfosi è ben sintetizzata in un passaggio di una lettera inviata a Nanni il 26 giugno: «Io vivo battagliando aspramente contro tutto e tutti. *Mi sono imposto*»[12]. Giunto «assai male in arnese, praticamente senza un soldo in tasca», quando fu ufficialmente presentato alla Camera del Lavoro «non mancò chi guardasse con qualche perplessità all'uomo così trasandato nella persona, al quale si affidava una carica tanto importante. Ma Mussolini era arrivato a Trento accompagnato da una fama di energico agitatore e propagandista, da un esagerato concetto della sua cultura professionale e politica – che del resto egli sapeva vendere assai bene»[13].

«L'Avvenire del Lavoratore», alla vigilia dell'insediamento al Segretariato, lo descriveva in termini entusiastici: «La scelta non poteva essere migliore perché Benito Mussolini, oltre che un lottatore provato, è un fervente propagandista, versato specialmente in materia di anticlericalismo: è un giovane colto e, con molto vantaggio del nostro movimento, conosce perfettamente

---

[9] Ivi, p. 268.
[10] Mussolini parlerà di una regione «senza tradizioni rivoluzionarie», dei «forse troppo pacifici trentini» e del loro sangue che, a suo dire, non avrebbe avuto «la febbre delle grandi battaglie». Le citazioni sono tratte da B. Mussolini, *Il Trentino veduto da un socialista. Note e notizie*, La Rinascita del libro, Firenze 1911; ristampa a cura del Centro di studi atesini, Bolzano 1983.
[11] De Felice, *Mussolini il rivoluzionario*, cit., p. 69.
[12] Mussolini, *Opera Omnia*, cit., vol. II, p. 267.
[13] Monteleone, *Il movimento socialista nel Trentino*, cit., p. 292.

la lingua tedesca»[14]. Anche «Il Popolo», commentando la conferenza su Giordano Bruno tenuta il 17 febbraio alla Camera del Lavoro, non esitò a manifestare il proprio entusiasmo: «e bisogna dirlo – questo primo incontro del Mussolini coi nostri operai non poteva essere più simpatico, né avere migliore successo. Egli fu ascoltato con attenzione somma e seppe tosto farsi comprendere dagli ascoltatori che capirono d'aver dinnanzi non solo un ottimo dicitore, un suadente propagandista, ma anzi e soprattutto uno studioso»[15].

Mussolini teneva molto ad essere considerato un intellettuale, per questo coltivava questa immagine con grande impegno; nella già ricordata lettera a Nanni scriveva: «La mia vita intellettuale è più intensa qui che a Forlì. Oltre alla ricchissima Biblioteca Comunale, c'è una magnifica sala di lettura aperta a tutti, dalle nove del mattino alle dieci di sera, e provvista di quaranta giornali e di ottanta riviste fra italiane, tedesche, francesi, inglesi. Qui passo molte delle mie ore libere ed ho la rara soddisfazione di leggere negli originali le più belle produzioni degli artisti stranieri». In un'intervista rilasciata nel 1923 Cesare Berti, segretario del Circolo di cultura sociale, confermerà altresì l'assidua frequentazione bibliotecaria di Mussolini così come la sua abitudine a privarsi del necessario per acquistare libri:

> Consumava le ore in biblioteca, si privava del necessario per comperare libri e li divorava [...] Viveva poveramente con poco più di cento Corone al mese, mangiava alla cucina economica della Camera del Lavoro, dormiva in una stanzetta nuda alla Cervara. Sopra il letto un motto: *Viver liberi*. Portava vestiti logori, che mostravano il tessuto, con una noncuranza d'ogni apparenza[16].

In questo stile di vita un po' bohémien si inseriva tra l'altro la passione per la musica classica coltivata anche da discreto dilettante sull'inseparabile violino[17].

---

[14] *Il nostro nuovo segretario*, in «L'Avvenire del Lavoratore», 29 gennaio 1909.
[15] *Per Giordano Bruno alla Camera del Lavoro*, in «Il Popolo», 18 febbraio 1909.
[16] D. Emer, *Mussolini a Trento (Conversando con Cesare Berti)*, in «Il giornale di Trento», 17 marzo 1923.
[17] A Trento Mussolini avrebbe anche cercato di perfezionare la sua tecnica

Oltre che dalla fame di letture, però, la vivacità culturale del periodo trentino nella vita di Mussolini è ben rappresentata dalla straordinaria quantità di scritti che in quei mesi videro la luce o furono abbozzati. Ricordiamo in primo luogo alcuni saggi di carattere storico-letterario, come quelli su August von Platen e l'Italia[18], sulla Comune di Parigi[19], sul *Rodolfo d'Austria*[20], sulla tragedia di Mayerling, nonché quello di chiara impronta anticlericale su *Giovanni Huss. Il veridico*[21]. A questi si aggiungono traduzioni dal tedesco e dal francese[22], svariati racconti e bozzetti, tra i quali spiccano quello su Alessandro Vittoria[23] e sul Castello del Buon Consiglio[24] insieme ai sette *Medaglioni borghesi* pubblicati

---

prendendo alcune lezioni dal M° Giuseppe Conci. Cfr. S. Biguzzi, *L'orchestra del duce. Mussolini, la musica e il mito del capo*, Utet, Torino 2003.

[18] *Un grande amico dell'Italia. Augusto von Platen*, in «Il Popolo», 3 luglio 1909. (Tutte le citazioni di scritti mussoliniani tratte da «Il Popolo», «L'Avvenire del Lavoratore» e «Vita Trentina» sono anche in Mussolini, *Opera Omnia*, cit., vol. II.) Questo lavoro sarebbe in realtà «il riassunto di uno studio più ampio pubblicato da Guglielmo Bertagnolli nel Bollettino della Società Studenti Trentini, proprio nel febbraio 1909», F. Olász, *Benito Mussolini a Trento (1909)*, Bravetta, Milano 1958, p. 7. Ricordiamo inoltre l'articolo di critica letteraria su *Figure di donne nel Wilhelm Tell* di Schiller; con quello sulla poesia di Klopstock che Francesco Chiesa aveva ospitato su «Pagine libere», avrebbe dovuto far parte di un volume di studi critici sulla letteratura tedesca mai pubblicato. Mussolini scrisse anche una critica a *Les Villes Tentaculaires* del belga Émile Verhaeren esponendovi anche le sue impressioni su Charles Baudelaire e Sándor Petőfi.

[19] *La Comune di Parigi. 18 marzo-24 maggio 1871*, in «L'Avvenire del Lavoratore», 27 marzo 1909.

[20] Sfuggito al sequestro della polizia quando Mussolini venne espulso da Trento, uscì nel 1973 sul «Borghese» e nel 2005 su «Gente». Il manoscritto originale è nella biblioteca dell'Università di Stanford.

[21] Podrecca e Galantara, Roma 1913.

[22] *La mia giovinezza*, memorie anonime di un'operaia tedesca, la prefazione del volume *L'Homme et la terre* di Élisée Reclus; un dialogo tra due operai di Paul Lafargue, *L'ultima coppia umana* di Edmond Haraucourt, un brano dal *Beethoven* di Romain Rolland, *Lo spettro* di Fritz Sänger, *I bravi cavalli* di Erbert Nadler, una versione ritmica del *Canto della Libertà* di Robert Seidel e dell'*Elegia* di Ernest Raynaud.

[23] *Notturno in «re» minore*, in «Il Popolo», 18 agosto 1909. Alessandro Vittoria (1525-1608), nato a Trento, fu il più importante scultore attivo in area veneta nel Cinquecento. Il racconto faceva parte di una serie di quattro ispirati alle atmosfere cupamente oniriche di E.A. Poe (*Convegno supremo*, *Nulla è vero, tutto è permesso*, *Corsa di nozze*) e che avrebbe voluto raccogliere in un volumetto intitolato *Novellette perverse*.

[24] *La fossa del Castello*, in «Il Popolo», 3 agosto 1909. Il racconto apparteneva a una progettata serie di *Quadretti trentini*.

su «L'Avvenire del Lavoratore». In queste pagine, il volto della classe dirigente trentina veniva ritratto con toni impietosamente caustici rivelando una concezione mussoliniana del socialismo intrisa «di idealismo e di attivismo», nella quale:

c'era sempre meno posto per il materialismo e il determinismo ma nella quale un ruolo chiave continuarono a rivestire la critica al parlamentarismo, al riformismo, e allo spirito borghese che egli vedeva incarnato esemplarmente nelle figure dello *speculatore*, «prodotto tipico della società borghese», dello *strozzino*, «il corvo che segue i cadaveri della società borghese», del *viveur*, del *magistrato*, del *blasonato*, della *signora onesta* e dell'*uomo serio*, quest'ultimo autentica «zavorra sociale», dato che «La civiltà è l'opera dei cosiddetti pazzi»[25].

Nonostante la presenza di una ricca biblioteca e di attive realtà culturali, Mussolini, in una lettera a Prezzolini, contraddirà per snobismo quanto scritto all'amico Nanni, arrivando a definire Trento una città dove la vita intellettuale era «di una sconfortante miseria»[26]. Tuttavia, anche prendendo per buono il giudizio denigratorio e il fastidio per quella dimensione provinciale, Trento non mancava di vistose eccezioni rappresentate dagli ambienti più vivaci che facevano capo alla Pro Cultura[27], a Cesare Battisti, alla moglie Ernesta Bittanti[28], all'avvocato Antonio Piscel: il rapporto che Mussolini intrattenne con loro, pressoché quotidiano quello

---

[25] A. Campi, *Mussolini*, il Mulino, Bologna 2002, pp. 105-106.
[26] G. Prezzolini, *L'italiano inutile*, Longanesi, Milano 1954, p. 135.
[27] Attiva nel promuovere iniziative culturali e nell'organizzare conferenze e lezioni pubbliche, la Pro Cultura era un'associazione d'impronta illuminista nata nel 1900 «per ispirazione e opera di Cesare Battisti e nei primi anni sostenuta in stretta collaborazione con la Società degli Studenti Trentini [come] mezzo più indicato e appropriato per la larga educazione civica del popolo, per la lotta politica, per affermazione, oggi si direbbe ideologica, e come feconda animatrice di concorde opera cittadina sociale». E. Bittanti Battisti, *Le origini della "Pro Cultura"*, in *La Pro Cultura di Trento nel suo cinquantennio*, Pro Cultura, Trento 1956, pp. 3-4.
[28] Mussolini aveva avuto di lei un'altissima considerazione al punto da definirla «l'unica persona alla quale, qui a Trento, val la pena di parlare». Dai taccuini inediti di Ugo Ojetti, cit. in G. Pini, D. Susmel, *Mussolini, l'uomo e l'opera*, La Fenice, Firenze 1953, vol. I, p. 135. Ricambiando quella stima, la Bittanti aveva affermato che «L'Avvenire del Lavoratore» avrebbe potuto uscire «interamente fiammante» dalla «ardita penna» di Mussolini «cui riscalda entusiasmo di giovinezza e avviva una candida e salda fede». Cit. in G. Megaro, *Mussolini dal mito alla realtà*, Istituto Editoriale Italiano, Milano 1947, p. 163.

con i Battisti, fu occasione di grande arricchimento. E proprio a Trento si registrò uno dei momenti più significativi e stimolanti nella formazione culturale di Mussolini, ovvero lo stringersi dei legami con «La Voce». Della rivista fiorentina non solo egli divenne assiduo lettore, allargando e affinando i propri interessi, ma cercò anche di diffonderla offrendosi come collaboratore in qualità di esperto delle terre irredente e della loro realtà così poco conosciuta in Italia: «Insomma il Trentino è difficile da conoscersi nelle sue istituzioni, nei suoi partiti, nel carattere dei suoi abitatori. E mi fanno venir da ridere certi giornalisti italiani che capitano quassù per 'studiare' il Trentino e si fermano una giornata o due ore!»[29]. Attraverso queste riviste la formazione di Mussolini, già indirizzato verso l'anarco-sindacalismo, entrò in contatto con le teorie di Georges Sorel che tanto peso avrebbero avuto nella maturazione del suo pensiero politico. Recensendo un libro di Prezzolini, *La teoria sindacalista*, che esponeva le teorie del pensatore francese, Mussolini, su «Il Popolo» del 27 maggio, scriveva:

Il socialismo è un problema «umano», il sindacalismo è un problema esclusivamente «proletario». Il socialismo intende attuare la sua realtà storica attraverso la democratizzazione dello Stato, il sindacalismo è antistatale e vuole giungere all'emancipazione della classe operaia attraverso il sindacato di mestiere [...] organo specifico del proletariato [...] L'etica socialista si muove in gran parte nell'ottica cristiana, evangelica anzi (amore dei poveri, redenzione degli oppressi) con un'aggiunta di utilitarismo positivista; la morale sindacalista – quale almeno viene disegnandosi – tende alla creazione di nuovi caratteri, di nuovi valori, di *homines novi*[30].

Era una decisa presa di posizione contro il riformismo e, non a caso, l'articolo proseguiva con la citazione di un passaggio in cui Sorel delineava il ruolo fondamentale della violenza, «manifestazione fisica, materiale, muscolare» fondamentale per «tradurre l'ideale in realtà»[31]. Nel concreto Mussolini si occupò principalmente dell'«attività giornalistica ed agitatoria che preferiva, al

---

[29] Cit. in E. Gentile (a cura di), *Mussolini e «La Voce»*, Sansoni, Firenze 1976, p. 41.
[30] *La teoria sindacalista*, in «Il Popolo», 27 maggio 1909.
[31] *Ibid.*

solito, a quella più propriamente politica e organizzativa, a lui meno congeniale, e che giudicava, come vedremo, meno necessaria dell'altra, poiché per lui il problema consisteva 'soprattutto nella formazione' morale dei militanti»[32].

Pur registrando successi in alcune vertenze (cantonieri, falegnami, ricamatrici) il periodo della sua permanenza al Segretariato fu segnato da un certo ristagno per quanto concerne l'azione sviluppata dal sindacato e dalla Camera del Lavoro («Non accrebbe e non fortificò le organizzazioni operaie; anzi vi si dedicò poco»[33]). D'altro canto con Mussolini si registrò un rinnovato impegno nell'opera di proselitismo e nell'assistenza agli emigranti, insieme all'iniziativa di liberare la Lega per la cultura sociale dai soci «apatici e di incerta fede»[34] e alla proposta di istituire una scuola di propaganda socialista.

Il suo principale campo d'azione fu però la stampa. Assunta la direzione de «L'Avvenire del Lavoratore», Mussolini rivelò immediatamente la proprie doti di giornalista: in tre settimane ampliò il formato del settimanale, ne migliorò la carta, la stampa e gli articoli, portando la tiratura da 1600 a 2400 copie e facendone una vera «arma efficace di battaglia»[35]. La sua «spavalda sicurezza, il tratto energico del carattere, si traducevano – nella parola, negli scritti – già allora in quello stile che gli rimarrà tipico: lapidario, secco, tagliente, a effetto; e in questo senso i suoi articoli hanno un segno inconfondibile, spiccano sulla prosa compitata e laboriosa» di certi colleghi trentini. Lo stesso Battisti, pur avvezzo a fare della penna una sciabola piuttosto che un fioretto, restò profondamente colpito dall'irruenza del romagnolo e lo invitò da subito a collaborare con «Il Popolo», del quale divenne poi caporedattore il 2 agosto, e con il suo supplemento settimanale «Vita Trentina». Ogni occasione era buona per fare sfoggio di una *vis polemica* particolarmente aggressiva, e nei tre giornali la presenza di Mussolini «si fece subito sentire in maniera determinante [...] In sei mesi e poco più scrisse

---

[32] De Felice, *Mussolini il rivoluzionario*, cit., p. 63.
[33] G. Barni, *Dal Trentino*, in «La conquista», 15 novembre 1910.
[34] Cit. in Monteleone, *Il movimento socialista nel Trentino*, cit., p. 294.
[35] *Dichiarazione*, in «L'Avvenire del Lavoratore», 11 febbraio 1909. A questa azione corrispose peraltro la pioggia di sequestri che colpì il foglio determinandone un pesantissimo deficit di 1300 corone. Monteleone, *Il movimento socialista nel Trentino*, cit., p. 295.

oltre un centinaio di articoli, note, corsivi, corrispondenze, bozzetti e racconti, di numero in numero sempre più violenti»[36].

Il bersaglio prediletto degli strali mussoliniani era il clero trentino con le sue emanazioni politiche, oggetto di una violentissima offensiva che si poneva in assoluta sintonia con l'azione già impostata e tenacemente condotta da Battisti per sottrarre le classi più deboli all'egemonia cattolica, combattendo le superstizioni religiose, l'ignoranza politica e l'analfabetismo. Con Mussolini «i termini del conflitto non mutarono, si esacerbarono solo, toccando rapidamente vertici sino allora sconosciuti e che non sarebbero più stati raggiunti»[37]. L'anticlericalismo, del resto, era il solo ambito in cui la distanza tra il suo credo rivoluzionario e la prassi riformista seguita dal socialismo in Austria e in Trentino poteva colmarsi nel segno di una effettiva convergenza. Ma se è vero che il livello della lotta politica si abbassò moltissimo, è altrettanto vero che da parte socialista l'aggressività dei toni, pur nell'ambito di una dialettica politica al calor bianco, non si tradusse mai in violenze nei confronti degli avversari. Sulla stampa cattolica, invece, le esortazioni ai fedeli perché passassero alle vie di fatto contro «i ciarlatani del socialismo che vivono disseminando nel popolo lavoratore le teorie dell'irreligiosità e dell'anticlericalismo»[38] si facevano, di giorno in giorno, più frequenti. «I cani rognosi vanno frustati», esortava la «Squilla» rivolgendo un accorato appello ai padri di famiglia perché impedissero che dall'«opera di qualche smanioso arruffapopoli» sorgesse una gioventù «debosciata, inetta, scostumata, sacrilega»[39]. A fare le spese di questo clima era stato proprio il più odiato e temuto tra quei «cani rognosi», Cesare Battisti, l'«anticristo» che nel febbraio del 1909, recatosi in Val di Fassa per tenere due conferenze, aveva evitato a mala pena di venire linciato dai contadini sobillati dai «pezzi grossi del clericalismo fassano»[40].

---

[36] De Felice, *Mussolini il rivoluzionario*, cit., p. 69.
[37] Ivi, p. 71.
[38] Cit. in L. Sardi, *Battisti, Degasperi, Mussolini. Tre giornalisti all'alba del Novecento*, Curcu & Genovese, Trento 2004, pp. 318-319.
[39] *Ibid*.
[40] *Feroce fanatismo clericale in Val di Fassa. La caccia al D.r Battisti*, in «Il Popolo», 3 febbraio 1909.

È questo lo scenario in cui va collocata la «furia polemica»[41] di Mussolini e il suo assurgere a bestia nera del clericalismo trentino. Le commemorazioni di Giordano Bruno e del centenario darwiniano erano state un significativo biglietto da visita per il nuovo direttore de «L'Avvenire del Lavoratore», che amava firmarsi con la sigla V(ero) E(retico). Tra gli innumerevoli attacchi indirizzati alla gerarchia cattolica, l'articolo intitolato *Il 'sacro' ovile*, in cui Mussolini denunciava gli scandali del clero trentino, ci restituisce un efficace saggio di quello stile:

> Dopo dieci anni di esistenza, il partito socialista trentino può ben tenere alta la fronte in cospetto degli avversari. Le cronache hanno dovuto occuparsi di un Don Felicetti condannato per atti osceni a tre anni di carcere, di un prete di Pinè scomparso coi danari rubati agli imbecilli che si quotarono per una scala santa, di un Don Sonetti di Levico fuggito per ignoti lidi a causa di irregolarità... cattolico-finanziarie [...] Ma basta, o amici! Io non voglio sollevare i cento mila metri cubi di letame cattolico[42].

L'effetto più dirompente era però stato ottenuto con l'intervista alla «Santa di Susà», tragico personaggio di una vicenda boccaccesca. Nel 1874 la contadina Rosa Broll era stata sedotta e segretamente sposata da don Prudel, un giovane prete che, per giustificare quel concubinaggio, l'aveva spacciata per santa giocando sulla devota credulità dei suoi parrocchiani. Dall'unione erano nate due creature abbandonate per evitare lo scandalo e morte in tenera età. Venuta a conoscenza del secondo episodio, la magistratura aveva inquisito il sacerdote per poi assolverlo, nonostante la testimonianza della Broll. Introducendo la narrazione Mussolini scriveva:

> Il processo e i casi per cui la povera contadina di Susà ebbe per qualche tempo gli onori della santità, sono forse analoghi a quelli delle altre sante che la Chiesa cattolica ha posto sugli altari. Superstizione, miseria, ingenuità da una parte; raggiro, abuso, furberia dall'altra, e una solenne, documentale smentita a certi voti di castità che non possono essere mantenuti senza forzare la natura umana[43].

---

[41] De Felice, *Mussolini il rivoluzionario*, cit., p. 71.
[42] *Il "sacro" ovile*, in «Il Popolo», 5 giugno 1909.
[43] Mussolini, *Opera Omnia*, cit., vol. II, p. 159.

Si possono immaginare le reazioni clericali a questo genere di articoli così come a quelli che irridevano la scomunica di don Romolo Murri e il sacramento dell'eucaristia. Mussolini dal canto suo, per niente intimorito dall'anatema lanciato su «L'Avvenire del Lavoratore», «foglio empio e cannibalescamente antireligioso»[44], non lesinava insulti e minacce con il chiaro intento di amplificare lo scalpore suscitato dai suoi scandalosi interventi, alzando ulteriormente i toni. Il direttore della «Squilla», don Dallabrida, veniva così apostrofato come «scemo sgrammaticato chiercuto [...] prete dalla mentalità piccina di un cafro», mentre a don Chelodi erano indirizzati *ultimatum* di questo genere: «Se non avete il pudore di una rettifica, io mi prometto e vi prometto che prima di andarmene da Trento, lascierò sulla vostra chierica il segno non facilmente delebile delle mie mani»[45].

Tra i principali avversari di Mussolini c'era De Gasperi: il primo scontro di un certo rilievo avvenne già il 7 marzo durante il contraddittorio su di una vertenza sindacale tenutosi a Untermais, nel Meranese[46]. In quell'occasione però il giovane leader popolare batté precipitosamente in ritirata accampando la scusa di un treno da prendere. Nelle settimane successive «la polemica si fece incandescente», e, in breve, «dalle accuse e dagli attacchi di carattere politico si passò a quelli di carattere personale, e da qui querele e processi che misero a rumore tutto il Trentino»[47]. A De Gasperi – che accusava Mussolini e i suoi amici di comportarsi da violenti, considerando «la vita pubblica come un torneo d'insulti e di bastonate, ove alla loro impudenza ed al loro terrorismo è agevole riportare vittoria»[48] –, il direttore de «L'Avvenire del Lavoratore» replicava irridendone la «cronica stitichezza intellettuale». Con uno sferzante richiamo all'antisemitismo, che disonorava la causa

---

[44] Cit. in De Felice, *Mussolini il rivoluzionario*, cit., p. 72.
[45] *A don Chelodi*, in «Il Popolo», 1° giugno 1909.
[46] Cfr. R.A. Webster, *Il primo incontro tra Mussolini e De Gasperi (marzo 1909)*, in «Il Mulino», 1, gennaio 1958, pp. 51-54.
[47] De Felice, *Mussolini il rivoluzionario*, cit., p. 72.
[48] *I violenti*, in «Il Trentino», 3 giugno 1909.

clericale[49] e dal quale non era esente lo stesso De Gasperi[50], Mussolini osservava poi:

> Si ripetono contro di noi le solite stupide accuse: noi socialisti, noi soli, siamo i violenti. I discendenti spirituali di quel principe vescovo trentino che fece battere a sangue ed accecare Carlo Pilati[51], i difensori di quella setta che ha illuminato coi roghi la tenebra medievale, gli epigoni dei carnefici che uccisero S. Simonino[52] e sacrificarono decine di ebrei innocenti, sono i teneri, gli innocui agnellini che sanno «belare» ma sono incapaci di offendere[53].

Mussolini aveva inoltre denunciato il tentativo di far sospendere il sussidio comunale assegnato alla Camera del Lavoro insieme alle pressioni dei clericali sulla Procura di Stato perché emettesse un provvedimento di espulsione nei suoi confronti e stringesse la morsa dei sequestri che strangolavano la stampa socialista, aggravandone la già difficile situazione finanziaria.

---

[49] Questo antisemitismo era privo di connotati «biologici», ma da secoli raggiungeva una tale violenza e intolleranza da porsi, soprattutto in ambito austro-tedesco, come imprescindibile antefatto di quello che avrebbe teorizzato e messo in pratica l'annientamento dell'ebreo in quanto essere inferiore. A Trento, la «Voce Cattolica» e «Fede e Lavoro» fomentavano sistematicamente l'odio per il popolo «deicida» descritto come una turpe armata del male; intenti a occupare banche, commerci, scuole, giornali, gli ebrei sarebbero «perfidi e minacciosi, naturalmente traditori in quanto costituiscono un'entità internazionale e sono dunque stranieri nella nazione dove vivono e quindi non sono interessati al suo sviluppo, ma pronti a tradirla. Poi alimentano il divorzio e la disgregazione delle famiglie». Non mancava poi la sottolineatura del nesso tra ebrei e socialisti, «caporioni del partito rosso al servizio del giudeo liberale». In Sardi, *Battisti, Degasperi, Mussolini. Tre giornalisti all'alba del Novecento*, cit., pp. 203, 18.

[50] L'argomento, sminuendone la gravità con discutibile indulgenza e omettendo di sottolinearne alcuni aspetti particolarmente scabrosi, è trattato in Pombeni, *Il primo De Gasperi*, cit., e Craveri, *De Gasperi*, cit.

[51] Carlo Antonio Pilati (1733-1802), giurista trentino propugnatore delle teorie umanitarie antifeudali e anticuriali proprie dell'Illuminismo.

[52] A Trento, nel 1475, in un clima di odio delirante fomentato dalla predicazione antisemita di Bernardino da Feltre, la morte accidentale del piccolo Simone Unferdorben divenne un orrendo delitto imputato agli ebrei accusati di aver ucciso il bambino per spillarne il sangue con cui impastare le azzime pasquali. In diciotto "confessarono" sotto atroci torture; quelli che sopravvissero finirono al rogo, mentre la piccola comunità veniva dispersa. Il «San Simonino» restò sugli altari fino al 1965, quando la Chiesa riconobbe il terribile errore giudiziario dopo aver posto fine all'usanza di portare in processione i falsi arnesi del presunto martirio già dal 1955.

[53] *I "teneri agnellini"*, in «Il Popolo», 4 giugno 1909.

In realtà, pur sollecitata dagli ambenti clericali, la violenta reazione del potere giudiziario era frutto proprio delle intemperanze polemiche mussoliniane che, dopo le iniziali vampate di entusiasmo, stavano producendo conseguenze sempre più pesanti. Battisti peraltro, nonostante le differenze ideologiche che separavano il suo riformismo dalle posizioni rivoluzionarie di Mussolini e nonostante la pericolosa reazione provocata dall'inasprirsi della battaglia contro i clericali trentini, era determinato a procedere su quella strada. Nella sua prospettiva politica infatti, l'anticlericalismo era non soltanto un valido strumento di lotta contro i principali nemici dell'idea socialista e i più fedeli sostenitori del dominio asburgico, ma anche una piattaforma ideologica sulla quale rinsaldare i rapporti con i settori più progressisti del liberalismo trentino.

I riflessi politici della violenta campagna scatenata da Mussolini contro gli ambienti cattolici non erano sfuggiti al procuratore Tranquillini che, in un rapporto a Vienna, registrava con preoccupazione come anche l'«Alto Adige», l'organo liberal-nazionale diretto da Mario Scotoni, fosse stato indotto ad alzare il tono della polemica antigovernativa per non venire soppiantato dai socialisti negli ambienti borghesi più apertamente antiaustriaci e anticlericali. A inquietare le autorità era in sostanza il risorgere di un fronte comune tra socialisti e liberali che, dopo essersi compattato sul tema dell'anticlericalismo, avrebbe sicuramente e rapidamente finito per sviluppare una nuova e vigorosa opera di lotta nazionale. Il rapporto della Procura in cui Mussolini veniva segnalato come irredentista era la prova lampante di questo timore: l'accusa, pur priva di fondamento, rivelava di fatto che l'autorità giudiziaria, attraverso una grossolana analisi dei rapporti di causa ed effetto, era riuscita comunque a cogliere come l'offensiva anticlericale contribuisse a rafforzare più o meno indirettamente la causa di quanti si battevano per l'italianità del Trentino[54].

---

[54] «Mussolini tendeva a risparmiare nei suoi articoli i nazional-liberali, nonostante appartenessero all'odiata borghesia [...] Il procuratore Tranquillini rinfacciava a Mussolini il fatto che il tono violento dei suoi interventi [contro i clericali] sull''Avvenire del lavoratore' e sul 'Popolo' spingesse il foglio nazional-liberale 'L'Alto Adige' ad assumere posizioni più duramente antigovernative per non perdere il favore dei circoli antiaustriaci e per non farsi scavalcare dai socialisti»:

Lo stesso Mussolini dal canto suo, rivolgendosi in più di un'occasione a Scotoni e chiedendo la solidarietà dell'«Alto Adige» contro le persecuzioni della censura e il continuo stillicidio di denunce e sequestri, aveva finito per dare adito a quelle tesi. Con ogni probabilità fu proprio la patente di irredentista a far maturare i tempi per il decreto di espulsione tanto invocato dai clericali, ma soprattutto dal procuratore Tranquillini. Sin da giugno infatti, il magistrato aveva espresso la volontà di allontanare Mussolini dal territorio dell'impero e sopprimere «L'Avvenire del Lavoratore» che considerava il giornale più pericoloso del Trentino, accusandolo di condurre un'azione anarcoide attraverso la diffusione dell'ateismo e l'appello alla guerra contro il clero, la famiglia, la proprietà privata e l'autorità costituita. In un primo tempo, per evitare disordini e ulteriori tensioni, Vienna aveva espresso parere negativo ma, con l'aggravarsi della situazione, Tranquillini ottenne finalmente il *placet* dei superiori e il 10 luglio il ministro dell'Interno, barone Haerdtl, autorizzò l'espulsione con la sola raccomandazione di trovare un valido pretesto che ponesse in rilievo l'attività sediziosa di Mussolini. Al provvedimento, tuttavia, si giunse soltanto in settembre perché le manifestazioni per il centenario dell'eroe tirolese Andreas Hofer e la prevista visita di Francesco Giuseppe a Innsbruck, il 29 agosto, avevano suggerito di evitare qualsiasi iniziativa che potesse turbare l'ordine pubblico.

Effettivamente la situazione era tutt'altro che distesa, poiché vedeva fronteggiarsi da una parte le autorità, impegnate con l'appoggio dei clericali a mobilitare la popolazione, soprattutto quella rurale, affinché prendesse parte alle celebrazioni, dall'altra socialisti e liberali che propagandavano l'estraneità degli italiani alla ricorrenza storica tirolese. Piscel, in una relazione inviata al leader socialdemocratico Victor Adler, descriveva lo scenario in questi termini:

> Da un paio di anni le sfere governative ed i partiti clericale o cristiano sociale, nel Tirolo e nel Trentino, lavorarono per far sì che la commemorazione del centenario della sollevazione rustica tirolese [...]

H. Kramer, *Benito Mussolini in Trient und die österreichischen Behörden im Jahre 1909. Nach neu gefundenen Akten*, in «Südost-Forschungen», 14, 1955, p. 191.

riuscisse una grande manifestazione di lealismo dinastico da parte di tutta la popolazione. Noi socialisti, tanto tedeschi che italiani, abbiamo semplicemente adottato una completa astensione da tale festa. Nel Trentino, anche la popolazione rurale mostrò di sentire meno forse di quanto si aspettavano i seminatori d'entusiasmo clerico-dinastico il bisogno di abbandonarsi a manifestazioni di lealismo. Allora si sopperì con l'offrire perfino a mezzo della gendarmeria [...] viaggio e vitto gratuito e settanta corone di indennizzo (non si sa con quali fondi siano stati attuati tali sussidi "patriottici"!) per ogni individuo che accettasse ad andare ad Innsbruck a prender parte al corteo in onore dell'imperatore e in commemorazione di Andrea [sic] Hofer[55].

Quanto al complemento ideologico fornito dalla Chiesa agli "incentivi" del governo, rende bene la pittoresca truculenza di una strofetta cantata negli oratori («Colla pell de Garibaldi / ne faremm tanti tamburi. / Tirolesi, sté sicuri, / Garibaldi no ven pu»[56]). Su «Il Popolo» del 14 agosto, in un ironico corsivo intitolato *Pagnottisti, avanti!*, Mussolini non si era lasciato sfuggire l'occasione di attaccare il ruolo dei clericali nella propaganda patriottica austriaca, mentre, alla vigilia dell'anniversario, alcuni gesti eclatanti come i fischi lanciati contro i veterani e i gruppi di bersaglieri tirolesi raccoltisi a Trento per raggiungere Innsbruck, le insegne imperial-regie imbrattate, il lancio di uova contro il vescovado e il fantoccio di stracci raffigurante Hofer appeso ad un piede della statua di Dante avevano dato voce ai trentini consci della propria identità nazionale e che quella propaganda rigettavano e irridevano.

Gli eventi che condussero all'espulsione di Mussolini maturarono proprio il giorno seguente l'arrivo dell'imperatore a Innsbruck, quando veniva denunciato un ammanco di trecentomila corone alla Banca Cooperativa di Trento. I sospetti degli inquirenti si concentrarono su di un dipendente dell'istituto, Giuseppe Colpi, noto irredentista che, a seguito di ulteriori indagini, risultava anche attivo come informatore dello Stato Maggiore italiano. Indagando sull'ipotesi che il furto fosse servito a finanziare attività sovversive, si giunse così a far emergere casualmente la

---

[55] Museo storico del Trentino, Archivio Augusto Avancini, b. 5, f. 7, c. 8.
[56] Cit. in Mussolini, *Il Trentino veduto da un socialista*, cit., p. 53.

trama di un attentato dinamitardo da compiersi a Trento contro la caserma della polizia. Nell'episodio, mai del tutto chiarito, risultavano coinvolti elementi irredentisti e socialisti. Secondo alcune testimonianze l'iniziativa era partita da Colpi, secondo altre dallo stesso Mussolini[57] che in un secondo tempo, quando già l'esplosivo asportato da un cantiere di Mezzolombardo era stato nascosto presso la Camera del Lavoro, avrebbe convinto i congiurati a desistere. Una terza versione, invece, escluderebbe del tutto la partecipazione di Mussolini, confermando l'opera di dissuasione compiuta presso i congiurati[58].

La polizia procedette a una serie di perquisizioni nelle abitazioni di numerosi sospetti, oltre che alla Camera del Lavoro e nelle sedi de «L'Avvenire del Lavoratore», «Il Popolo» e «L'Alto Adige»; da quella nel domicilio di Mussolini, il 10 settembre, non emerse però alcuna prova di una partecipazione al complotto:

> Mi hanno sequestrato un quintale di carta fra libri e manoscritti. Hanno cacciato nelle gerle fin una mia versione del testamento di Beethoven che avevo preso da Romain Rolland, dei vecchi quaderni d'appunti e... uno dei soliti schemi grafici della Divina Commedia. Avranno forse pensato che si trattasse di un simbolico, convenzionale piano della Rivoluzione S[ociale]![59]

Tuttavia, il ritrovamento di molti numeri sequestrati del «Po-

---

[57] Sulla responsabilità di Mussolini come capo del gruppo di attentatori vedi la testimonianza di Vittorio Detassis riportata in Monteleone, *Il movimento socialista nel Trentino*, cit., p. 309.

[58] Nell'intervista rilasciata nel 1923 a un quotidiano fascista, Cesare Berti, capo del gruppo che aveva progettato l'attentato, aveva affermato che Mussolini vi avrebbe preso parte ricevendo «gli ultimi sei chilogrammi» della dinamite sottratta al cantiere. Emer, *Mussolini a Trento (Conversando con Cesare Berti)*, cit. In un secondo momento Berti ribalterà la sua versione sostenendo che: «Non solo Mussolini non faceva parte del complotto per far saltare la polizia austriaca, ma, quando era tutto pronto e la bomba sperimentata, fu proprio Mussolini che mi dissuase da compiere il gesto adducendo che non era il momento politicamente opportuno». Sempre stando a questa versione, l'esplosivo sarebbe stato depositato non nell'ufficio di Mussolini alla Camera del Lavoro, ma in via S. Pietro: C. Berti, *L'irredentista*, in Id., *Mussolini*, Centro Editoriale Nazionale, Roma 1958, p. 84. La collocazione temporale delle due contraddittorie testimonianze spingerebbe a ritenere più credibile la prima.

[59] Cit. in *Mussolini e «La Voce». Lettere a Giuseppe Prezzolini*, in «Il Borghese», 24, 1964, p. 271.

polo» e dell'«Avvenire del Lavoratore», insieme a quello della lettera inviata a Scotoni nella quale chiedeva la solidarietà del giornale liberale e l'appoggio ad una campagna contro Tranquillini e il viceprocuratore Tessadri, responsabili dell'abuso di sequestro contro «L'Avvenire del Lavoratore», fornì gli elementi per un arresto immediato. Decisivo in questo senso fu il passaggio della lettera in cui Mussolini affermava: «Vedrete l'arbitrio e la violenza. Tessadri merita il nostro attacco. Io personalmente non ho ancora dimenticato la stupida frase da lui pronunciata or non è molto: "L'Italia finisce ad Ala"»[60]. Mussolini fu condotto alle carceri di Rovereto, città considerata più tranquilla; all'indomani gli venne notificata l'accusa di istigazione ad azioni immorali e proibite dalla legge, oltre che all'odio e al disprezzo contro le autorità dello Stato. Il 14 poi, mentre procedeva l'istruttoria, a Mussolini veniva notificato anche un decreto d'espulsione contro il quale non ebbero esito positivo né il suo ricorso né i passi compiuti da Avancini, su sollecitazione di Battisti, presso il ministero dell'Interno a Vienna e la luogotenenza di Innsbruck.

Allo stesso modo caddero nel vuoto sia l'interessamento di Adler e Pittoni, che erano entrati in contatto con alcuni esponenti del governo, sia la minaccia di sciopero generale lanciata dai socialisti trentini. Dal processo, svoltosi a porte chiuse il 24 settembre, Mussolini uscì assolto, ma restò in carcere per l'appello del procuratore generale e per il mancato pagamento di un'ammenda cui era stato precedentemente condannato[61].

Le autorità di Vienna tenevano molto a una condanna per evitare che risultasse espulso un innocente, ma, quando il 25 settembre Mussolini iniziò lo sciopero della fame, si decise di chiudere definitivamente la questione e il giorno seguente il prigioniero venne condotto oltre frontiera. Nonostante i giudizi positivi espressi in un primo tempo sulla macchina repressiva asburgica («Dimenticavo di parlarti della polizia austriaca... In Italia è molto peggiore. Non ho depositato il passaporto, nes-

---

[60] Pini, Susmel, *Mussolini, l'uomo e l'opera*, cit., p. 142.
[61] Prima dell'espulsione Mussolini aveva subito sei condanne: due a tre giorni di carcere, una a sei giorni e cento corone di multa, una a tre giorni e trenta corone di multa, una a sette giorni e una a cento corone di multa. Nello stesso periodo «L'Avvenire del Lavoratore» era stato sequestrato ben undici volte.

suno mi ha chiesto conto od altro... vivo indisturbato. C'è il pericolo di uno sfratto, ma sarà imposto dai clericali – e potrà essere revocato da Vienna. Come espulso da due cantoni della liberissima repubblica dei salumai, non posso lamentarmi del forcaiolo, cattolico, feudale impero d'Austria»[62]), anche a lui era dunque toccato assaggiare il pugno di ferro che le autorità imperial-regie sapevano sfoderare.

A quel punto i compagni trentini reagirono proclamando uno sciopero generale che registrò l'astensione pressoché totale dal lavoro. Battisti e Piscel tennero comizi a Trento e Rovereto, dove non si registrarono incidenti e lo squadrone di cavalleria giunto in rinforzo restò inutilizzato. «Il Popolo» del 28 settembre, uscito con la sola prima pagina, recava un duro intervento di Battisti:

> Non abbiamo il tempo di far commenti. Ci limitiamo ad una constatazione: la protesta di ieri fu solenne, dignitosa, energica. Essa rimarrà come documento dello spirito di indipendenza che anima il proletariato delle due maggiori nostre città. Il partito socialista ha raggiunto lo scopo voluto: quello di far sapere al governo che qui c'è della gente che sa dire a tempo opportuno «basta», ed è disposta a ricorrere alle misure estreme quando si tratta della difesa delle libertà elementari. Sappia il governo trarre i dovuti ammaestramenti e riconoscere una buona volta che questa non è, malgrado il predominio nero, una terra da trattarsi con la forca e con la fame, bensì con la libertà e col lavoro[63].

Il mese seguente, tornando sulla vicenda, Battisti manifesterà tutto il suo rammarico per la perdita di Mussolini:

> il valoroso nostro collaboratore, il battagliero pubblicista, che, per reato di pensiero, grazie alle antiquate leggi di polizia vigenti, fu sfrattato dai territori austriaci. Di lui, della sua fierezza romagnola, della sua vivida intelligenza, della sua forte coltura, non ci è dato dire quel che vorremmo, mentre la censura si ostina a vedere ovunque, nei giornali nostri, la ribellione all'ordine, al potere costituito. Questo solo diremo: l'esser stato sfrattato se per noi fu disgrazia, fu per lui un onore;

---

[62] Da una lettera a Torquato Nanni del 26 febbraio 1909, in Mussolini, *Opera Omnia*, cit., vol. II, p. 264.
[63] *La grande protesta*, in «Il Popolo», 28 settembre 1909.

l'esser stato a noi violentemente tolto è ragione di maggior amicizia, di maggiori vincoli fraterni[64].

La notizia dell'espulsione non mancò di suscitare reazioni anche in Italia, dove un lungo articolo di Piscel veniva pubblicato dall'«Avanti!», e alcune interpellanze, restate ovviamente senza esito, erano presentate a Montecitorio dagli onorevoli Chiesa, Morgari e Musatti. Mussolini, nel frattempo, si era trattenuto a Verona, da dove inviò ancora tre scritti a «Il Popolo» e un indirizzo di ringraziamento per la solidarietà ricevuta. Quando però fu chiaro che la decisione del governo austriaco era irrevocabile, decise di tornare a Forlì dopo un ultimo incontro con alcuni compagni di Trento e Rovereto venuti a dargli l'addio a Peri, sulla frontiera, dove venne anche scattata una famosa fotografia: «In corteo discendemmo dal paese al canto degli inni socialisti per recarci alla stazione [...] Sono strette di mano, baci, saluti calorosi. È la commozione interna che vibra negli animi [...] Mussolini, l'eterno scettico, è visibilmente commosso per la bella attestazione di solidarietà, di affetto e di stima»[65].

In realtà, l'espulsione che poneva fine alla permanenza di Mussolini a Trento non interruppe del tutto i suoi legami con quella realtà. All'esperienza trentina, da cui trassero «Spunto, argomento e genesi»[66], sono infatti legate due opere scritte nel periodo immediatamente successivo al rientro in Italia: il romanzo *L'amante del cardinale. Claudia Particella* e il saggio *Il Trentino, veduto da un socialista*.

L'idea per *Claudia Particella* venne forse da uno dei *Quadretti trentini* intitolato *La fossa del castello*, in cui erano già presenti alcuni accenni al tragico amore che aveva legato il cardinal Madruzzo e Claudia Particella. Incoraggiato molto probabilmente da Battisti, che gli fornì anche il materiale per un capitolo, Mussolini diede forma a quello che egli stesso avrebbe definito un «romanzo da sartine *à sensation*»[67] e «un orribile libraccio»[68]. La vicenda si

---

[64] *Benito Mussolini*, in «Vita Trentina», 42, 1909, p. 307.
[65] *Il convegno di Peri per Benito Mussollini*, in «Il Popolo», 5 ottobre 1909.
[66] De Felice, *Mussolini il rivoluzionario*, cit., p. 75.
[67] Mussolini, *Opera Omnia*, cit., vol. XXXIII, p. 267.
[68] E. Ludwig, *Colloqui con Mussolini*, Mondadori, Milano 1932, p. 186.

prestava egregiamente ad alimentare e a mettere ulteriormente in rilievo la dura campagna anticlericale che «Il Popolo» conduceva da tempo. Pubblicata a puntate sul quotidiano di Battisti, «la storia dei due amanti, piena di turpitudini e di violenze, certo avrebbe colpito la fantasia dei lettori più di ogni seria e circostanziata critica alla politica popolare e alle inframmettenze del clero nella vita trentina»[69].

Scritto con uno stile «alla Dumas padre»[70], il romanzo ebbe un travolgente successo, al punto da venire poi tradotto in una decina di lingue[71], e confermò pienamente le previsioni, tanto che Mussolini, secondo un divertito Battisti, «rischi[ava] di avere un monumento in Piazza del Duomo»[72]. Il pubblico in effetti era restato letteralmente avvinto dalla fosca rievocazione della Trento secentesca: «le sartine, gli artigiani, i giovani di negozio della bella cittadina pedemontana correvano la mattina ad aprire il foglio, trepidi di nuove tragedie, disposti a versar nuovi fiumi di lacrime per nuovi fiumi di inchiostro»[73]. Il crearsi di questa vasta e affezionata platea avrebbe inoltre comportato un incremento nelle vendite de «Il Popolo», e così, anche dal punto di vista economico, *Claudia Particella* si rivelò un'iniziativa di successo contribuendo per qualche tempo ad alleviare le difficili condizioni finanziarie in cui versava il quotidiano: «Ogni tanto il padre [Mussolini], spazientito ed estroso, minacciava di accopparla, quella sua creatura messa al mondo per gioco, e che adesso gli prendeva interminabilmente la mano! E giungevano bigliettini di Cesare Battisti a proibire e pregare. 'Non me l'ammazzare per carità! Si rinnovan gli abbonamenti. Ancora un poco di ossigeno: scade il trimestre!'»[74].

Il saggio sul Trentino, pubblicato nel 1911 per i tipi de «La Voce», era un lavoro di tutt'altro genere, da alcuni definito «una delle opere migliori scritte da Mussolini in tutta la sua vita»[75] e

---

[69] De Felice, *Mussolini il rivoluzionario*, cit., p. 76.
[70] M. Sarfatti, *Dux*, Mondadori, Milano 1926, p. 112.
[71] Risultano edizioni in inglese (1928, 1929, 1930), russo e olandese (1929), polacco, spagnolo, tedesco e bulgaro (1930), portoghese e lituano (1931).
[72] C. Battisti, *Epistolario*, La Nuova Italia, Firenze 1966, vol. I, p. 288.
[73] Sarfatti, *Dux*, cit., p. 112.
[74] *Ibid.*
[75] De Felice, *Mussolini il rivoluzionario*, cit., p. 76.

«uno dei più ponderati studi sull'irredentismo»[76], da altri invece un prodotto tipico di quella «letteratura polemica sfornata dal socialismo trentino che nei giudizi pesantemente denigratori delle correnti cattoliche e liberali, del popolo delle valli e della borghesia cittadina, finiva per travolgere tutto il paese e la sua storia e le sue aspirazioni»[77]. Al di là dei giudizi discordanti, resta innegabile «l'impegno con cui Mussolini tentò di dare un quadro esauriente sulla situazione del Trentino»[78], contribuendo a realizzare l'iniziativa vociana di «far conoscere l'Italia agli italiani»[79].

Strutturato in tre parti che analizzano la dottrina e l'azione delle società pangermaniste (questa prima costruita in gran parte su pubblicazioni di altri autori[80]), la realtà delle società italiane che si opponevano alla loro penetrazione e lo schieramento dei partiti politici in Trentino, lo studio si segnalava per i severi giudizi sull'indole patriottica e la fibra irredentista dei trentini. Al termine di un impietoso *excursus* sul clero austriacante, i contadini e montanari che inneggiavano a Franz Joseph, l'indolente borghesia che per tutelare i propri interessi preferiva restare sottomessa ad uno Stato forte e feudale insieme agli operai che da sudditi dell'Austria avevano guadagnato importanti riforme sociali (suffragio universale, cassa ammalati, pensioni di invalidità e vecchiaia, diritto di riunione), Mussolini era infatti giunto a pronunciare una durissima sentenza: «Il Trentino è rassegnato alla sua sorte e non pensa di 'redimersi' [...] La [sua] anima non è rivoluzionaria [ma] conservatrice, misoneista. Subisce, ma non

---

[76] Megaro, *Mussolini dal mito alla realtà*, cit., p. 173.

[77] U. Corsini, *Di Mussolini, di Trento e dell'operetta di uno scrittore francese*, in «Studi trentini di Scienze storiche», LI, 1972, 2, pp. 230-247.

[78] Mattei, *Il socialista Mussolini a Trento*, cit., p. 96.

[79] In una lettera del 1° ottobre da Verona, Mussolini scriveva a Prezzolini: «Ottima l'ultima iniziativa della 'Voce': far conoscere l'Italia agli italiani. Accanto all'unità politica che va lentamente sì, ma progressivamente consolidandosi, bisogna formare l'unità spirituale degli italiani». Cit. in Prezzolini, *L'italiano inutile*, cit., p. 137.

[80] Mussolini trasse interi passaggi da un articolo uscito in Francia: E. Seillière, *Une école d'impérialisme mystique. Les plus récents théoriciens du pangermanisme*, in «Revue des Deux Mondes», LXXIX, marzo-aprile 1909, pp. 196-228. Altri testi di riferimento furono il 1° fascicolo del 1910 della rivista «Pro Cultura» di Trento, *Die Grundlagen des XIX. Jahrhunderts* di Houston Stewart Chamberlain e *Die Germanen und italienische Renaissnace* di Ludwig Woltmann: D. Musiedlak, *Il mito di Mussolini*, Le Lettere, Firenze 2009, p. 158.

crea [...] L'avvenire prossimo del Trentino è lo *status quo* cogli inevitabili alti e bassi di reazione e di libertà che caratterizzano il regime politico borghese»[81].

Sotto certi aspetti l'autore si era avvicinato di molto alla verità, ma, per dimostrare il proprio teorema anti-irredentista, non aveva potuto dirla tutta. Nel tentativo di quadrare il cerchio di quella complessa realtà politica, pur riconoscendo nella «campagna pro autonomia» la «pagina più bella nella storia del Partito Socialista Trentino»[82], era stato infatti costretto a sorvolare sulla figura di Battisti e sul rilievo della sua azione politica, mettendo in ombra la volontà di riscatto e le speranze di quanti riconoscevano nell'Italia la loro unica patria. È fuor di dubbio che le istituzioni asburgiche avessero saputo guadagnare consensi in larghi strati della popolazione garantendo il mantenimento degli equilibri sociali e un rassicurante *status quo*. Se al numero dei "consenzienti" più o meno entusiasti si aggiunge la massa passiva degli indifferenti, è altrettanto fuor di dubbio che i trentini in possesso di una coscienza nazionale positiva, impegnati a

---

[81] Mussolini, *Il Trentino veduto da un socialista*, cit., pp. 74-75. La pubblicazione in anteprima di un capitolo («La Voce», 15 dicembre 1910) suscitò in Trentino aspre critiche riprese dall'«Alto Adige» e una durissima polemica che oppose il suo direttore, Giuseppe Stefenelli, a Mussolini e Prezzolini. A quelle critiche «– non certo immotivate – se pensiamo che il maestro di Predappio oltre a non ricordare il contributo dei trentini alle guerre di indipendenza aveva scritto che "il temperamento trentino non è rivoluzionario, ma conservatore, nelle vene della borghesia trentina che dovrebbe dare gli irredentisti come la borghesia italiana diede i patriotti, c'è troppo sangue tedesco mescolato e troppo sangue di preti", Mussolini rispose seccamente il 31 dicembre riprendendo lo stesso concetto» con lo stile caustico che gli era proprio: «Egregi signori! Siete sempre i soliti paolotti invigliacchiti dal sangue pretesco che vi scorre nelle vene. Siete sempre dei cani ringhiosi, ma impotenti e leccanti il bastone tedesco [...] Invece d'ingiuriare rispondete e la Voce accoglierà i vostri scritti. Che cosa ho mai detto in quell'articolo? Perché le vostre collere a freddo? Più sincerità, ci vuole e soprattutto documenti ci vogliono. Ma finché questi mancano nessuno ha il dovere di prendervi sul serio. Ed io faccio male a spendere i cinque soldi del francobollo. Ma giacché voi volete forzare la nota allora io compilerò con tutta diligenza l'elenco delle spie, degli inquisitori, dei poliziotti che il Trentino ha fornito all'Austria dal 48 al 66 e ricorderò che l'ispettore-inquisitore di Guglielmo Oberdan, l'uomo che poté resistere senza un tremito all'agonia straziante durata 7 minuti del martire, *fu proprio un trentino* [sottolineato nell'originale]. E basta. Benito Mussolini. Forlì, 31 dicembre 1910»: V. Calì, *Mussolini, Prezzolini e la trentinità. Una vivace polemica d'inizio secolo*, in «Bollettino del Museo del Trentino del Risorgimento», 1, 1986, pp. 33-47.

[82] Mussolini, *Il Trentino veduto da un socialista*, cit., p. 60.

difendere la propria identità culturale e a rivendicare il diritto di ricongiungersi all'Italia non rappresentassero una maggioranza schiacciante. Mussolini però tralasciava di ricordare che questa realtà non differiva poi così tanto da quella dell'Italia preunitaria. Aggravando questa omissione con l'obiettivo di caricare l'immagine di un popolo rassegnato al proprio destino, si rinfacciava altresì ai trentini di non aver mai saputo dare vita ad un moto insurrezionale:

> Tutta l'agitazione [per l'autonomia] è legale. Nessuna violenza, nessun sacrificio, nessun martire. Ci dicano ora gli irredentisti italici, ai quali, come nella massima cristiana, molto bisogna perdonare perché non sanno quel che si dicano e facciano, ci dicano se un paese che lotta così blandamente per l'autonomia può essere domani capace di una insurrezione per l'annessione all'Italia. Ne dubitiamo. Se tutta la popolazione trentina avesse veramente voluto l'autonomia e fosse stata capace di qualcuno de' sacrifici singoli e collettivi di cui va gloriosa la recente storia, ad esempio, della Finlandia, l'autonomia sarebbe stata concessa. Ma il Governo austriaco non ignorava che gli autonomisti socialisti costituivano un'infima minoranza con scarso seguito, quindi poco pericolosa. Il Governo tenne duro e vinse[83].

Anche in questo caso l'impostazione del ragionamento non era corretta e il dato di fatto, estrapolato dal suo contesto, acquistava un significato distorto che alterava la realtà adattandola alle esigenze di un preordinato schema dialettico. Che senso aveva parlare di barricate mai innalzate senza ricordare tutti gli elementi che avrebbero reso estremamente facile la repressione di una rivolta e trascurando il fatto che, finché l'Italia era alleata dell'Austria, i «nostri» non sarebbero mai arrivati in soccorso degli insorti? Queste forzature erano il naturale riflesso della *vis* polemica che animava tutta l'opera e del forte messaggio anti-irredentista che Mussolini intendeva trasmettere al pubblico italiano. Ma, per contrasto, quanto più esasperata si rivela questa intenzione tanto più significativi risultano quei passaggi e quei *lapsus* patriottici nei quali il sovversivo romagnolo lasciava intendere, più o meno

---

[83] Ivi, p. 65.

inconsciamente, di avere ben saldo il concetto di nazione nel proprio patrimonio ideale. In altri termini, l'attacco portato da Mussolini all'irredentismo si rivelava soprattutto come un attacco alla borghesia che se ne era appropriata e non al sentimento nazionale che lo animava.

Da questo punto di vista l'incontro con «La Voce», avvenuto proprio durante la permanenza a Trento, aveva avuto un peso non indifferente, dal momento che la rivista fiorentina, pur non allineata con il movimento nazionalista e spesso polemica nei suoi confronti, aveva tuttavia «molto vivo, il senso della Nazione, senso che finiva con la fede in una missione spirituale dell'Italia nel mondo moderno secondo il filone mazziniano, missione per la quale gli italiani dovevano essere educati e preparati»[84]. Solo alla luce di tali considerazioni è possibile spiegare il velato rammarico e l'assenza di toni trionfalistici con cui, paradossalmente, il Trentino veniva «veduto da un socialista», così come l'allarmato richiamo alla matrice razzista del pangermanesimo e al suo disegno di prevaricare con la violenza l'elemento italiano. Né si spiega altrimenti il passaggio in cui lo stesso elemento viene descritto con soddisfazione mentre «avanza irresistibilmente conquistatore [con] sentinelle avanzate anche» verso Settentrione; o quello, assai significativo, in cui parrebbe delinearsi la prospettiva di una sintesi tra patria («il più alto organismo collettivo cui sono giunti i gruppi etnici civili»[85]) e il socialismo in antitesi al patriottismo borghese:

> Gli operai organizzati non rinnegano la propria nazionalità. Ne sia prova l'esempio seguente. I falegnami italiani di Bolzano, uniti nel gruppo locale coi tedeschi, domandarono di potere esprimersi in italiano nelle assemblee professionali. La direzione delle società composta in maggioranza di tedeschi, non accettò la domanda, e allora gli italiani costituirono un proprio gruppo autonomo, motivando la separazione dai tedeschi con un ordine del giorno, che meriterebbe di essere riportato per intero. In esso gli operai italiani rivendicavano

---

[84] A. Ragazzoni, introduzione a Mussolini, *Il Trentino veduto da un socialista*, cit., p. 5.
[85] Così la definì Mussolini in una conferenza tenuta il 25 giugno 1909 presso la sede della Camera del Lavoro di Trento: Mussolini, *Opera Omnia*, cit., vol. II, p. 169.

il diritto di parlare in italiano «poiché l'internazionale operaia non esclude, né opprime, ma protegge tutte le nazionalità». Bella lezione per certi liberali nazionali che in tempo di elezioni pubblicano a Trieste i manifesti in slavo e a Trento in tedesco! Da osservazioni personali posso affermare che degli operai italiani dimoranti in terra tedesca i più facili ad imbastardirsi sono gli incoscienti, i crumiri, mentre gli organizzati, socialisti o no, si mantengono fedeli alla nazionalità cui appartengono[86].

Questi elementi, valutati nel loro complesso, fanno dunque risultare quanto mai illuminante il giudizio che del *Trentino veduto da un socialista* avrebbe dato anni dopo il suo stesso editore, Giuseppe Prezzolini: «Vi si sente un socialista che non è tanto socialista da amare i tedeschi; che è opposto a loro come carattere; che concepisce in un modo più italiano la lotta politica; che riconosce, infine, la validità della lotta nazionale e rimprovera alla borghesia trentina italiana di non esser irredentista sul serio»[87].

Le screpolature patriottiche sulla facciata in apparenza infrangibile dell'internazionalismo praticato dal giovane Mussolini, introducono a un aspetto particolarmente interessante del periodo trentino. Se infatti quei mesi erano stati importanti per il maturare di una preziosa esperienza professionale in ambito politico e giornalistico, oltre che per l'arricchirsi della formazione culturale, è dal punto di vista ideologico che emerge la chiave di lettura più stimolante. Il giudizio storico e i documenti memorialistici su questo punto sono stati a lungo divisi tra due partiti contrapposti: il primo, quello degli agiografi di regime[88], tutto teso a descrivere l'azione del Mussolini trentino come il fatale presagio del nazionalismo e dell'irredentismo che, nel 1914, avrebbero ispirato la rottura con il Psi e la scelta interventista; il secondo, quello di chi avrebbe invece negato qualsiasi manifestarsi di sentimento nazionale o di sensibilità alle tematiche irredentiste con l'obiettivo, più

---

[86] Id., *Il Trentino veduto da un socialista*, cit., p. 83.
[87] G. Prezzolini, *Benito Mussolini*, Formiggini, Roma 1924, poi in Id., *Quattro scoperte. Croce, Papini, Mussolini, Amendola*, Edizioni di Storia e Letteratura, Roma 1964, p. 157.
[88] Si pensi al *Dux* di Margherita Sarfatti (cit.), alla *Vita di Mussolini* di Yvon De Begnac (Mondadori, Milano 1937) o alle testimonianze di Cesare Berti (cit.).

o meno dichiarato, di stigmatizzare il voltafaccia del 1914 e l'autoreferenziale cinismo delle scelte che Mussolini avrebbe operato al di fuori di qualsiasi coerenza politica solo ed esclusivamente per il proprio tornaconto[89].

Un significativo passo avanti rispetto a queste posizioni l'ha compiuto Renzo De Felice, che, pur riconoscendo il credo internazionalista professato allora da Mussolini e la sua fiera ostilità per il patriottismo borghese[90], aveva osservato come: «a contatto con la realtà trentina, tutta determinata dalla pressione pangermanistica, e con uomini come Battisti, che della lotta per l'autonomia facevano uno dei cardini della loro azione», Mussolini avesse cominciato a «rendersi conto di alcuni valori che spesso sfuggivano alla grande maggioranza dei socialisti italiani ed in particolare a quelli che militavano, come lui, nell'ala più rivoluzionaria»[91]. Per De Felice in sostanza, guardando agli eventi del 1914, l'esperienza trentina avrebbe sviluppato la sensibilità di Mussolini per i problemi degli italiani ancora sottomessi all'Austria-Ungheria; pur considerando degli «ingenui» gli irredentisti e quanti speravano di sottrarsi al dominio politico ed economico tedesco, egli si rese però «conto del problema che era alla base dell'irredentismo», sicché il giorno in cui esso fosse venuto «concretamente sul tappeto», il suo atteggiamento non sarebbe stato «dettato da un astratto internazionalismo, ma da una consapevole conoscenza dei suoi termini»[92].

Questa analisi in realtà può essere spinta oltre partendo da un dato cruciale, l'influsso delle radici regionali sulla formazione politica di Mussolini, «il più romagnolo dei romagnoli»[93], che De Felice ha voluto per certi versi ridimensionare e che, al con-

---

[89] Vedi le pagine di Gaudens Megaro (*Mussolini dal mito alla realtà*, cit.), Angelica Balabanoff (*Il traditore Mussolini*, Casa editrice «Avanti!», Roma-Milano 1945), Leda Rafanelli (*Una donna e Mussolini*, Rizzoli, Milano 1975) e Renato Monteleone (*Il movimento socialista nel Trentino*, cit.).

[90] «Il patriottismo è un feticcio. La borghesia ha offerto all'adorazione delle turbe un primo feticcio: il parlamentarismo. Ora che questo iddio tramonta, ecco un altro feticcio: il patriottismo. Ma invano ormai, perché il proletariato è antipatriottico per definizione e necessità». Mussolini, *Opera Omnia*, cit., vol. II, p. 169.

[91] De Felice, *Mussolini il rivoluzionario*, cit., pp. 67-68.

[92] Ivi, p. 68.

[93] G. Dorso, *Mussolini alla conquista del potere*, Mondadori, Milano 1963, p. 61.

trario, risulta fondamentale per comprendere l'esperienza trentina. Non si può cioè sottovalutare il fatto che quella Romagna di barricadieri capipopolo immersi in un'esplosiva miscela di anarchismo, marxismo di varia osservanza, radicalismo repubblicano d'impronta mazziniana, garibaldinismo, «di blanquismo, di comunismo utopico, di internazionalismo, di patriottismo rivoluzionario e di massimalismo giacobino»[94], avesse lasciato un segno profondo in Mussolini, determinando il coesistere in lui di tutti questi elementi, non esclusi appunto, seppur negati o inconsciamente rimossi, quelli patriottici di ascendenza risorgimentale.

A Trento, nel 1909, questo sentimento patriottico – che come un fiume carsico scorre più o meno evidente nella giovinezza di Mussolini – trova occasione di tornare in superficie seppur celato dietro ad una ortodossia internazionalista apparentemente ferrea e alla militanza in un'ala del socialismo aliena da qualsiasi sensibilità per la questione irredentista e, più in generale, per il complesso di ideali, simboli e tradizioni racchiuso nel concetto di patria. Gli scritti di quel periodo offrono innumerevoli esempi in tal senso: il richiamo al patriottismo che animava i comunardi parigini[95], l'elogio de «La Voce» per il suo manifesto volto a creare la «terza grande Italia»[96], il ricordo di quando Ferrara «temprava i suoi cittadini alle lotte per l'indipendenza nazionale»[97], l'attacco all'«Austria guerrafondaia e minacciante» unito all'indignazione per la «bella lingua del 'sì' [ridotta] all'italiano dei tirolesi o al tirolese degli italiani»[98], la denuncia del «pangermanismo, o peggio dell'imperialismo linguistico» praticato dai compagni di lingua tedesca[99], l'elogio del «disprezzatissimo» italiano accompagnato dall'ironica offerta di «un piccolo fiorino di mancia» a chiunque avesse saputo indicare il «grande poeta nazionale austriaco»[100], l'ammissione che la patria è «il più alto organismo collettivo cui

[94] A. Campi, *Mussolini*, il Mulino, Bologna 2001, pp. 102-103.
[95] *La Comune di Parigi*, in «L'Avvenire del Lavoratore», cit.
[96] «*La Voce*», in «Vita Trentina», 13, 1909.
[97] *Una città di silenzio. Ferrara*, in «Il Popolo», 12 aprile 1909.
[98] *Il monello risponde*, in «L'Avvenire del Lavoratore», 15 aprile 1909.
[99] Sul medesimo argomento vedi anche *L'Internazionale e la Patria*, in «L'Avvenire del Lavoratore», 12 agosto 1909.
[100] *Corrispondenze. Bolzano*, in «L'Avvenire del Lavoratore», 19 maggio 1909.

siano giunti i gruppi etnici civili» e che «sull'amore di patria, considerato come sentimento, è inutile discutere»[101].

Ma ci sono passaggi assai significativi anche nel «quadretto trentino» sulla *Fossa del Castello*[102], dove si descrivono con nostalgia il torrione che «non ha più illuminata la finestra che guarda verso l'Italia» e i trentini che, al tempo del cardinal Madruzzo, patrioti *ante litteram*, «si battevano frequentemente e ferocemente» contro i numerosi tedeschi e spagnoli presenti in città; e ancora nel saggio su von Platen, quando Mussolini, ricordando il «pellegrinaggio reverente di tutti i grandi geni del nord», rivendica fieramente che l'Italia, «patria comune del genio», non è più l'«espressione geografica» di Metternich né la «terra dei morti» di Lamartine, e dipinge con orgoglio l'italiano impegnato ad accelerare «il passo nello stadio dove le Nazioni corrono la grande Maratona della supremazia mondiale»[103]. Si deve infine ricordare l'onirico dialogo con Alessandro Vittoria, quando l'illustre personaggio, notato un edificio che «non sembra italiano» perché «imperiale-regio» e dubbioso circa la terra in cui sorga il proprio monumento, osserva: «Talvolta le mie orecchie sono state ferite dai suoni di una lingua, che non si parlava in Italia, almeno al mio tempo... Spiegami», ricevendo da Mussolini una risposta che, anche nei puntini di sospensione, vale più di mille parole: «Ti prego, non farmi queste domande...». Né meno eloquente risulta il finale, quando Vittoria si proclama felice perché «Dante ci protegge... E finché il suo braccio sarà teso verso il nord io non mi sentirò in terra straniera»[104].

Un altro elemento da rilevare con particolare attenzione concerne poi l'agone polemico preferito dal Mussolini trentino, ovvero la violentissima campagna anticlericale scatenata dalle pagine de «L'Avvenire del Lavoratore» e de «Il Popolo». A questo proposito è interessante osservare come a fianco dei capi d'accusa a cui si era soliti ricorrere (oscurantismo, avidità di ricchezze, razzismo e scandali a sfondo sessuale), Mussolini ricorra apertamente alla

---

[101] *Il proletariato ha un interesse alle conservazioni delle patrie attuali*, in «L'Avvenire del Lavoratore», 1° luglio 1909.
[102] *La fossa del Castello*, in «Il Popolo», 3 agosto 1909.
[103] *Un grande amico dell'Italia*, in «Il Popolo», 3 luglio 1909.
[104] *Notturno in «re» minore*, in «Il Popolo», 18 agosto 1909.

categoria della patria e non perda occasione di farne un'arma per attaccare la Chiesa trentina imputandole di negare in ogni sua espressione il sentimento di appartenenza nazionale e di essere la *longa manus* della dominazione asburgica. Il «tanfo di una pipa tirolese ripiena di cicche vaticane» viene così evocato con disgusto in uno dei tanti botta e risposta con il suo avversario don Chelodi, «prete cattolico papale e austriacante», accomunato con i suoi colleghi «papali» della «Voce Cattolica» ai «volkbundisti» e agli «austriacanti»[105]. Qualche giorno più tardi, un altro durissimo attacco ai clericali si chiude con l'invettiva di Carducci, che li accusa di essere il partito «che in Italia nega la Patria»[106]. Ma è con la sarcastica nota sulle celebrazioni del centenario hoferiano che Mussolini esprime al massimo grado la matrice patriottica del suo attacco alla Chiesa trentina:

> Pagnottisti, è suonata l'ora vostra! Chi vuole intascare 70 corone (diconsi settanta corone) e vuol fare gratis un viaggetto fino ad Innsbruck e mangiare a ufo *knödeln* e *sauerkraut* non ha che da inscriversi nei ruoli hoferiani. Ogni città, ogni paese ha l'emissario che provvede alle spese di chi andrà ad Innsbruck a fare «il buon patriota tirolese». Mancano, è vero, i denari per le strade, per gli acquedotti. Ma per mandare a Innsbruck degli idioti pronti a proclamarsi tirolesi, i quattrini ci sono. Avanti dunque o pagnottisti. Annasate. E dove sentite il puzzo di sacrestia e di pangermanesimo, voi troverete l'incettatore disposto a darvi le settanta corone e spedirvi nella capitale del Tirolo. E là avrete ogni godimento, ogni bene. Il che sarà picciol cosa in confronto delle benedizioni del vescovo Celestino di Trento, che da tutti i pulpiti ha fatto pubblicare le lodi dell'oste di Passiria. Pagnottisti, avanti dunque! Con dio, pel vescovo, per la patria, alla conquista della pagnotta![107]

Tutte queste citazioni prese nel loro complesso, unite sia alla frequentazione degli ambienti irredentisti legati a Berti sia al tagliente «stupida» con cui aveva bollato la frase del procuratore Tranquillini «L'Italia finisce ad Ala!», spiegano molto bene perché le autorità austriache percepissero Mussolini come un irre-

---

[105] *Ciccaiuolo!*, in «Il Popolo», 4 agosto 1909.
[106] *«Vecchia vaticana lupa cruenta»*, in «Il Popolo», 9 agosto 1909.
[107] *Pagnottisti, avanti!*, in «Il Popolo», 14 agosto 1909.

dentista. La definizione era senza dubbio errata, perché l'area politica dell'irredentismo vero e proprio e la sua coniugazione nazionalistico-borghese erano quanto di più lontano si potesse pensare dal giovane Mussolini, ma rendeva egregiamente quale fosse l'effetto prodotto dall'azione politica che Mussolini andava conducendo a Trento.

Letta attraverso questo irredentismo involontario o "colposo", anche l'amichevole collaborazione con Battisti, culminata il 1° di agosto[108] con la nomina di Mussolini a redattore-capo de «Il Popolo», si pone in un'altra prospettiva. Il punto di contatto tra gli antipodi del riformismo battistiano e dell'estremismo mussoliniano non può più ridursi infatti alla battaglia anticlericale, ma deve comprendere anche quella lotta per la difesa dell'identità nazionale che Battisti, da socialista, sosteneva ormai da quindici anni e che qualcosa doveva aver fatto vibrare anche nell'animo patriottico del rivoluzionario romagnolo.

La riprova di questa tesi viene da un dato che la storiografia non ha tenuto in considerazione. Nell'azione politica condotta alla guida del socialismo trentino, Battisti aveva sempre dovuto fronteggiare gli attacchi di quei compagni che lo accusavano di deviare dall'ortodossia dedicando troppe energie alla lotta per difendere l'identità italiana della regione. Nei primi mesi del 1903 quest'ala sindacalista, autoproclamatasi unica custode «dell'internazionalismo rigoroso, dell'intransigenza tattica, della coscienza unitaria di classe»[109], aveva prodotto una drammatica scissione, culminata due anni più tardi con la temporanea uscita di Battisti dal partito.

Il rivoluzionario Mussolini invece, esponente dell'ala più estrema del socialismo, affascinato dalle teorie di Sorel care all'anarcosindacalismo, nei sette mesi in cui è alla guida del Segretariato trentino del lavoro e de «L'Avvenire del Lavoratore» e potrebbe quindi mobilitare quell'ala del partito che tanto duramente aveva contrastato Battisti, cosa fa? Niente. Si potrebbe obiettare che forse, con il passare degli anni, si erano sopite le tensioni, smussati gli angoli, o che la massa critica per dare battaglia non

---

[108] Le fonti riportano in genere la data del 2, ma è lo stesso Mussolini, in *Vecchia vaticana lupa cruenta*, a retrodatare di un giorno l'assunzione dell'incarico.

[109] Monteleone, *Il movimento socialista nel Trentino*, cit., p. 221.

era più disponibile. Non è così. Al contrario, un'ulteriore prova della determinazione mostrata da Mussolini nell'allinearsi più o meno coscientemente al socialismo irredentista battistiano viene, per contrasto, dalla figura del suo successore, Giulio Barni. Non passano infatti che pochi giorni dalla sua nomina, ufficializzata il 21 gennaio 1910, e il ventiseienne sindacalista fiorentino venuto a rilevare gli incarichi direttivi ricoperti da Mussolini, del quale era amico, imprime una violenta accelerazione allo scontro tra ala sindacalista e ala politica. Bersagli privilegiati di quest'offensiva, culminata a novembre con una seconda scissione, sono proprio Battisti e la lotta che da anni stava sostenendo per ottenere un'università italiana in Austria:

> Ma ce la portino dunque dove vogliono: a Pelagosa, ad Aquileia, a Trieste, a Trento, all'inferno! E che la si finisca una buona volta [...] La quistione universitaria è quistione di ciarle [...] Qual'utile può dare l'Università italiana, prima che altre e ben più importanti conquiste civili siano compiute?... Senza incertezze nessuno [...] l'Università darà i soliti dottori ed i soliti avvocati, i soliti pedagoghi, i soliti adoratori degli iddii, delle patrie, degli stati, di tutte le forme cataloghizzate, legalizzate, di una società che sfrutta [il proletariato] e lo abbatte, materialmente e intellettualmente[110].

Quando «L'Avvenire del Lavoratore» era diretto da Mussolini simili articoli non erano mai stati pubblicati. In questa prospettiva, l'esperienza trentina proietta una luce differente anche sulle scelte fatte da Mussolini allo scoppio della Grande Guerra. La travagliata fase che vede maturare la decisione di rompere con il Psi e di schierarsi apertamente a favore dell'intervento, registra infatti tra le varie motivazioni concomitanti, molte delle quali ascrivibili a un preciso calcolo politico e ad ambizioni personali, il riaffiorare di quel patriottismo rivoluzionario d'impronta risorgimentale che a Trento aveva avuto modo di rivelarsi con particolare forza.

L'ultima considerazione da fare in questo *excursus* sulla figura del Mussolini trentino riguarda il fatto che tra le suggestioni e gli spunti di riflessione raccolti nei mesi trascorsi a contatto con quella realtà di confine e, in una fase successiva, resisi organici

---

[110] *L'università italiana*, in «L'Avvenire del Lavoratore», 16 giugno 1910.

alla sua evoluzione politica, non figurava però l'essenza profonda del pensiero battistiano, ovvero la saldatura tra sentimento di appartenenza nazionale e militanza socialista in un sistema di valori democratici, avendo giustizia e libertà come imprescindibile anello di congiunzione.

MUSSOLINI: UN SINDACALISTA RIVOLUZIONARIO?

di Marco Gervasoni

Si è sempre pensato al sindacalismo rivoluzionario come a una componente evidente, se non addirittura preponderante, nella cultura politica di Mussolini, e non solo del Mussolini giovane. Ne erano già convinti i suoi avversari interni al Psi, che lo accusavano di aver innestato nel partito quello che allora era percepito come un corpo estraneo al socialismo italiano, ossia il sorelismo. Anche in storiografia il nesso tra sorelismo (sindacalismo) e mussolinismo è sempre stato dato per scontato, tanto dai primi biografi di Mussolini, come Gaudens Megaro[1], quanto dagli studiosi di Sorel. Proprio la trasformazione di Mussolini da leader socialista a duce confermava un'interpretazione del pensiero di Sorel e del sorelismo come inevitabile viatico verso il fascismo. Secondo James Meisel, uno dei primi studiosi di Sorel, Mussolini utilizzò la «terminologia soreliana» per elevare la teoria della violenza dal «credo vernacolare» all'«idioma letterario», mentre per Jack Roth «il fascismo necessitava del sorelismo»[2]. Anche Renzo De Felice scrisse che «l'influenza ideologica e personale» del sindacalismo rivoluzionario su Mussolini fu «notevolissima», fino a spiegare la «conversione» del 1914 e lo stesso «fascismo delle origini»: fu, il sindacalismo, il «filo rosso» di tutta una lunga «evoluzione politica» e finanche della «sua personalità»[3]. Allo stesso modo

---

[1] G. Megaro, *Mussolini dal mito alla realtà*, Istituto Editoriale Italiano, Milano 1947.
[2] H.J. Meisel, *A Premature Fascist? Sorel and Mussolini*, in «The Western Political Quarterly», III, marzo 1950, 1, p. 15; J. Roth, *The Roots of Italian Fascism: Sorel and Sorelismo*, in «The Journal of Modern History», XXX, marzo 1967, 1, p. 45.
[3] R. De Felice, *Mussolini il rivoluzionario, 1883-1920*, Einaudi, Torino 1965, p. 40. Simile il giudizio di L. della Tana, *Mussolini socialista rivoluzionario*, Diabasis,

Ernst Nolte, nel suo giovanile studio sul Mussolini socialista, pur non enfatizzando il rapporto con il sindacalismo, sosteneva che Mussolini avesse mutuato da Sorel «la celebrazione degli eroi e dei santi e il lamento perduto della grandezza», che erano «l'annuncio più serio del suo fascismo posteriore»[4].

Fu lo statunitense James Gregor il primo a dedicare un lavoro organico al sindacalismo rivoluzionario di Mussolini, attivo fino al 1909 in un «ambiente intellettuale caratterizzato dalle analisi e dagli ideali sindacalisti»; un lascito che Mussolini avrebbe però conservato anche successivamente, «dando sostanza al pensiero» del duce. Gregor si soffermava però non tanto sull'influenza di Sorel quanto su quella di Paolo Orano e di Robert Michels (allora vicino ai sindacalisti rivoluzionari francesi e italiani) nel fornire al giovane Mussolini suggestioni sulle tecniche di persuasione delle masse e sulla lotta delle élites all'interno del sindacato e nel partito[5].

L'incontro tra Mussolini e il sindacalismo si fa addirittura rivelatore per Zeev Sternhell: essendo il sorelismo una «revisione antimaterialista del marxismo» all'origine di un «socialismo nazionale» già definibile ideologicamente come «fascismo» ben prima dello scoppio della Grande Guerra, Mussolini non sarebbe stato altro che il suo più coerente seguace. Una posizione condivisa dal maestro di Sternhell, Jacob Talmon, nella sua ultima opera scritta prima della morte: secondo lo studioso israeliano, il futuro duce fu il «perfetto continuatore della eredità soreliana fondata sul culto degli eroi, sulla rottura con la politica, sull'esaltazione della forza, del terrore e del nichilismo»[6]. Queste posizioni si ritrovano anche nella letteratura più recente: per studiosi pur assai diversi tra loro come Richard Drake, Richard Wolin e Mark Antliff, Mussolini fu l'interprete principale della teoria della violenza soreliana[7]. Jan-Werner Müller, nella sua recente e fortunata storia delle

---

Bologna 2014 (è una ristampa di un'opera uscita nel 1963), e di G. Bozzetti, *Mussolini direttore dell'"Avanti!"*, Feltrinelli, Milano 1979.

[4] E. Nolte, *Il giovane Mussolini*, Sugarco, Milano 1993, pp. 75-76.

[5] A.J. Gregor, *Young Mussolini and the Intellectual Origins of Fascism*, University of California Press, Berkeley-Los Angeles-London 1979, pp. 51-74.

[6] Z. Sternhell, M. Sznajder, M. Asheri, *Nascita dell'ideologia fascista*, Baldini & Castoldi, Milano 1993, pp. 271-297; J.L. Talmon, *The Myth of the Nation and the Vision of Revolution*, Secker & Warburg, London 1981, p. 123.

[7] Cfr. R. Drake, *Apostles and Agitators. Italy's Marxist Revolutionary Tradition*,

idee politiche del XX secolo, scrive infine che l'anti-illuminismo e «l'imperativo alla manipolazione delle masse» giunsero al Mussolini socialista (che le trasmise poi al duce) proprio da Sorel[8].

Da quella che appare la classica «notte dalle vacche tutte nere» si distingueva, oltre al primo volume della biografia defeliciana – a tutt'oggi un lavoro insuperato sul tema –, il solo Emilio Gentile col suo pionieristico volume sulle origini dell'ideologia fascista: se l'influsso del sindacalismo sul giovane Mussolini fu innegabile, Gentile muoveva tuttavia dei *distinguo* ben precisi: si sarebbe infatti dovuto parlare, più che di sindacalismo, di «concezione sindacalista del socialismo», né bisognava esagerare l'influenza soreliana su Mussolini, che fu più che altro «teorica» e «linguistica»; il successivo «distacco» di Mussolini dal sindacalismo, poi, netto e preciso a partire da un determinato momento, era infine da considerarsi rivelatore dei passaggi successivi della sua biografia[9].

Abbiano citato studiosi di vari periodi e paesi, cultori di differenti discipline e metodologie, non tutti peraltro profondi conoscitori di Sorel e del sindacalismo rivoluzionario, accomunati dal fatto di riconoscere un'evidenza, ovvero che molte delle idee mussoliniane – anche del Mussolini fascista – discendono dal sorelismo e dal sindacalismo. In queste pagine non cercherò di negare tale genealogia, ma la sottoporrò a una disamina critica senza considerarla appunto alla stregua di un'evidenza. Utilizzerò uno sguardo analitico, con l'obiettivo di decostruire le categorie, e una metodologia attenta al linguaggio, alla semantica dei concetti e al modo in cui una cultura politica – in questo caso quella di Mussolini – si sviluppò in quella che si può definire la *carriera di un agitatore*.

Buona parte degli studiosi considera il sindacalismo rivoluzionario un movimento difficile da definire per la sua posizione

---

Harvard University Press, Cambridge (Mass.) 2003, p. 111; R. Wolin, *The Seduction of Unreason. The Intellectual Romance from Nietzsche to Postmodernism*, Princeton University Press, Princeton 2004, p. 60; M. Antliff, *Avant-Garde Fascism: The Mobilization of Myth, Art and Culture in France, 1909-1939*, Duke University Press, Durham 2007.

[8] J.-W. Müller, *L'enigma democrazia. Le idee politiche nell'Europa del Novecento*, Einaudi, Torino 2012, p. 127.

[9] E. Gentile, *Le origini dell'ideologia fascista (1918-1925)*, il Mulino, Bologna 1996, pp. 73-74.

complessa all'interno del sistema politico, intellettuale e sociale del suo tempo. Questa indeterminatezza spiega perché, per lunghi anni, questo fenomeno sia stato poco investigato e giudicato con *idées reçues* che poi, al momento dell'indagine, si rivelavano come tali.

L'intensificarsi degli studi a partire dagli anni Settanta ha contribuito a diradare una serie di luoghi comuni, mentre i lavori più recenti hanno mostrato che il sindacalismo rivoluzionario, lungi dall'essere un fenomeno tipico solo dell'Europa meridionale, ebbe una certa rilevanza anche in Belgio, Olanda, Svezia, Regno Unito (Inghilterra e Scozia), più limitata in Germania e nell'impero austro-ungarico (più a Budapest e meno a Vienna). Al di fuori dell'Europa, il peso del sindacalismo rivoluzionario negli Usa appare più consistente di quanto non si pensasse tempo fa, mentre recentissime sono le indagini sulla diffusione dell'«azione diretta» nei contesti coloniali asiatici (Filippine, Giappone, Cina) e africani (Sud Africa), nelle società centro e sud-americane e nell'importante (e poco conosciuta) esperienza del movimento operaio australiano. Anche il periodo di vita del sindacalismo rivoluzionario fu più lungo di quanto non si ritenesse, andando ben oltre l'arco temporale che va dall'inizio del secolo alla Prima guerra mondiale, giacché, su scala mondiale, il momento di maggior diffusione si ebbe tra gli ultimi anni di guerra e gli anni Venti (del resto, anche in Italia l'Usi – l'Unione sindacale italiana – tesserava 80.000 militanti nel 1912 che divennero 800.000 nel 1920). Il sindacalismo di «azione diretta» non fu quindi un fenomeno circoscritto ai paesi dell'Europa latina, con una classe operaia «arretrata» e non ancora investita dai processi di produzione di massa: al contrario, fu un fenomeno globale, riscontrabile nei luoghi della modernità industriale[10].

---

[10] J. Julliard, *Autonomie ouvrière. Étude sur le syndicalisme d'action directe*, Gallimard-Seuil, Paris 1988; W. Thorpe, *"The Workers Themselves". Revolutionary Syndicalism and International Labour 1913-1923*, Kluwer, Dordrecht-London-Boston 1989; M. van der Linden, W. Thorpe (a cura di), *Revolutionary Syndicalism. An International Perspective*, Scolar Press, Amsterdam 1990; K. Tucker, *French Revolutionary Syndicalism and the Public Sphere*, Cambridge University Press, Cambridge 1996; M. van der Linden, *Second Thought on Revolutionary Syndicalism*, in «Labour History Review», 19, 1999, pp. 121-157; W. Thorpe, *Une famille agitée: le syndicalisme révolutionnaire en Europe de la charte d'Amiens à la Première Guerre*

Sebbene numerose organizzazioni sindacali praticassero l'azione diretta, furono tuttavia ovunque minoritarie rispetto alle altre confederazioni, tranne in Francia, dove la Cgt (Confédération générale du travail) sindacalista rivoluzionaria ebbe il primato fino alla Prima guerra mondiale. I sindacati «sindacalisti» predicavano il coinvolgimento diretto dei lavoratori, mettevano in discussione la rappresentanza dei delegati, preferivano lo sciopero alla mediazione e agli accordi (e, spesso, lo sciopero generale), il sabotaggio e perfino l'occupazione delle fabbriche. Un approccio più radicale e indubbiamente violento di quello degli altri sindacati, anche di ispirazione collettivista e legati ai partiti socialisti, che contribuì tuttavia a modernizzare le relazioni sindacali, a smuovere dalle loro posizioni di rendita gli altri sindacati e a sfidare gli imprenditori sul terreno della capacità di investire e di produrre. Insomma, il sindacalismo di azione diretta non fu affatto puramente distruttivo e protestatario, come si credeva un tempo. Non si dimentichi poi che, almeno in Italia, esso si professava *liberista* e lottava contro l'intervento dello Stato non solo nei conflitti di lavoro, ma in ogni sfera economica, attirando l'attenzione di Vilfredo Pareto e di Maffeo Pantaleoni che restarono in contatto con diversi esponenti del sindacalismo[11].

Vi era poi l'ideologia o teoria sindacalista. Se fu un seguace di Sorel come Hubert Lagardelle, fondatore della rivista «Le Mouvement socialiste», a coniare l'espressone «sindacalismo rivoluzionario», il sorelismo – o, come desiderava fosse chiamato Sorel, la «nouvelle école», composta da Lagardelle, da Édouard Berth e da una parte di «Mouvement socialiste» e della rivista «Pages libres»[12] – fu solo uno dei volti dell'ideologia sindacalista, che in Francia si nutrì di altre fonti, da Proudhon a Blanqui a Bakunin al

---

Mondiale, in «Mil Neuf Cent», 24, 2006, pp. 123-152; M. Schmidt, L. van der Walt, *Black Flame. The Revolutionary Class Politics of Anarchism and Sydicalism*, AK Press, Edinburgh 2009.

[11] M. Gervasoni, *La rivoluzione per fare che? I sindacalisti rivoluzionari italiani e le rappresentazioni del mondo nuovo (Stato, mercato, sindacato)*, e F. Monceri, R. Cubeddu, *Echi del marginalismo austriaco negli anarchici e nei sindacalisti rivoluzionari italiani*, in M.L. Guido e L. Michelini (a cura di), *Marginalismo e socialismo nell'Italia liberale 1870-1925*, Feltrinelli, Milano 2001, pp. 173-247.

[12] M. Gervasoni, *L'invention du syndicalisme révolutionnaire en France (1903-1907)*, in «Mil Neuf cent», 24, 2006, pp. 57-71.

socialismo mutualista, e che altrove pescò nelle tradizioni politiche autoctone[13]. Occorre quindi distinguere il *sorelismo* dal *sindacalismo rivoluzionario*: in alcuni momenti i due universi si sovrapposero, senza tuttavia collimare del tutto; in altri si separarono, per poi magari ritrovarsi in seguito. Ciononostante non si creda che i testi di Sorel, Lagardelle o Berth mancassero di circolare nelle sezioni sindacali o nelle Camere del Lavoro. E anche se Sorel non mise mai piede in un locale della Cgt e non partecipò mai a uno sciopero, sarebbe limitativo enfatizzare la separazione tra il sindacalismo dei «pratici» (cioè degli organizzatori) e quello dei «teorici»: fu semmai una differenza di funzioni quella tra gli organizzatori sindacali, gli «intellettuali» elaboratori della teoria e i «politici» che utilizzavano il sindacalismo come formula politica all'interno dei partiti socialisti.

Il sindacalismo non si presentava, infatti, solo come una nuova teoria e una nuova pratica sindacale: si proponeva anche come un aggiornamento della politica del socialismo rivoluzionario (e difatti una serie di figure, Aristide Briand fino al 1904, Gustave Hervé e poi Lagardelle, furono in diversa misura seguaci del sindacalismo e, al tempo stesso, dirigenti del socialismo francese). La componente politica fu ancora più accentuata nel caso italiano, dove fino alla scissione del 1907 il sindacalismo fu interno al socialismo e rappresentò una delle correnti del Psi, i cui principali esponenti erano dirigenti (Arturo Labriola, Ernesto Cesare Longobardi, Guido Marangoni), avevano funzioni direttive nella stampa del partito (Enrico Leone), oppure ne erano collaboratori regolari (Paolo Orano)[14]. In Italia, per un certo periodo le figure dei teorici finirono addirittura per coincidere con quelle dei politici. E, in quanto teorici, gli italiani diedero fin da subito un contributo importante nell'elaborazione dell'ideologia sindacalista internazionale: Labriola, Leone, Panunzio pubblicavano infatti sul «Mouvement socialiste» negli stessi mesi in cui si anda-

---

[13] Cfr. J. Julliard, *Les gauches françaises 1762-2012. Histoire, politique et imaginaire*, Flammarion, Paris 2012.

[14] A. Riosa, *Il sindacalismo rivoluzionario in Italia e la lotta politica nel partito socialista dell'età giolittiana*, De Donato, Bari 1976; W. Gianinazzi, *L'itinerario di Enrico Leone. Liberismo e sindacalismo nel movimento operaio italiano*, Franco Angeli, Milano 1989.

va mettendo a punto una teoria sindacalista; senza contare che, sia pure in una versione primitiva, le *Riflessioni sulla violenza* di Sorel videro la luce prima in Italia, su «Divenire sociale» diretto da Leone, e solo successivamente in Francia, su «Mouvement socialiste», prima, e in volume, dopo.

Quanto a Sorel, come ebbe a dire Prezzolini, l'Italia era la sua «patria spirituale»[15] ed egli vi esercitò un ruolo assai più incisivo che in Francia, influenzando uno spettro larghissimo della cultura, soprattutto quella estranea al socialismo. Non solo alcuni suoi libri videro la luce esclusivamente in italiano, ma Sorel, che non avrebbe mai potuto pubblicare su nessun quotidiano francese, fu a lungo commentatore di due testate di rilevo come «Il Giornale d'Italia» e «il Resto del Carlino». L'importanza dell'Italia nella geografia sindacalista internazionale non si limitava però al campo culturale: in nessun altro partito socialista europeo le tesi sindacaliste ebbero così tanto spazio come in quello italiano, mentre negli anni Dieci, con l'Usi, l'Italia diventò la patria del sindacalismo rivoluzionario «pratico», quando la Cgt sembrava essere ritornata sui propri passi.

Il sindacalismo, oggetto di studio da parte della più avanzata sociologia tedesca – da Michels, che ne fece parte fino a un certo momento, e soprattutto da Werner Sombart[16] –, fu anche un movimento in grado di cogliere i primi sintomi di *estetizzazione della politica*. I sindacalisti, infatti, si muovevano spesso a contatto con le avanguardie di Parigi, Berlino, Londra e Vienna, e si proposero come testimoni di un'*estetica nuova*, di rottura rispetto a quella tardo-romantica o naturalista sostenuta più o meno ufficialmente dai socialisti. Anche in questo caso fu significativo il ruolo svolto dall'Italia se si pensa a quanto fece «La Voce», uno dei pianeti principali della galassia soreliana, per diffondere l'avanguardia. E se James Joyce, nel suo breve periodo romano del 1906, si dimostrò a suo modo un seguace del sindacalismo di Labriola[17], non episodici furono i rapporti tra sindacalisti e futuristi: già nel 1905

---

[15] G. Prezzolini, *Georges Sorel*, in «La Voce», I, 1, dicembre 1908, 1, p. 7.
[16] Su Michels «sindacalista» cfr. F. Trocini, *Robert Michels e i dilemmi del socialismo di fronte alla guerra e all'imperialismo (1900-1915)*, Aracne, Roma 2007; T. Gennet, *Der Fremde im Kriege. Zur politischen Theorie und Biographie von Robert Michels 1876-1936*, Akademie Verlag, Berlin 2008. Cfr. inoltre W. Sombart, *Sozialismus und soziale Bewegung*, Fischer, Jena 1908.
[17] J. Joyce, *Lettere*, Pigreco, Milano 2012.

Labriola aveva recensito sull'«Avanti!» *Le roi Bombace* di Marinetti, mentre due riviste sindacaliste, «Il Viandante» di Tomaso Monicelli e «La demolizione» di Ottavio Dinale, pubblicarono articoli di Marinetti e poesie di Bucci e di Lucini[18]. Alla «Giovane Italia», un periodico milanese repubblicano e sovversivo, collaboravano i sindacalisti rivoluzionari Maria Rygier, Alfonso de Pietri Tonelli, Livio Ciardi assieme a Marinetti e a Lucini, mentre Corridoni amava assistere agli spettacoli futuristi[19]. Il sindacalismo, come aveva scritto Labriola, era soprattutto uno «stato d'animo», tipico, secondo Beatrice Webb, della «gioventù in collera»[20].

Se gli studi degli ultimi anni consentono di guardare attraverso una luce nuova il sindacalismo rivoluzionario, anche quelli più recenti sul socialismo italiano ed europeo permettono di inquadrare meglio la figura di Mussolini e l'incontro tra i due universi. E se anche dopo i volumi di Della Tana, De Felice e Bozzetti non sono seguite ricerche specifiche dedicate a Mussolini socialista[21], la conoscenza del socialismo italiano nei suoi aspetti politici e organizzativi, ma anche culturali, simbolici, linguistici e rituali è profondamente mutata rispetto agli anni Sessanta e Settanta. Nessuno oggi potrebbe considerare Mussolini un corpo estraneo al socialismo italiano, anzi, sia pure in forma originale, fu l'incarnazione delle tendenze insurrezionalistiche, sovversivistiche e plebiscitarie che ebbero sempre uno spazio assai ampio all'interno della galassia socialista italiana[22]. Vide dunque giusto De Felice nel considerare il Mussolini direttore dell'«Avanti!» il vero capofila delle tendenze rivoluzionarie. Certo si trattava di

---

[18] W. Gianinazzi, *Intellettuali in bilico. "Pagine libere" e i sindacalisti rivoluzionari prima del fascismo*, Unicopli, Milano 1996, pp. 170-171.

[19] M. Gervasoni, *La penna e il movimento. Intellettuali e socialismo tra Milano e Parigi*, M&B Publishing, Milano 1998, pp. 102-103. Per la notizia su Corridoni cfr. Bozzetti, *Mussolini direttore dell'"Avanti!"*, cit., p. 135. Cfr. anche E. Gentile, *"La nostra sfida alle stelle". Futuristi in politica*, Laterza, Roma-Bari 2009.

[20] B. Webb, *Diaries 1912-1914*, cit. in Thorpe, *Une famille agitée*, cit., p. 140.

[21] Il volume di P. Cortesi, *Quando Mussolini non era fascista*, Newton Compton, Roma 2008, non aggiunge infatti nulla a quanto già non si sapesse. Ma si veda ora M. Ridolfi, *Mussolini giovane: sulla costruzione del leader*, in M. Ridolfi e F. Moschi (a cura di), *Il giovane Mussolini 1883-1914. La Romagna, la formazione, l'ascesa politica*, Neriwolff, Forlì 2013, pp. 26-50.

[22] M. Gervasoni, *Speranze condivise. Linguaggi e pratiche del socialismo nell'Italia liberale*, Marco Editore, Lungro di Cosenza 2008, pp. 165-197.

un socialismo rivoluzionario all'altezza della società di massa che si andava affermando anche in Italia, che avvicinò Mussolini, con le ovvie e debite differenze, ad altri leader dell'estrema sinistra del socialismo europeo, da Rosa Luxemburg a Karl Liebknecht a Lenin a Gustave Hervé.

Nell'investigare il rapporto tra Mussolini e l'universo sindacalista, inizieremo distinguendo tre fasi della vita del sindacalismo italiano, sia pure in un periodo di poco più di un decennio: dall'inizio del secolo fino alla scissione dal Psi del 1907, dalla scissione alla guerra di Libia e dalla fondazione dell'Usi (1912) fino all'interventismo. L'incontro tra Mussolini e la prima fase del sindacalismo, se non necessario, fu ovvio. Questo movimento nacque, infatti, da una costola del socialismo, sia di quello di impronta marxista ortodossa quanto di quello revisionista. Sul piano dell'interpretazione del marxismo, Sorel e i suoi «allievi» erano revisionisti che, invece di appoggiare il riformismo come fecero in Germania Eduard Bernstein e in Italia Ivanoe Bonomi e Leonida Bissolati, si schierarono con le tendenze antiministerialiste e rivoluzionarie, cioè con i guesdisti, ortodossi sul piano dell'interpretazione del marxismo[23]. In Italia questa situazione era ancora più evidente, in quanto Labriola e i sindacalisti appartenevano alla sinistra rivoluzionaria del partito (i cosiddetti «intransigenti») e si allearono con Enrico Ferri, equivalente italiano della posizione di centro ortodossa (ostile al riformismo) incarnata da Karl Kautsky in Germania e da Jules Guesde in Francia. Peraltro il rapporto tra Ferri e i sindacalisti non fu solo tattico, vista la frequenza con cui Labriola, Orano e Longobardi collaboravano alla rivista teorica del Psi, «Socialismo», fondata e diretta da Ferri.

Al di là dell'elemento dottrinario, che nell'universo socialista ha però avuto sempre una sua importanza, in Italia i sindacalisti erano figli di una cultura politica (condivisa da larga parte delle classi lavoratrici politicamente mobilitate) sovversivistica e insurrezionalistica, ostile allo Stato e alle istituzioni, attratta dalla predicazione anarchica, antimilitarista e antipatriottica, di cui si era nutrito il socialismo degli anni Ottanta e Novanta: quello del Par-

---

[23] Id., *Georges Sorel, una biografia intellettuale. Liberalismo e socialismo nella Francia della Belle Epoque*, Unicopli, Milano 1996.

tito socialista rivoluzionario di Andrea Costa e del Partito operaio di Costantino Lazzari. Una tradizione ancora forte anche nella Napoli a cavallo tra i due secoli in cui si erano formati Labriola, Leone, Longobardi e Silvano Fasulo. Non è un caso se Turati vide sempre in Labriola, prima, e in Mussolini, dopo, il ritorno delle posizioni del vecchio Partito operaio. Ancor meno casuale, poi, che Lazzari e tutto il ceppo dell'operaismo milanese si ritrovassero nella corrente di «Avanguardia socialista» di Labriola, benedetta dall'ortodosso Kautsky e dal guesdista Paul Lafargue, il principale capo marxista francese dopo Guesde[24].

Il settimanale di Labriola, che aveva lo stesso nome della corrente e su cui Mussolini scrisse i suoi primi articoli, rappresentò quindi il punto di passaggio tra il socialismo rivoluzionario, l'operaismo, il marxismo ortodosso e le nuove tendenze sindacaliste nascenti. L'incontro tra Mussolini e «Avanguardia socialista» fu quasi scontato, perché Benito si era nutrito, attraverso il padre che era stato a suo tempo militante del Partito socialista rivoluzionario[25], dello *humus* sovversivistico del socialismo delle origini, ovvero l'operaismo e il socialismo anarchico. Che poi il *rendez-vous* avvenisse in Svizzera, dove Mussolini si era temporaneamente trasferito, si spiega con il probabile tramite di Giacinto Menotti Serrati: per quanto più giovane di Lazzari, era erede delle stesse tendenze operaistiche e fu il primo mentore politico di Mussolini. Il soggiorno in Svizzera permise infatti a Mussolini di leggere i libri di Sorel e i primi testi sindacalisti, che apparivano su «Le Mouvement socialiste».

Le denunce della «fungaia riformistica», l'antiparlamentarismo ostile al «socialismo di penetrazione e collaborazione», l'appello a reagire contro la «degenerazione» del socialismo causata dal riformismo, non furono però temi propri del sindacalismo, ma erano condivisi dagli operaisti e dagli anarchici: non a caso Mussolini li ritrovava in Kropotkin[26]. Certo Sorel, Lagardelle e

---

[24] Cfr. D. Marucco, *Arturo Labriola e il sindacalismo rivoluzionario in Italia*, Fondazione Luigi Einaudi, Torino 1970, pp. 143-169; Riosa, *Il sindacalismo rivoluzionario in Italia*, cit., pp. 53-92.
[25] V. Emiliani, *Il fabbro di Predappio. Vita di Alessandro Mussolini*, il Mulino, Bologna 2010.
[26] B. Mussolini, *Le parole di un rivoltoso*, in «Avanguardia socialista», 15 aprile 1904.

anche Labriola fornirono una spiegazione sociologica di questo riformismo, non poco debitrice delle analisi di Pareto (di cui Mussolini seguì alcune lezioni a Losanna). I parlamentari socialisti non erano solo dei tiepidi o dei traditori, come sostenevano i rivoluzionari: erano un'altra classe, come scriveva Mussolini, erano gli «impiegati governativi, commessi, tabaccai che governano il grosso battaglione elettorale dei riformaioli»[27].

Di qui la lotta di classe come scontro tra élites all'interno dello stesso partito, e come conflitto mortale con la borghesia: una «guerra sociale» che non poteva non avere forma violenta, essendo «un duello sanguinoso tra le forze della conservazione e quelle del divenire», una «tempesta insurrezionale»[28]. Anche la genealogia dell'esaltazione della violenza nel primo Mussolini socialista ci sembra sia da ricercare, più che nel sindacalismo, nelle tendenze anarchiche, insurrezionalistiche, operaistiche del socialismo delle origini. Viceversa, Sorel insistette sempre sulla profonda diversità tra il sindacalismo e il giacobinismo: la classe operaia avrebbe conquistato il potere non attraverso colpi di mano, ma grazie a una lenta penetrazione dei «costumi» operai, sul modello del cristianesimo nell'impero romano. Un antigiacobinismo, quello di Sorel e dei suoi allievi Berth e Lagardelle, molto radicale[29]; mentre il Mussolini socialista rivendicò sempre la tradizione giacobina (avrebbe voluto essere chiamato il «Marat del proletariato») aggiornata nel blanquismo, diffuso per un certo periodo anche in Italia. La stessa immagine – peraltro assai efficace – della tempesta insurrezionale è riconducibile a una tradizione linguistica blanquista, non certo soreliana (Sorel disprezzava il rivoluzionario francese). Il mito dell'insurrezione e della conseguente presa del potere fu, invece, sempre centrale in Mussolini, che dopo lo sciopero generale del 1904 esaltò la «teppa», la «violenza delle folle in movimento contro gli edifici e i simboli del sistema che ci opprime»: così come durante la Rivoluzione francese la borghesia era stata «teppista», così doveva essere il proletariato[30].

---

[27] Id., *Democrazia parlamentare*, in «Avanguardia socialista», 2 luglio 1904.
[28] Id., *Intorno alla notte del 4 agosto*, in «Avanguardia socialista», 30 luglio 1904.
[29] Gervasoni, *Georges Sorel, una biografia intellettuale*, cit.
[30] B. Mussolini, *La Teppa*, in «Avanguardia socialista», 10 dicembre 1904.

Certo, tutto era ancora piuttosto confuso. Anche nella mente di Mussolini, come si può constatare leggendo un suo articolo dedicato a Ferdinand Lassalle, dipinto come anticipatore dei «sindacati» promotori del «filosofico formarsi della coscienza operaia»: qui, al di là del fraintendimento delle idee di uno dei socialisti più statalisti del XIX secolo, Mussolini dimostrava tuttavia di aver già scorso le pagine dell'*Avenir socialiste des syndicats* di Sorel – il testo fondativo del sindacalismo teorico – tradotto su «Avanguardia socialista». Del resto, secondo Mussolini persino Kautsky, in quel momento, era da considerare vicino al sindacalismo, una tendenza che avrebbe «svecchiato il socialismo» e il Psi, bisognoso di una «unità morale, politica e religiosa»[31].

In una logica attenta alla storia delle idee politiche, questo sovrapporsi di linguaggi potrebbe apparire – come di fatto è – incoerente e confuso. Ma Mussolini, da militante e agitatore, non ricercava la coerenza formale del proprio pensiero: negli interventi, articoli, conferenze e comizi, traduceva le formule che avrebbero spinto il suo pubblico alla mobilitazione rivoluzionaria; un pubblico costituto dal militante socialista medio di quel periodo, che sentiva familiari sia le retoriche sindacaliste sia quelle anarchiche, operaistiche, blanquiste, repubblicano-sovversive.

A ulteriore riprova del labile sindacalismo mussoliniano, bisogna inoltre osservare che Mussolini non aderì, da militante prima e poi da dirigente periferico del Psi, alla corrente di Labriola, né tantomeno lo seguì quando nel 1907 i sindacalisti decisero di uscire dal Psi. Mussolini intuì che, fuori dal partito, l'impatto politico dei sindacalisti politici si sarebbe ridotto a poca cosa, come in effetti accadde. Per Mussolini, restare nel partito era indispensabile; in fondo la dimostrazione che il sovversivismo teorizzato e praticato potesse conquistare la dirigenza di un partito la forniva il caso di Gustave Hervé: eletto al congresso di Saint-Étienne nella direzione della Sfio (la Sezione francese dell'internazionale operaia), era passato dall'«ostracismo» al «potere»[32]. Mussolini si sentiva infatti più vicino al direttore di

---

[31] Id., *Per Ferdinando Lassalle*, in «Avanguardia socialista», 20 agosto 1904; Id., *La crisi risolutiva*, in «Avanguardia socialista», 3 settembre 1904; Id., *L'individuel et le social*, in «Avanguardia socialista», 14 ottobre 1904.

[32] Id., *Il congresso nazione dei socialisti francesi*, in «Il Popolo», 20 aprile 1909.

«Guerre sociale» che ai leader della Cgt: anche Hervé era soprattutto un agitatore, anche lui aveva costruito una miscela di linguaggi sovversivi, presi dalla tradizione francese, in cui una parte importante aveva il sindacalismo rivoluzionario. E anche qui, però, è bene ricordare che Sorel disprezzava Hervé, quintessenza del sovversivismo giacobino[33].

L'estraneità di Mussolini ai sindacalisti usciti dal Partito socialista non gli impediva, naturalmente, di solidarizzare con loro quando venivano arrestati[34], di dichiararsi sodale di Sorel[35], e neppure lo spinse ad attenuare la denuncia del parlamentarismo e il linciaggio morale dei deputati, anche socialisti[36]; un antiparlamentarismo che, nelle sue diverse sfumature, era sentito però da tutto il corpo del partito, con l'esclusione dei riformisti (e neanche di tutti), in quel momento egemoni ma non certo in grado di rappresentare la maggioranza degli iscritti[37].

L'«azione diretta», insomma, non era per Mussolini frutto di una dottrina, come dimostravano gli operai postelegrafonici francesi che, nel 1909, organizzarono un grande sciopero generale senza essere in maggioranza iscritti alla Cgt e «senza essere educati in via della Grange aux belles» (sede del sindacato francese)[38]. Come sempre nel Mussolini rivoluzionario, gli avvenimenti interni e quelli internazionali lo costringevano a uno sforzo di pensiero: un pensiero beninteso con finalità pratiche (agitatorie), ma pur sempre un pensiero. L'evento era rappresentato, appunto, dal fallimento dello sciopero dei postelegrafonici francesi, una sconfitta dal punto di vista sindacalista perché l'agitazione non aveva

---

[33] Gervasoni, *Georges Sorel, una biografia intellettuale*, cit., pp. 218-220. Su Hervé cfr. G. Heuré, *Gustave Hervé. Itinéraire d'un provocateur*, La Découverte, Paris 1997; M.B. Loughlin, *Gustave Hervé's Transition from Socialism to National Socialism: Another Example of French Fascism?*, in «Journal of Contemporary History», 36, 2001, pp. 5-39; Id., *Gustave Hervé's Transition from Socialism to National Socialism: Continuity and Ambivalence*, in «Journal of Contemporary History», 38, 2003, pp. 515-538.

[34] B. Mussolini, *L'assoluzione dei sindacalisti parmensi alle assisi di Lucca*, in «L'Avvenire del Lavoratore», 13 maggio 1909.

[35] Id., *Per finire*, in «La Lima», 6 giugno 1908.

[36] Id., *Il risultato delle elezioni generali in Italia*, in «L'Avvenire del Lavoratore», 11 marzo 1909.

[37] Gervasoni, *Speranze condivise*, cit.

[38] B. Mussolini, *Lo sciopero dei postelegrafonici francesi*, in «L'Avvenire del Lavoratore», 27 marzo 1909.

prodotto la «tempesta rivoluzionaria», ma solo fatto crescere i salari. Risultato apprezzabile per i sindacalisti della Cgt, ma non per Mussolini (e neanche per Sorel, che vi intravide la fine del sindacalismo)[39].

Alcuni mesi dopo, Mussolini tornava sullo sciopero francese scrivendo: «come la realtà supera la teoria, così l'avvenimento rende inutile il libro»; ad essere superate dalla realtà erano le «teoriche sindacaliste» e il libro in questione era quello che Prezzolini aveva dedicato alla dottrina d'oltralpe. La recensione di Mussolini al volume del direttore de «La Voce» viene spesso citata dagli studiosi a conferma del sindacalismo del futuro duce. A nostro avviso, invece, questo intervento è diviso in una *pars destruens* e in una *pars construens*: la prima consiste nella presa di distanza dal sindacalismo, non dopo aver definito Sorel «notre Maître»[40]. La *pars construens*, ancora non ben evidente, riguarda invece l'avvicinamento di Mussolini, attraverso il rapporto con «La Voce» avviato proprio nel periodo trentino, alla seconda fase di vita del sindacalismo e del sorelismo italiani, che interessò soprattutto le sfere intellettuali. Una nuova ricezione di Sorel cominciata con la traduzione, promossa da Croce, delle *Réflexions sur la violence*, che naturalmente Mussolini recensì[41].

È solo in questo momento che – a nostro avviso – avviene l'incontro tra Mussolini e il pensiero di Sorel, e, in particolare, con il concetto soreliano di violenza. Mussolini colse in pieno l'importanza delle nozioni soreliane di «scissione» e di «catastrofe», necessarie per rispondere alla decadenza della borghesia e della civiltà, e soprattutto l'importanza dei miti come «rappresentazioni dell'azione sotto forma di battaglie da cui uscirà il trionfo della propria causa». Questi concetti – catastrofe, mito, decadenza e violenza – nutrirono non solo la seconda stagione sindacalista attorno alla rivista «Pagine libere» di Olivetti, ma anche la circolazione del sorelismo in «La Voce», in Croce, in

---

[39] Gervasoni, *Georges Sorel, una biografia intellettuale*, cit., pp. 346-348.

[40] B. Mussolini, *La teoria sindacalista*, in «Il Popolo», 27 maggio 1909. Cfr. G. Prezzolini, *La teoria sindacalista*, Franceso Perrella Editore, Napoli 1909.

[41] B. Mussolini, *Lo sciopero generale e la violenza*, in «Il Popolo», 25 giugno 1909. Cfr. G. Sorel, *Riflessioni sulla violenza*, introduzione di B. Croce, Laterza, Bari 1909.

Mario Missiroli e negli stessi nazionalisti di Enrico Corradini; mentre non fecero per nulla breccia nella cultura socialista, ad eccezione di Mussolini[42].

Proprio nel momento in cui Mussolini sembrava prendere le distanze dal sindacalismo di azione diretta e da quello politico, si appropriò di un Sorel che rendeva la sua proposta originale e anomala (Mussolini amava dire «eretica») nello stesso socialismo rivoluzionario: *un'interpretazione attivistica e idealistica* del socialismo e del marxismo, concepito, alla stregua del Giovanni Gentile critico di Marx, come «filosofia della prassi» – termine coniato da Antonio Labriola ma sviluppato, da un punto di vista teorico, proprio da Gentile. Non risulta che Mussolini abbia mai letto *La filosofia di Marx* di Gentile, ma da lettore de «La Voce» certo conosceva il filosofo: e comunque, al di là dei riscontri filologici, l'interpretazione gentiliana era nell'*air du temps* che lo stesso Gentile, assieme a Croce, a Prezzolini e a molti altri, aveva contribuito a produrre. Il fatto inaudito fu che quest'aria venne respirata dal leader nascente del socialismo italiano[43].

Con il ritorno in Romagna e la fondazione del giornale «La lotta di classe», Mussolini entrò appieno nel ruolo di agitatore e organizzatore. E, nonostante vedesse il movimento socialista issato su due gambe – quella economica con la «organizzazione operaia» e quella politica con il partito –, si dedicò soprattutto a quest'ultima, avviando la costruzione, sia pure in ambito locale, di un'entità strutturata, un partito propagandista, votato alla formazione di un corpo selezionato di militanti e dirigenti[44]. Anche in questo caso le distanze con il sindacalismo appaiono abissali: benché l'antipartitismo[45], prevalente nel sorelismo e nel sindacali-

---

[42] G.B. Furiozzi, *Sorel e l'Italia*, D'Anna, Firenze 1975; M. Gervasoni, *Georges Sorel e i socialisti: le avventure della ricezione (1890-1932)*, in P. Pastori e G. Cavallari (a cura di), *Georges Sorel nella crisi del liberalismo europeo*, Università degli Studi di Camerino, Collana del Dipartimento di Scienze giuridiche e politiche, Camerino 2001, pp. 349-356.

[43] G. Gentile, *La filosofia di Marx*, Spoerri, Pisa 1899. Cfr. a questo proposito le pagine fondamentali di A. Del Noce, *Il suicidio della rivoluzione*, Rusconi, Milano 1978, pp. 121-199.

[44] B. Mussolini, *Al lavoro*, in «La lotta di classe», 9 gennaio 1910.

[45] Id., *La nostra propaganda*, in «La lotta di classe», 12 febbraio 1910.

smo francese, fosse meno accentuato nei sindacalisti italiani fino a quando furono una corrente del Psi, l'avvento di un secondo nucleo sindacalista teorico che si sviluppa attorno a «Pagine libere» e soprattutto l'emergere di figure come De Ambris e Corridoni nel sindacalismo «pratico», fecero sì che la lotta contro l'organizzazione e l'idea stessa di partito divenisse preponderante.

Certo, Mussolini e i sindacalisti condividevano sempre una serie di obiettivi polemici, come il dominio delle classi medie nella dirigenza e il «partito degli avvocati»[46]. Ma la soluzione proposta era ben diversa: per Mussolini si sarebbe dovuto «purificare»[47] il partito dalla presenza dei riformisti e della piccola borghesia; per i sindacalisti, sulla scorta delle analisi di Sorel, Pareto e Michels, era la stessa organizzazione a produrre una divisione tra dominanti e dominati. Purificare il partito, per Mussolini, poteva voler dire persino lasciare il Psi, in cui il riformismo aveva trionfato nel recente congresso di Milano, e crearne uno nuovo e rivoluzionario. E una proposta di scissione fu avanzata da Mussolini all'interno della frazione «intransigente» guidata da Lazzari, ma non ebbe successo, anche se l'anno successivo[48] Mussolini attuò una sua piccola, momentanea separazione, facendo uscire la Federazione della Romagna dal Psi, «per salvare il partito»[49].

Per ora Mussolini evitava di polemizzare con i sindacalisti, ritenendo ancora che il sindacalismo fosse «un ritorno o un'applicazione del marxismo» in senso originario[50], sebbene lo avvertisse come «già vecchio», adagiato in Francia sull'«elezionismo», debole teoricamente («Sorel non ha dato un sistema dal quale si possano trarre determinate norme tattiche», scriveva su «La lotta di classe»)[51]. Del resto, la nomea del filosofo francese era ancora più scaduta, da quando Sorel aveva abbandonato il sindacalismo

---

[46] M. Antonioli, *Azione diretta e organizzazione operaia. Il sindacalismo rivoluzionario e l'anarchismo tra la fine dell'Ottocento e il fascismo*, Lacaita, Manduria 1990, pp. 13-57; A. Riosa, *Il sindacalismo rivoluzionario dal 1907 alla "settimana rossa"*, in Id., *Momenti e figure del sindacalismo prefascista*, Unicopli, Milano 1996, pp. 42-58.
[47] B. Mussolini, *Il socialismo degli avvocati*, in «La lotta di classe», 25 giugno 1910.
[48] Id., *Dopo al voto*, in «La lotta di classe», 20 ottobre 1910.
[49] Id., *Osare*, in «La lotta di classe», 15 aprile 1911.
[50] Id., *L'ABC sindacale*, in «La lotta di classe», 26 febbraio 1910.
[51] Id., *Vecchiaia*, in «La lotta di classe», 2 luglio 1910.

e aperto un dialogo con i nazionalisti dell'Action française[52]: una notizia che aveva fatto scalpore e che naturalmente i riformisti enfatizzarono per dimostrare sia l'estraneità del sorelismo al socialismo, sia la sua natura profondamente reazionaria. Lo difesero solo i soreliani estranei al socialismo, come i vociani e i sindacalisti teorici di «Pagine libere» (alcuni, come Orano, avviarono anzi una collaborazione con i nazionalisti corradiniani attraverso la rivista «La Lupa»[53]). Non lo difese invece Mussolini, che non si disse sorpreso dell'incontro fra Sorel e una parte dei nazionalisti, giacché il pensiero di «questo pensionato frullatore di biblioteche» era solo «un movimento di reazione» e una «maschera»[54].

Una presa di distanza nettissima che tuttavia, come si sarebbe visto, era dettata dal pragmatismo e dall'opportunismo del Mussolini dirigente socialista che voleva sgomberare il campo da qualsiasi equivoco e non indebolire la propria posizione. Di qui anche il durissimo attacco ai sindacalisti politici, che nel dicembre 1910 tennero il loro congresso: «pochi superstiti inaciditi dalle beghe personali», che mostravano di essere come gli altri, «fanno del nepotismo, compiono dei favoritismi», «mettono a posto – con lo stipendio – gli amici, anche se sono idioti o moralmente deficienti»[55].

Se in effetti il congresso di Bologna segnò la fine del sindacalismo politico ben prima della guerra di Libia[56], il durissimo attacco di Mussolini a Labriola e a Orano, ai quali era stato piuttosto vicino, va letto in chiave politica: un Mussolini ideologicamente sempre più attratto da quanto si muoveva al di fuori del perimetro socialista, sostenitore di un «revisionismo rivoluzionario»[57], ma – in quanto dirigente locale – attento ad apparire come il più ortodosso dei rivoluzionari. Non a caso, una volta attuata la momentanea scissione della Federazione romagnola dal Psi, Mussolini si sentì più libero, al punto di elogiare le posizioni di Libero Tancredi, anarchico, sindacalista e collaboratore de «La Lupa»

---

[52] Gervasoni, *Georges Sorel, una biografia intellettuale*, cit., pp. 366-376.
[53] M. Carli, *Nazione e rivoluzione. Il «Socialismo nazionale» in Italia: mitologia di un discorso rivoluzionario*, Unicopli, Milano 2000.
[54] B. Mussolini, *L'ultima capriola*, in «La lotta di classe», 26 novembre 1910.
[55] Id., *Fine stagione*, in «La lotta di classe», 17 dicembre 1910.
[56] Riosa, *Il sindacalismo rivoluzionario dal 1907 alla "settimana rossa"*, cit.
[57] B. Mussolini, *Ciò che è vivo e ciò che è morto nel marxismo. Conferenza pronunciata a Cesena*, in «La lotta di classe», 1° maggio 1911.

di Orano. Mussolini divergeva da Tancredi solo sulla necessità, imprescindibile per il direttore di «La lotta di classe», di costruire una macchina per «una 'insurrezione disciplinata e coesa', in grado di raccogliere 'la minoranza' dei proletari, il solo 'elemento attivo per la rivoluzione', una élite destinata a guidare le folle»[58].

Era lo stesso Mussolini che di lì a poco, grazie alla grande occasione offertagli dalla guerra di Libia, sarebbe apparso sul proscenio nazionale[59]. A quel punto non avrebbe più sostenuto che partito e sindacato dovevano muoversi parallelamente, anche perché, con lo svilupparsi della Cgdl (Confederazione generale del lavoro), temeva che il partito venisse assorbito dal sindacato, quindi dalle pratiche riformistiche che gli erano proprie. Benché Mussolini non citasse Michels, ne condivideva l'idea che il sindacato, in quanto organizzazione al di là della sua ideologia (riformista, marxista o sindacalista) fosse naturalmente destinato a pratiche riformistiche[60]. Lo dimostrava, del resto, la recente evoluzione della Cgt; erano conclusioni condivise anche da Sorel e da Berth, spinti ad abbandonare il sindacalismo proprio per questo.

Tuttavia la soluzione proposta da Mussolini, in piena antitesi rispetto a quanto sostenuto dai sindacalisti rivoluzionari della prima, della seconda e della terza fase, consisteva nella subordinazione del sindacato al partito: una tesi da sempre sostenuta, e messa in pratica, dai guesdisti in Francia e dal centro kautskiano in Germania. L'idea di partito proposta da Mussolini era però ben diversa da quella dei marxisti ortodossi dell'Internazionale: doveva essere un partito che fosse «aristocrazia di intelligenza e di volontà»[61], un «partito creatore»[62], intento a espellere le parti «malate», come spiegava poche settimane dopo al congresso di Reggio Emilia[63].

Per disegnare la sua idea di partito Mussolini finì per fare ri-

---

[58] Id., *Conferenza Tancredi*, in «La lotta di classe», 14 ottobre 1911. Mentre diede invece un giudizio assai duro sul sostegno di Paolo Orano alla guerra di Libia, cfr. Id., *Nel mondo dei Rabagas*, in «La Folla», 18 agosto 1912.

[59] M. Gervasoni, *L'impossibile integrazione: Turati, Bissolati e Mussolini nell'impresa di Tripoli*, in L. Micheletta, A. Ungari (a cura di), *L'Italia e la guerra di Libia cent'anni dopo*, Studium, Roma 2013, pp. 105-131.

[60] R. Michels, *Il proletariato e la borghesia nel movimento socialista italiano: saggio di scienza sociografico-politica*, F.lli Bocca, Torino 1908.

[61] B. Mussolini, *La crisi dell'inazione*, in «La lotta di classe», 6 aprile 1912.

[62] Id., *Discussioni socialiste*, in «La lotta di classe», 11 maggio 1912.

[63] Gervasoni, *L'impossibile integrazione*, cit., pp. 126-131.

corso a concetti soreliani, il che dimostra come egli fosse rimasto legato al suo *maître*, nell'esaltazione del «mito» come «atto di fede del proletariato», dello «sciopero generale» come «l'apocalisse», del socialismo inteso come una «fede, una preoccupazione finalistica, teleologica», e, nel raccontare il congresso di Reggio Emilia, come un «tentativo di rinascita idealistica», segno della vittoria dell'«anima religiosa del partito»[64].

Era comunque sempre il partito ad essere al centro delle preoccupazioni mussoliniane: ecco perché ora si vantava di avere «combattuto il riformismo e il sorelianesimo, che avevano contribuito alla eliminazione del Partito»[65]. Sorel, che voleva «ostracizzare i partiti», aveva fallito, «i partiti vivono». L'errore del sindacalismo era insomma di tipo filosofico, limitandosi a considerare il proletario solo come *homo oeconomicus*, mentre il socialismo considerava l'uomo non solo come «produttore o consumatore di beni materiali», ma come qualcosa «dotato di visioni superiori»[66]. Era il programma del «revisionismo rivoluzionario» basato sulla rottura con la filosofia del riformismo, l'«evoluzionismo positivista», «che aveva esiliato dalla vita e dalla storia le catastrofi»[67].

Riformismo e sindacalismo finivano quindi per incontrarsi in una concezione rigidamente economicistica dell'uomo. Mussolini lo ribadì anche nella celebre conferenza fiorentina del febbraio 1914, che entusiasmò Prezzolini e Salvemini venuti ad ascoltarlo[68]. E aggiunse anche qualcos'altro: se il sindacalismo era morto e il pensiero di Sorel era entrato in crisi, di vivo restava però la nozione di «mito» di cui si doveva conservare «l'incantesimo fascinatore» per «colpire l'immaginazione degli operai con la rappresentazione ideale di una possibile realtà». Mussolini criticava Sorel perché, dopo aver inventato la nozione di mito politico, ne aveva spiegato «l'origine teorica e intellettuale» sfatando così l'«incantesimo fascinatore». Viceversa, per Mussolini, l'incantesimo doveva essere conservato e sviluppato da una «minoranza

---

[64] B. Mussolini, *Da Guicciardini a Sorel*, in «Avanti!», 18 luglio 1912.
[65] Id., *M. Fovel e la crisi dei partiti*, in «Avanti!», 30 novembre 1912.
[66] Id., *Lo sviluppo del partito*, in «Avanti!», 9 marzo 1913.
[67] Id., *Al largo!*, in «Utopia», 22 novembre 1913.
[68] E. Gentile, *Storia di un politico fra gli intellettuali de «La Voce»*, in Id. (a cura di), *Mussolini e «La Voce»*, Sansoni, Firenze 1976, pp. 20-22.

socialista e rivoluzionaria abbastanza audace che al momento opportuno possa sostituirsi alla minoranza borghese». Solo allora «l'enorme massa la seguirà e la subirà», anche se «sarà necessaria qualche violenza» e «bisognerà aprirci il passo attraverso delle vittime»[69]. La critica mussoliniana al razionalismo del filosofo francese finiva, però, per trasformare il mito soreliano in uno strumento nelle mani di un partito blanquista (e protobolscevico): niente di più lontano, quindi, dalle intenzioni di Sorel[70].

Da direttore dell'«Avanti!» Mussolini si trovò a gestire la terza fase del sindacalismo, quella dell'Usi di De Ambris e di Corridoni, con cui i rapporti furono quasi sempre assai polemici. Già Mussolini aveva accolto freddamente il congresso in cui i sindacalisti dell'azione diretta erano usciti dalla Cgdl per fondare l'Usi, una decisione giudicata un errore, così come un errore era ritenere che le masse operaie si sentissero rappresentate dal sindacato e non dal partito[71].

Lo stesso sciopero generale, che Mussolini continuò a sostenere, non era più una prerogativa del sindacalismo rivoluzionario e veniva utilizzato sempre più per fini politici, e per ottenere l'abrogazione di misure governative o l'introduzione di nuove leggi, come in Germania, in Ungheria e in Belgio: «è il socialismo in azione» che «rivendica il diritto alla strada e alla piazza»[72]. In Francia lo aveva capito Jean Jaurès, che Mussolini prese a elogiare, ma non i riformisti in Italia, per i quali lo sciopero generale continuava ad essere sempre un gesto avventuristico, e neppure i sindacalisti rivoluzionari, ostili allo sciopero generale politico poiché lo consideravano come una intromissione della politica nell'azione della classe operaia: un atteggiamento, secondo Mussolini, contraddetto da quello che in seguito egli chiamò «elezio-

---

[69] B. Mussolini, *Il valore storico del socialismo*, in «Avanti!», 15 febbraio 1914.
[70] Sulla concezione del mito in Sorel, cfr. l'importante lavoro di W. Gianinazzi, *Naissance du mythe moderne. Georges Sorel et la crise de la pensée savante*, Éd. de la Maison des Sciences de l'Homme, Paris 2006.
[71] B. Mussolini, *Il Congresso di Modena*, in «Avanti!», 24 novembre 1912. Cfr. A. Osti Guerrazzi, *L'utopia del sindacalismo rivoluzionario. I congressi dell'unione sindacale italiana (1912-1913)*, Bulzoni, Roma 2001.
[72] B. Mussolini, *I "sinistri" alla riscossa*, in «La Folla», 9 febbraio 1913; Id., *Viva lo sciopero generale*, in «Avanti!», 17 giugno 1913.

nismo» dell'Usi e dalla candidatura di De Ambris al parlamento, occasione di un duro scontro personale tra i due[73].

Quei mesi videro entrambi i tipi di sciopero generale: «economici» con epicentro a Milano, e «politici» per protestare contro l'arresto di Corridoni, tutti organizzati dall'Usi e appoggiati da Mussolini; scettica invece persino la sinistra del Psi e fortemente contrari i riformisti, ormai minoranza nel partito[74]. Il deciso sostegno di Mussolini agli scioperi organizzati dall'Usi, insieme all'apertura delle pagine dell'«Avanti!» e alla collaborazione di sindacalisti come Panunzio, rilanciarono le accuse al suo direttore di essere un sindacalista anarchico, e non un socialista: accuse che cominciarono a far presa anche su diversi esponenti della sua corrente. Ma Mussolini non era *ridiventato* ciò che non *era mai stato*: «noi dissentiamo profondamente» dai «metodi sindacalisti», ma lo sciopero generale non doveva essere considerato come una prerogativa di quel movimento, era il socialismo inteso nella «sua portata e nella sua significazione 'massimalista'», era un gesto «morale» contro «questa Italia accidiosa e intorpidita»[75]. Tanto che, con il susseguirsi delle agitazioni e con l'inevitabile ripiegamento della mobilitazione, Mussolini cominciò a criticare questa «proclività agli scioperi generali» che non era «sindacalismo». L'Usi e il sindacalismo italiano, «la mala copia di quello francese», avrebbero dovuto prender esempio dalla Cgt, liberatasi delle «scorie demagogiche e ciarlatanesche»[76]. «Educazione, preparazione e azione», raccomandava Mussolini a Corridoni e a De Ambris dopo il fallimento dell'ennesima agitazione[77].

---

[73] Id., *Personalia*, in «Avanti!», 19 aprile 1913; Id., *Così "per provincializzare"*, in «Avanti!», 26 aprile 1913: cfr. inoltre E. Serventi Longhi, *Alceste De Ambris. L'utopia concreta di un rivoluzionario sindacalista*, Franco Angeli, Milano 2011, pp. 44-46.
[74] A. Pepe, *Lotta di classe e crisi industriale in Italia. La svolta del 1913*, Feltrinelli, Milano 1978; M. Antonioli, J. Torre Santos, *Riformisti e rivoluzionari. La Camera del Lavoro di Milano dalle origini alla Grande Guerra*, Franco Angeli, Milano 2006.
[75] B. Mussolini, *Mentre si sciopera*, in «Avanti!», 5 agosto 1913; Id., *A battaglia finita*, in «Avanti!», 18 giugno 1913.
[76] Id., *Dopo lo sciopero generale di Milano e... d'Italia*, in «Avanti!», 15 agosto 1913; Id., *Dopo lo sciopero generale*, in «Avanti!», 19 agosto 1913.
[77] Id., *Gli scioperanti delle officine Miani e Silvestri si ripresentano al lavoro*, in «Avanti!», 25 febbraio 1914.

Per comprendere la polemica, occorre anche notare che l'Usi era ormai diventata una concorrente del Psi con a capo Mussolini; questo poteva essere pericoloso, se si pensa che già alla sua nascita registrava un numero di iscritti che era il doppio di quello del Psi. L'Usi non rappresentava una minaccia sul piano elettorale, visto che non presentò liste (a parte a Parma per De Ambris: e se Labriola venne eletto alla Camera nel 1913, lo fu nelle fila socialiste grazie ai dirigenti – e alla massoneria – napoletani). Ma per Mussolini la lotta elettorale e il numero di deputati avevano un'importanza secondaria: ben più importante per lui era la capacità del partito di mobilitare, e in questo campo l'Usi si dimostrava decisamente più dinamica[78].

Le polemiche cessarono quando scoppiarono le agitazioni della Settimana rossa, in cui Mussolini fu ancora a fianco dell'Usi, oltre che dei repubblicani, degli anarchici e di una parte della sinistra socialista[79]. Naturalmente Mussolini vide nelle agitazioni, nelle «folle» che assaltavano i negozi degli «armaroli», negli incendi che «fiammeggiavano», nelle chiese invase e nel grido «Al Quirinale!» della folla romana, l'annuncio di quella «tempesta insurrezionale» che da sempre era stata l'*ubi consistam* del suo socialismo[80]; ma restò comunque lontano dal sindacalismo, rifiutando l'idea di formare un «partito della rivoluzione» insieme a sindacalisti, anarchici e repubblicani, perché continuava a credere che tale formazione politica già esisteva ed era il Psi, che avrebbe dovuto liberarsi degli ultimi rimasugli di riformismo rimasti al suo interno (i turatiani) e fare proprio «il proletario e la teppa, la legalità e l'extra legalità, la protesta e l'insurrezione». Del resto, «Mazzini era un criminale, Garibaldi un bandito, e i suoi soldati avanzi di galera»[81].

Erano le parole di un Mussolini amato dalla base rivoluzionaria e dai giovani della Federazione giovanile socialista (Bordiga, Tasca, Gramsci, Togliatti), leader di una nuova leva della sinistra capitanata da Nicola Bombacci. Piaceva, invece, sempre meno agli uomini della sinistra che sedevano nella direzione del Psi,

---

[78] Antonioli, *Azione diretta e organizzazione operaia*, cit., pp. 265-297.
[79] L. Lotti, *La settimana rossa in Italia*, Le Monnier, Firenze 1965.
[80] B. Mussolini, *Tregua d'armi*, in «Avanti!», 12 giugno 1914.
[81] *Richiamo agli smemorati*, in «Avanti!», 22 giugno 1914.

Serrati, prima, Antonio Graziadei, poi, che gli mossero critiche durissime. Graziadei, in particolare, riprese le accuse dei riformisti Treves e Zibordi contro il suo anarchismo e sindacalismo, ma il direttore del quotidiano socialista si difese ribadendo di non essere sindacalista «per il mio scetticismo nelle capacità rivoluzionarie delle organizzazioni economiche»[82]. È significativo che la replica di Mussolini trovasse posto non sul giornale che dirigeva, ma su un organo della stampa borghese, anzi degli «agrari» (lo stesso su cui scriveva Sorel!). Si tratta di un primo segnale, come notava De Felice, della insoddisfazione sempre più evidente di Mussolini verso il suo partito. Di qui dunque la prudenza che lo avrebbe accompagnato negli ultimi mesi della sua permanenza nel Psi, lo scetticismo sulla proposta di «blocco rosso»[83], il suo impegno nella campagna elettorale per la conquista del Comune di Milano, le sorprendenti dichiarazioni municipalistiche una volta eletto Caldara; di qui, infine, l'ondeggiamento delle sue posizioni dallo scoppio del conflitto fino alla sua espulsione dal partito.

Con la fondazione del «Popolo d'Italia» Mussolini si trovò nuovamente al proprio fianco i sindacalisti: non solo i teorici come Panunzio e Lanzillo, a cui peraltro aveva già aperto le porte dell'«Avanti!» e soprattutto di «Utopia», ma anche la consistente minoranza dell'Usi che si schierò immediatamente per l'intervento (Corridoni, De Ambris, Rossoni, Michele Bianchi, Ottavio Dinale)[84]. Quanto contribuirono le idee e le posizioni sindacaliste nella «conversione» di Mussolini all'interventismo e nella sua militanza fino alle «radiose giornate»? Si è fatto spesso riferimento al *tòpos* della guerra rivoluzionaria, cioè all'idea che il conflitto bellico potesse diventare un'occasione per creare una crisi dello Stato: una posizione che Panunzio aveva sostenuto durante la guerra russo-giapponese del 1904 e anche in tempi più recenti; e in effetti Panunzio ebbe un certo ruolo nel passaggio di Mussolini all'interventismo[85]. Tuttavia, a leggere gli inter-

---

[82] *Replica a Graziadei*, in «Il Giornale d'Italia», 6 luglio 1914.
[83] Id., *Battute di preludio*, in «Avanti!», 21 luglio 1914.
[84] Serventi Longhi, *Alceste De Ambris*, cit., pp. 62-66.
[85] S. Panunzio, *La guerra*, in «Avanguardia socialista», 6 agosto 1904; Id., *Guer-*

venti di Mussolini nei primi mesi del «Popolo d'Italia» il *tòpos* della guerra rivoluzionaria non risulta prevalente: c'è piuttosto l'esaltazione del conflitto a favore della civiltà francese contro quella tedesca, della latinità contro la germanicità[86]. Del resto, i sindacalisti teorici avevano già arato questo terreno con la guerra di Libia, ed anche allora i favorevoli all'impresa tripolitina, come Labriola, avevano motivato quella scelta sostenendo che la guerra d'oltremare avrebbe modernizzato l'Italia, dalla guerra sarebbe scaturita la rivoluzione[87]. Certamente più calzante fu, per Mussolini, l'esempio pratico di De Ambris e Corridoni, decisi oppositori della guerra libica ma tra i primi, nell'orizzonte rivoluzionario, a schierarsi a favore dell'intervento e a mobilitarsi attraverso la fondazione dei Fasci d'azione: anche in questo caso, però, pur aprendo loro le porte de «Il Popolo d'Italia» e partecipando alle loro iniziative, Mussolini mantenne comunque una sua autonomia.

La retorica del Mussolini interventista, per il resto, non si distanziava molto da quella del Mussolini rivoluzionario, a parte l'antimilitarismo, che ovviamente scomparve. Era il medesimo sovrapporsi di tradizioni diverse, con una maggiore accentuazione della variante giacobina e blanquista, con l'esaltazione della guerra patriottica e del «popolo in armi», fino al continuo elogio del «sacrifico» di Jaurès: il mito giacobino della Francia rivoluzionaria, patriottica e guerriera, onnipresente nel giornale mussoliniano oltre il maggio 1915[88]. Scomparve invece dall'orizzonte mussoliniano la Francia sindacalista. Se la scelta di Hervé di schierarsi fin da subito a favore della guerra ebbe un peso su Mussolini, la maggioranza della Cgt aderì alla guerra più che altro per necessità: come spiegò Léon Jouhaux, segretario del sindacato ancora formalmente «rivoluzionario», si trattava di

---

ra e socialismo, in «Avanti!», 13 settembre 1914. Sul ruolo di Panunzio, cfr. F. Perfetti, *Introduzione* a S. Panunzio, *Il fondamento giuridico del fascismo*, Bonacci, Roma 1987, pp. 45-46.

[86] Gervasoni, *Speranze condivise*, cit., pp. 205-217.

[87] AA.VV., *Pro o contro la guerra di Tripoli: discussioni nel campo rivoluzionario*, Morano, Napoli 1912; A. Labriola, *La guerra di Tripoli e l'opinione socialista*, Morano, Napoli 1912. Cfr. M. Degl'Innocenti, *Il socialismo italiano e la guerra di Libia*, Editori Riuniti, Roma 1976.

[88] Gervasoni, *Speranze condivise*, cit., pp. 218-222.

una guerra non rivoluzionaria ma di difesa, e dunque l'*union sacrée* era un passo obbligato. Quanto a Sorel, da tempo Mussolini aveva smesso di seguirlo non riconoscendosi più nel filosofo francese, che si era schierato subito contro la guerra, anche se da posizioni tutt'altro che pacifiste, giacché nella guerra tra la *Civilisation* francese e la *Kultur* tedesca, sembrava piuttosto parteggiare per quest'ultima[89].

Panunzio e Lanzillo avviarono – anche su «Il Popolo d'Italia» – una riflessione sul rapporto tra sindacalismo e nazione, finendo per elaborare una teoria del sindacalismo (socialismo) nazionale a cui Mussolini guardava con interesse[90]. Ma l'adesione, anche se parziale, del direttore del «Popolo d'Italia» alle suggestioni del sindacalismo nazionale cominciò solo dopo l'abbandono del campo socialista, ossia dopo l'entrata in guerra dell'Italia. Nei mesi che andarono dalla fondazione del nuovo quotidiano al maggio 1915, Mussolini continuò infatti a definirsi socialista («dormiente», come ebbe a scrivere De Felice), si impegnò per portare dalla sua parte non solo il proletariato ma anche i socialisti, e cercò di dividere le loro file: da un lato, blandendo i riformisti come Caldara, Rigola e Turati, su cui pensava di poter far breccia; e, dall'altro, attaccando violentemente gli ex compagni della sua corrente Serrati e Lazzari.

Insomma, si può affermare che Mussolini si schierò a favore della guerra non per il suo «sindacalismo» – inesistente, come si è visto –, ma proprio perché si sentiva socialista, perché così avevano fatto tutti i leader del socialismo europeo, da Guesde a Vandervelde, a Kautsky. Quando però l'Italia entrò in guerra e il Psi, anche nella sua componente riformista, confermò la propria opposizione, Mussolini capì di aver perso la sua ultima, definitiva battaglia nei confronti del suo ex partito. E i socialisti divennero da allora i suoi principali nemici.

---

[89] Id., *Georges Sorel, una biografia intellettuale*, cit., pp. 417-424.
[90] Id., *La rivoluzione per fare che?*, cit., pp. 210-214.

BENITO MUSSOLINI, I RIFORMISTI E LA GRANDE GUERRA

di Spencer M. Di Scala

La devozione di Benito Mussolini alla violenza e l'aggressività che caratterizzarono la sua figura sia di teorico sia di militante del socialismo rivoluzionario sin dalla sua prima giovinezza hanno sempre richiamato l'attenzione degli storici. Tuttavia, mentre questa sua caratteristica come fondatore del fascismo è stata ben documentata, la sua carriera iniziale come fiero oppositore di un approccio graduale e non violento al socialismo è meno nota, sebbene altrettanto significativa. Ricostruire la lotta che ingaggiò contro i più anziani fondatori riformisti del Partito socialista italiano guidati da Filippo Turati consente di fare luce sui tratti principali di Mussolini socialista rivoluzionario[1].

Le origini del Grande Scisma

Il Psi non ha mai superato il «peccato originale» della sua fondazione che, almeno nella fase iniziale, può essere attribuito al debole sviluppo industriale dell'Italia. Negli anni Ottanta e Novanta del XIX secolo l'influenza del marxismo sui partiti socialisti divenne molto forte in Europa. In base alla teoria marxista, in

---

[1] Sul pensiero e l'azione di Turati, vedi S.M. Di Scala, *Dilemmas of Italian Socialism: The Politics of Filippo Turati*, The University of Massachusetts Press, Amherst 1980 (tradotto in italiano, con una prefazione di Giuliano Amato e una lunga introduzione dell'autore, con il titolo *Filippo Turati: le origini della democrazia in Italia*, Critica sociale, Milano 2007). Vedi anche le biografie di F. Livorsi, *Turati*, Rizzoli, Milano 1984 e di R. Monteleone, *Filippo Turati*, Utet, Torino 1987.

paesi come l'Italia, lo sviluppo di un moderno partito socialista non sarebbe stato possibile fino al decollo dell'industria moderna. In realtà, accanto alle cause economiche, vi sono almeno tre fattori politici che hanno ostacolato la fondazione di un partito socialista marxista. Innanzitutto, la presenza di un forte movimento anarchico che ebbe le sue origini nelle idee e nell'azione di Mikhail Bakunin, a cui la Prima Internazionale dette il compito di introdurre le idee del socialismo moderno in Italia. Bakunin convertì molti intellettuali italiani al suo socialismo, che esortava all'abbattimento immediato dello Stato attraverso la rivoluzione violenta. L'anarchismo italiano e la sua dottrina rivoluzionaria ebbero considerevole influenza sui teorici italiani della sinistra, interessando anche l'ala rivoluzionaria del Psi[2].

Il secondo fattore è rappresentato dagli sviluppi del primo Partito operaio italiano, che fallì nel suo tentativo di proporsi come un partito marxista moderno, poiché aveva limitato le iscrizioni ai soli lavoratori salariati e si era concentrato esclusivamente sulle condizioni della classe lavoratrice, diffidando degli intellettuali provenienti dalla classe media, che così furono esclusi dal partito[3]. Sciolto dal governo nel giugno 1886[4], tornò nella legalità, ma i suoi princìpi esclusivistici ebbero effetti deleteri sul partito marxista che venne fondato nell'agosto 1892, perché ne limitò la possibilità di sviluppare una costituzione e una struttura moderne, creando inoltre una continua sfiducia tra i membri del partito e i loro capi[5].

---

[2] G. Berti, *Il pensiero anarchico dal Settecento al Novecento*, Lacaita, Manduria 1998; R. Hostetter, *The Italian Socialist Movement: Origins (1860-1882)*, David Van Nostrand, New York 1958; F. Della Peruta, *Il socialismo italiano dal 1875 al 1882*, in Istituto Giangiacomo Feltrinelli, *Annali 1958*, Feltrinelli, Milano 1958, pp. 15-104; A. Romano, *Storia del movimento socialista in Italia*, 3 voll., Laterza, Bari 1966-67; P. Masini, *Storia degli anarchici italiani da Bakunin a Malatesta*, Rizzoli, Milano 1969, e *Storia degli anarchici nell'epoca degli attentati*, Rizzoli, Milano 1981; E. Santarelli, *Il socialismo anarchico in Italia*, Feltrinelli, Milano 1969; N. Pernicone, *Italian Anarchism: 1864-1892*, Princeton University Press, Princeton 1993.

[3] *Chi siamo e cosa vogliamo*, in «Fascio Operaio», 29 luglio 1883; G. Manacorda, *Il movimento operaio italiano attraverso i suoi congressi (1853-1892)*, Editori Riuniti, Roma 1953, pp. 158-163.

[4] G. Candeloro, *Storia dell'Italia moderna*, vol. VI, *Lo sviluppo del capitalismo e del movimento operaio*, Feltrinelli, Milano 1970, pp. 175-176; Manacorda, *Il movimento operaio*, cit., pp. 224-227; «Fascio Operaio», 30-31 ottobre 1886.

[5] Il partito cambiò nome varie volte prima del 1895, quando diventò ufficialmente Partito socialista italiano.

Il terzo ostacolo è rappresentato dagli intellettuali marxisti «ortodossi». Antonio Labriola, pensatore marxista rispettato sulla scena italiana ed europea, si oppose alla fondazione di un partito socialista di massa, perché, a suo giudizio, una simile impresa non sarebbe stata possibile, considerata la fase economica e sociale, ancora arretrata, in cui si trovava l'Italia. Per combattere i socialisti «dottrinari», Filippo Turati e la sua compagna Anna Kuliscioff – che guidarono l'avvio di un partito moderno – dovettero fare ricorso all'intervento di Friedrich Engels per avere la meglio sulle obiezioni di Labriola e dei suoi seguaci al nuovo corso del partito[6]. Con il passare degli anni, l'area riformista del partito lavorò per creare le condizioni che avrebbero sviluppato il socialismo, mentre l'area rivoluzionaria denunciava i suoi avversari svilendo i tentativi di riforme che, secondo i sostenitori di Turati, avrebbero migliorato le condizioni dei lavoratori trasformandoli in una possente forza elettorale. Dal canto loro, i rivoluzionari rifiutavano l'approccio graduale al socialismo ed esaltavano la violenza come fonte primaria di cambiamento; proclamavano inoltre l'intransigenza e il rifiuto di collaborare con qualunque gruppo borghese, senza però preparare concretamente la rivoluzione violenta che pure predicavano. Alla prova dei fatti, i leader rivoluzionari non erano in grado di insidiare realmente i riformisti né sul piano organizzativo né su quello della coerenza ideologica. Tuttavia, gli equilibri nel partito si sarebbero modificati grazie alla comparsa di un leader rivoluzionario spregiudicato, con un talento per la retorica e la propaganda, abile nel diffondere l'idea della violenza come necessità per il socialismo: quel leader fu Benito Mussolini.

Nel tentativo di ridurre i contrasti tra i gruppi orientati al socialismo, Turati e Kuliscioff si impegnarono enormemente nel lavoro

---

[6] Vedi le lettere scritte da Turati a Engels in Istituto Giangiacomo Feltrinelli, *Corrispondenza Friedrich Engels-Filippo Turati, 1891-1895*, in *Annali 1958*, cit., pp. 268-269, ma vedi anche pp. 253-258; per la lettera di Kuliscioff a Engels e un commento di Turati, vedi G. Bosio (a cura di), *Karl Marx-Friedrich Engels. Scritti italiani*, Edizioni Avanti!, Milano 1955, pp. 164-166; la risposta di Engels a Turati si trova a pp. 170-171. Vedi F. Engels, *La futura rivoluzione italiana e il partito socialista*, in «Critica Sociale», 1° febbraio 1894, e il commento di Noi (Turati e Kuliscioff) nello stesso numero. Vedi anche L. Strik Lievers, *Turati, la politica delle alleanze e una celebre lettera di Engels*, in «Nuova Rivista Storica», LVII, gennaio-aprile 1973.

preliminare alla fondazione del Partito socialista italiano. Turati trasformò la rivista «Cuore e Critica», di cui era diventato il direttore di fatto, in uno strumento culturale per la diffusione del marxismo e, nel 1891, ne cambiò il nome in «Critica Sociale»[7]. La rivista sarebbe rimasta a lungo il punto di riferimento per le idee socialiste in Italia, con una forte influenza anche all'estero, in particolare tra gli intellettuali socialisti tedeschi e francesi[8]. Nel giugno 1892, Turati e Kuliscioff fecero un ulteriore sforzo di avvicinamento ai lavoratori in vista delle elezioni previste per quell'anno: ne scaturì la pubblicazione del foglio «La lotta di classe. Numero unico»[9]. Queste pubblicazioni – insieme con la «Lega socialista milanese» fondata nel 1891 – furono utilizzate per incoraggiare la formazione di un partito socialista moderno e per diffondere le idee sul modo in cui organizzare la lotta per il socialismo.

Al congresso operaio italiano, tenutosi a Milano il 2 e il 3 agosto 1891, Turati propose che le organizzazioni rappresentate in quel luogo si costituissero in un partito. Il congresso chiese di elaborare una bozza di programma a una commissione che rimase in carica come Comitato centrale provvisorio fino all'estate del 1892, quando un congresso nazionale avrebbe stabilito la struttura permanente della nuova organizzazione[10].

Con una piattaforma programmatica ispirata al socialismo tedesco, la Lega socialista milanese fu definita da Luigi Cortesi come la «cellula» da cui sarebbe scaturito il futuro Partito socialista italiano sotto la guida di Turati[11].

La Lega sosteneva che per raggiungere il socialismo era necessario procedere in maniera graduale, e affermava che la rivoluzione, per maturare, avrebbe avuto bisogno del completamento di

---

[7] Vedi A. Ghisleri e F. Turati in «Cuore e Critica», 24 dicembre 1890. Per Anna Kuliscioff, vedi M. Addis Saba, *Anna Kuliscioff: vita privata e passione politica*, Mondadori, Milano 1993; e M. Casalini, *Anna Kuliscioff: la signora del socialismo italiano*, Editori Riuniti, Roma 2013.

[8] B. Croce, *Storia d'Italia dal 1871 al 1915*, Laterza, Bari 1962, p. 162.

[9] L. Cortesi, *La costituzione del Partito socialista italiano*, Edizioni Avanti!, Milano 1962, pp. 49-54.

[10] *Congresso Operaio Italiano tenutosi in Milano nei giorni 2-3 agosto 1891. Riassunto delle discussioni e deliberazioni*, Tipografia degli operai, Milano n.d., pp. 5-15; La Critica Sociale, *Congresso operaio*, in «Critica Sociale», 16 agosto 1891.

[11] Cortesi, *La costituzione*, cit., pp. 163-167 e E. Ragionieri, *Socialdemocrazia tedesca e socialisti italiani. 1875-1895*, Feltrinelli, Milano 1961, pp. 177-184.

un'intera epoca, essendo concepita come il risultato culminante di un grande movimento evolutivo che avrebbe preparato il proletariato alla conquista del potere. Il socialismo sarebbe stato conseguenza di quel percorso realistico e pragmatico già teorizzato in altri paesi avanzati, in altre parole: parlamentare[12].

A differenza di Mussolini, Turati negava che la violenza fosse parte integrante dell'ideologia marxista e sostenne che le rivoluzioni erano avvenute *nonostante* la violenza[13]. Nel criticare i marxisti, denunciava la violenza associata alla dittatura del proletariato, scrivendo che i suoi sostenitori erano in errore. Il socialismo sarebbe nato soltanto dopo essersi evoluto all'interno della società borghese, come Marx aveva predetto[14]. Turati era convinto che la violenza della dittatura del proletariato avrebbe portato alla nascita di una oligarchia dentro il socialismo e a una dittatura liberticida[15].

Durante l'estate del 1892 Turati intensificò i suoi sforzi per stabilire un partito socialista moderno coerente con la sua visione, da cui sarebbe scaturita la tendenza politica più tardi definita riformista o revisionista. Il 18 giugno, in un articolo non firmato apparso sul foglio «La lotta di classe. Numero unico», denunciava la violenza e affermava che soltanto il voto avrebbe potuto condurre al socialismo, accrescendo il coinvolgimento dei lavoratori nella vita politica e innalzando il loro livello culturale[16]. Respingendo l'approccio esclusivista, Turati apriva le porte del partito agli impiegati, ai borghesi, ai piccoli imprenditori[17].

---

[12] *Programma socialista discusso e approvato dalla Lega socialista milanese nelle adunanze del 28 febbraio, 11, 12 marzo e 1° aprile 1891*, Milano 1891. La Critica Sociale, *Necessità di un programma pratico*, in «Critica Sociale», 1° agosto 1892; F. Turati, *L'azione parlamentare dei socialisti in Italia*, e La Critica Sociale, *Il momento attuale socialista in Italia*, in «Critica Sociale», 16 settembre 1892.

[13] La Critica Sociale, *Una opinione sugli anarchici*, in «Critica Sociale», 31 maggio 1891.

[14] A. Orsini, *Gramsci e Turati: le due sinistre*, Rubbettino, Soveria Mannelli 2012², p. 37.

[15] La Critica Sociale, *I partiti politici e i socialisti*, in «Critica Sociale», 15 gennaio 1891; Noi (Turati e Kuliscioff), *Per i profani*, in «Critica Sociale», 1° novembre 1891; La Critica Sociale, *La storia di due code di cavallo, e il programma socialista*, in «Critica Sociale», 10 luglio 1891.

[16] *La lotta di classe moderna*, in «La lotta di classe. Numero unico», 18 giugno 1892.

[17] *Un nuovo contingente*, *Il voto agli esercenti. E le altri classi?*, in «La lotta di classe. Numero unico», 18 giugno 1892.

La fondazione del nuovo Partito socialista si sviluppò in più fasi, durante le quali Turati lottò per dare concretezza alle sue idee. A causa della forte influenza operaista, il comitato preposto alla stesura del programma produsse un documento che, di fatto, riproponeva i fondamenti del Partito operaio italiano[18]. Turati criticò duramente il documento sulla base delle osservazioni che Marx aveva sviluppato contro il programma di Gotha del Partito socialdemocratico tedesco[19]. Il programma – affermava Turati – era troppo vago, basato su un linguaggio decisamente superato che nessuno avrebbe sottoscritto[20]. Senza considerare, poi, che la bozza di costituzione limitava l'adesione ai soli proletari. Escludere gli impiegati, i professionisti, o qualunque altro simpatizzante, avrebbe finito per riproporre un modello di partito ormai superato[21].

Al congresso di Genova del 14 agosto 1892 gli operaisti si allearono con gli anarchici per impedire a Turati di realizzare il suo progetto, costringendolo a separarsi dagli anarchici e ad annunciare, per il giorno successivo, l'avvio di un nuovo congresso da cui sarebbe nato il nuovo Partito socialista con l'esclusione degli anarchici[22]. Nonostante la rottura, Turati non riuscì a portare il partito sulle sue posizioni a causa della persistente presenza operaista. Tuttavia, raggiunse il suo obiettivo principale, ossia quello di imprimere alla nuova organizzazione i principi riformisti attraverso due emendamenti, con i quali si specificava che le politiche del partito avrebbero dovuto mirare alla realizzazione di obiettivi economici e politici.

Il principale obiettivo economico doveva coincidere con una maggiore lotta per la crescita dell'occupazione, al fine di migliorare le condizioni immediate della classe lavoratrice, sotto la guida delle organizzazioni dei lavoratori. Il principale obiettivo politico doveva essere quello di organizzare la lotta per acquisire il con-

---

[18] «La lotta di classe», 30-31 luglio 1892.
[19] K. Marx, *Critica al Programma di Gotha*, in K. Marx, F. Engels, *Opere scelte*, a cura di L. Gruppi, Editori Riuniti, Roma 1979; A. Labriola, *Lettere a Engels*, Rinascita, Roma 1949.
[20] La lotta di classe, *Il programma di partito*, in «La lotta di classe», 13-14 agosto 1892.
[21] La lotta di classe, *Lo statuto del partito*, in «La lotta di classe», 13-14 agosto 1892.
[22] Cortesi, *La costituzione*, cit., pp. 141-149.

trollo dell'organizzazione statale e trasformare le sue istituzioni da mezzi di oppressione in strumenti per l'espropriazione della classe dominante[23].

Le questioni cruciali erano due. La prima riguardava il rapporto con i gruppi politici dei borghesi progressisti: era lecito allearsi con loro oppure bisognava respingere ogni possibile intesa e marciare da soli? L'altra questione, non meno delicata, riguardava il rapporto tra il partito e i deputati eletti in parlamento.

La risposta al primo interrogativo si ebbe al congresso di Reggio Emilia del settembre 1893, dove una forte maggioranza si schierò in favore di una totale intransigenza politica. Quando si arrivò al voto, Turati si trovò in minoranza, ma accettò la decisione per ragioni tattiche, convinto che l'intransigenza politica sarebbe stata una fase temporanea utile a mettere in luce le differenze tra i socialisti e le altre forze di sinistra, mentre il partito maturava proseguendo nel suo processo di fondazione.

Quanto al rapporto tra i socialisti eletti in parlamento e il partito, il congresso stabilì che questi ultimi avrebbero dovuto attenersi alle direttive del Comitato centrale. Queste decisioni non furono applicate subito a causa della repressione governativa che colpì la nuova organizzazione, ma, più ancora, perché non trovarono il sostegno di Turati: questi, infatti, concepiva la collaborazione di classe come una caratteristica permanente della politica socialista, e nei deputati vedeva un centro di elaborazione politica meglio equipaggiato rispetto al Comitato centrale o ai delegati congressuali[24].

I rivoluzionari, Mussolini in testa, avrebbero dal canto loro contrastato la linea di Turati su tutti i punti.

Il periodo tra il 1894 e il 1901 vide una forte reazione governativa contro i socialisti. Turati, muovendo alla ricerca di alleati, incoraggiò la politica di avvicinamento ai democratici radicali che disapprovavano la politica del governo, ma la resistenza del nuovo partito alle alleanze fu talmente energica che Turati e Kuliscioff dovettero richiedere – come già detto – il sostegno di Friedrich Engels, incassato il quale, il partito consentì a Turati di provare a percorrere

---

[23] Il resoconto stenografico si trova in «La lotta di classe», 20-21 agosto 1892. Vedi anche Cortesi, *La costituzione*, cit., pp. 151-172.
[24] Di Scala, *Dilemmas of Italian Socialism*, cit., pp. 22-24.

la strada delle alleanze, rifiutando, tuttavia, questa strada come un metodo stabile e duraturo di condurre la politica socialista.

Contro le rivolte del maggio 1898, il governo fece ricorso all'intervento dell'esercito, che provocò la morte di molti manifestanti. Le porte del carcere si aprirono anche per uomini politici di spicco, in una deriva autoritaria in cui non mancò il tentativo di imprimere una svolta illiberale alla Costituzione.

Questi eventi culminarono nel 1900 con l'assassinio di re Umberto I e con uno sciopero generale contro la politica del governo Saracco. Nel febbraio 1901 si giunse alla formazione di un governo liberale guidato da Giuseppe Zanardelli e con ministro degli Interni il progressista Giovanni Giolitti[25], la cui esistenza dipendeva dal voto di fiducia dei socialisti e degli altri partiti dell'estrema sinistra.

Il 7 marzo 1901 Turati convinse i deputati socialisti a votare la fiducia al governo, ma il 29 maggio la direzione del partito stabilì che i deputati avrebbero dovuto limitarsi a votare in favore di singoli provvedimenti legislativi, senza però votare la fiducia al governo[26]. Turati si oppose, illustrando la necessità e l'urgenza di votare per il governo al fine di prevenire una svolta reazionaria e portare avanti importanti riforme socialiste. Al termine di un dibattito incandescente, i deputati socialisti violarono la direttiva della direzione e votarono la fiducia al governo. Questa frattura diede inizio a uno scontro permanente nel partito[27].

Mussolini, giovane socialista

Mentre i deputati socialisti votarono in favore del governo, il giovane socialista Mussolini era maestro in una scuola elementare. Dopo il luglio 1902, si trasferì in Svizzera, dove si immerse nella politica socialista tra gli emigranti italiani, sostenendo misure politiche estreme e intransigenti. Scrivendo del congresso dei socialisti italiani in Svizzera, per esempio, elogiò «Avanguardia

---

[25] Ivi, pp. 25-54.
[26] Partito socialista italiano, *Relazione della direzione del partito*, Imola, 6-7-8 settembre 1902, pp. 16-21.
[27] Di Scala, *Dilemmas of Italian Socialism*, cit., pp. 55-57.

socialista» per la sua lotta contro i riformisti che – diceva – collaboravano con i capitalisti, i quali speravano di prevenire l'espropriazione dei loro beni[28]. Mussolini dichiarò guerra totale ai riformisti, al governo parlamentare e alla democrazia. Scrisse in un articolo che la democrazia in Italia era troppo parlamentare, e, non avendo una politica propria, era costretta a seguire quella dei deputati. Con l'obiettivo di distogliere l'attenzione del proletariato dal lavoro concreto per attuare la rivoluzione, e fingendosi democratici, i deputati socialisti intendevano legiferare su tutto:

> I deputati socialisti dissero: lavoriamo, ché il paese aspetta! – ma vollero dire: legiferiamo! Così al lavoro socialista di critica, di sprone, di controllo venne sostituito il lavoro borghese delle riforme, nel tentativo di dare all'Italia una 'legislazione sociale.' La 'legiferomania' diventò epidemica. Ogni deputato socialista aveva il suo 'progetto di legge.' [...] E tutto ciò nell'indifferenza completa del proletariato[29].

Rientrato in Italia dopo il settembre 1904, prestò servizio nell'esercito e infine tornò a insegnare. Quando nel luglio il suo contratto di insegnamento terminò tornò a Dovia, vicino Forlì: qui infuriava una dura battaglia politica a causa dell'introduzione di nuovi macchinari che avevano accresciuto la disoccupazione nel campo dell'agricoltura, e Mussolini assunse un ruolo di primo piano nell'agitazione che sfociò in uno sciopero generale.

Mussolini non era interessato solo alla politica, ma anche al giornalismo. Dopo il periodo trascorso a Trento, dal febbraio al settembre 1909, aveva raggiunto una certa notorietà tra i socialisti della Romagna, e quelli di Forlì gli offrirono la direzione del loro nuovo giornale «La lotta di classe». Mussolini si rivelò un abilissimo direttore. Guidò i socialisti di Forlì contro i repubblicani e rifiutò la collaborazione con i gruppi di sinistra non socialisti. La sua carriera politica a Forlì può essere divisa in due fasi. Dal 1909 al 1910 consolidò il suo ruolo di segretario della Federazione socialista locale e guidò la lotta contro l'introduzione delle nuove macchine agricole. Tenne un breve discorso al congresso nazio-

---

[28] M.B. [Mussolini Benito], *Il congresso dei socialisti italiani in Svizzera*, in «Avanguardia socialista», 3 aprile 1904.
[29] Id., *Democrazia parlamentare*, in «Avanguardia socialista», 3 luglio 1904.

nale del 1910, e, subito dopo, fu invitato a rappresentare la sua provincia nella nuova frazione rivoluzionaria[30].

Una debolezza evidente della frazione rivoluzionaria era stata la mancanza di un capo, che ora sembrava colmata con l'ascesa di Giovanni Lerda[31]. Originario di Torino ed editore di spicco, Lerda, con la moglie svedese Oda Lerda Olberg, creò un Comitato centrale per coordinare la campagna contro i domini riformisti e stabilì una rete nazionale di corrispondenti in cui Mussolini rappresentava Forlì. Le posizioni di Lerda erano incentrate sull'intransigenza politica piuttosto che sulla violenza. Quando l'ala riformista si divise in riformisti di destra e riformisti di sinistra, Lerda simpatizzò con Turati, mentre Mussolini rispose guidando la Federazione di Forlì fuori dal partito, perché si opponeva a ogni forma di compromesso. Lerda fu anche un importante capo della massoneria, mentre Mussolini odiava i massoni: quando, nell'aprile 1914, al congresso nazionale socialista di Ancona, Mussolini riuscì a convincere i delegati a votare l'incompatibilità fra Partito socialista e massoneria, Lerda lascerà il partito.

Come leader riformista, Filippo Turati riteneva possibile un incontro con la posizione espressa da Lerda, basata su un'intransigenza politica senza violenza. Tra il 1905 e il 1912 i riformisti si erano divisi in riformisti di sinistra, guidati da Turati, e riformisti di destra, guidati dall'amico Leonida Bissolati. La ragione principale della divisione stava nella convinzione di Bissolati che una guerra europea fosse imminente e che l'ideologia socialista fosse antiquata nel suo modo di porsi verso i conflitti militari: gli eserciti erano fatti di lavoratori, i quali avrebbero risposto a una mobilitazione militare con uno sciopero generale, e, in ogni caso, non avrebbero sparato contro i loro confratelli lavoratori che combattevano negli eserciti nemici, piuttosto avrebbero rivolto le armi contro gli ufficiali borghesi.

Nel maggio 1905 Bissolati guidò una delegazione a Vienna per discutere le posizioni concrete dei Partiti socialisti italiano e austriaco nell'eventualità di una guerra tra i due paesi, che

---

[30] R. De Felice, *Mussolini il rivoluzionario, 1883-1920*, Einaudi, Torino 1965, pp. 22-86.
[31] Vedi F. Conti, *Lerda, Giovanni*, in *Dizionario Biografico degli Italiani*, Istituto della Enciclopedia Italiana, vol. LXIV, Roma 2005.

appariva sempre più probabile, nonostante la Triplice Alleanza. La delegazione socialista italiana rimase molto scossa quando seppe che i compagni austriaci non erano disposti, come invece gli italiani, a impegnarsi in uno sciopero nazionale in caso di una chiamata alle armi[32]. Bissolati e i suoi amici si convinsero allora che, nell'eventualità di una guerra fra gli imperi centrali e le democrazie occidentali, i socialisti avrebbero dovuto appoggiare il governo italiano se avesse deciso l'intervento dell'Italia a fianco delle potenze democratiche, perché il sostegno militare italiano sarebbe stato cruciale per salvare la democrazia stessa come forma di governo.

La posizione di Bissolati aveva lasciato attonito Turati, che in politica estera proponeva soluzioni pacifiste coerenti con l'ideologia socialista[33]. Il disaccordo sulla politica estera provocò un animato dibattito fra i due principali esponenti del riformismo socialista, che si accentuò ulteriormente nel 1911 in occasione della guerra di Libia, perché Bissolati, per ragioni strategiche, sostenne l'impresa coloniale e accettò di recarsi al Quirinale durante le consultazioni del re per la formazione di un nuovo governo. Tutto ciò scandalizzò i socialisti[34].

[32] *Il convegno italo-austriaco a Trieste*, in «Il Tempo», Milano, 13 aprile 1905. Vedi anche L'Italiano Errante, *Dissolvere, non risolvere*, nel numero del 6 maggio e i numeri di 23 maggio e del 23 ottobre 1906. Parte della documentazione si trova in L. Bissolati, *La politica estera dell'Italia dal 1897 al 1920. Scritti e discorsi*, Treves, Milano 1923, pp. 111-115, 126-138, 144-148, 160-163, 167-168. Vedi anche U. Alfassio Grimaldi, G. Bozzetti, *Bissolati*, Rizzoli, Milano 1983, p. 91. La reazione del gruppo di Turati si trova nell'articolo di C.T. [Claudio Treves], *Il convegno di Trieste e il riformismo*, in «Il Tempo», 25 maggio 1905.

[33] Il dibattito si può seguire leggendo queste fonti: C. Braccialarghe, L. Bissolati, *A proposito di patria e di guerra*, in «Avanti!», 7 aprile 1909; F. Turati, *Le spese militari: lettera aperta a Leonida Bissolati*, in «Critica Sociale», 16 aprile 1909; L. Bissolati, *Le spese militari e il Partito socialista: risposta a Filippo Turati*, in «Avanti!», 6 maggio 1909; La Critica Sociale, *Il partito socialista alla prova (seguito della polemica sulle spese militari)*, in «Critica Sociale», 16 maggio 1909; F. Turati, *Militaristi senza saperlo*, in «Critica Sociale», 1° maggio 1909. Vedi anche, per esempio, le lettere tra Turati e Kuliscioff del 21, 22 e 25 maggio 1908; 3, 4, 5, 6, 7 e 11 maggio, e 3 giugno 1909, in F. Turati, A. Kuliscioff, *Carteggio*, a cura di F. Pedone, 6 voll., in 9 tomi, Einaudi, Torino 1977, vol. II, t. II, 1900-1909, *Le speranze dell'età giolittiana*, pp. 889 sgg., 1057-1070, 1116-1118. Cfr. L. Valiani, *L'azione di Leonida Bissolati e il revisionismo*, in «Rivista Storica Italiana», 1959, pp. 654-663.

[34] Vedi G. Candeloro, *Storia dell'Italia moderna*, vol. VII, *La crisi di fine secolo e l'età giolittiana*, Feltrinelli, Milano 1974. Per capire il cambiamento che era in corso nella Triplice, vedi S.M. Di Scala, *Makers of the Modern World: Vittorio Orlando*.

Gettando benzina sul fuoco, Mussolini predicava una forma di socialismo antimilitare e antibellica, sebbene violenta. In quel periodo, il suo punto di riferimento era la sinistra organizzata da Lerda, il quale si opponeva alla guerra e considerava l'atteggiamento verso il governo troppo accondiscendente, ma non predicava la violenza e nemmeno un'intransigenza di principio. Dal canto suo, Turati era contrario alla guerra, e pur affermaando che i socialisti potevano collaborare con la borghesia, non era tuttavia disposto a farlo a qualunque costo, nonostante le accuse contrarie.

Insomma, la possibilità di un compromesso tra Turati e Lerda esisteva, e Turati cercò di realizzarlo ma senza successo, a causa sia dell'opposizione di capi come Mussolini, che, dopo lo scoppio della guerra di Libia, diventava sempre più influente, sia per la confusione ideologica all'interno della sinistra socialista che Lerda non fu mai capace di risolvere.

Ad ogni modo, l'ala sinistra del Partito socialista rimase prevalentemente intransigente, senza mai essere rivoluzionaria[35]. Il 1° maggio 1911, il Comitato centrale della fazione rivoluzionaria iniziò a pubblicare un bisettimanale, «La Soffitta», diretto da Lerda e dalla moglie, autodefinito come «l'Organo della frazione rivoluzionario-intransigente». Nel suo primo editoriale Lerda lamentava la depressione, lo sconforto e la confusione in cui i riformisti avevano gettato il partito, ma mostrava una posizione ambivalente verso Turati, specialmente dopo che quest'ultimo aveva espresso una ferma opposizione alla guerra di Libia.

In risposta, Turati sperava si potesse realizzare una pacificazione tra i due gruppi, dal momento che la coalizione guidata da Lerda era contraria alla violenza, credeva nello sviluppo della legislazione sociale e condivideva l'idea che l'azione parlamentare poteva avere un ruolo importante nel migliorare le condizioni di vita del proletariato. La vicinanza all'ideologia riformista da parte del gruppo di Lerda provocò una divisione all'interno della frazione rivoluzionaria, con un gruppo che assunse una posizione più conciliante verso il riformismo, e un altro che invece lavorava

---

Italy, Haus Publishing, London 2010, pp. 16-33. Sulla partecipazione di Bissolati alle consultazioni, cfr. Alfassio Grimaldi, Bozzetti, *Bissolati*, cit., pp. 111-116.

[35] G. Arfè, *Storia del socialismo italiano (1892-1926)*, Einaudi, Torino 1965, pp. 165-166.

per una rottura, mentre Lerda interpellava eminenti socialisti stranieri nel tentativo di portare maggiore chiarezza nel dibattito[36].

Con l'avvicinarsi del congresso nazionale di Modena nell'ottobre 1911, il Comitato centrale dei rivoluzionari intransigenti cercò di impedire l'uscita dal partito dei membri più radicali della loro frazione[37]. Fra questi, il più tenace oppositore della linea conciliante verso i turatiani fu Mussolini, che capeggiò una rivolta contro il Comitato centrale. Egli auspicava di lasciare il partito insieme con tutta la sinistra guidata da Lerda, per fondare un partito socialista rivoluzionario, proseguendo la polemica contro la direzione eletta nel 1910; la sua retorica divenne più stringente dopo il marzo 1911, quando Bissolati fu ricevuto da Vittorio Emanuele III durante le consultazioni successive alla caduta del governo Luzzatti. Alla direzione del partito Mussolini inviò questo telegramma: «Liquidate giolittiano, monarchico, realista Bissolati o cinquanta sezioni Federazione forlivese abbandoneranno il Partito». Di fronte al rifiuto della direzione, l'11 aprile, l'assemblea della sezione socialista di Forlì, su proposta di Mussolini, votò unanime la propria autonomia dal Partito socialista. Il 23 aprile, il gruppo rivoluzionario in seno al Comitato centrale invitò le altre federazioni socialiste a non seguire il suo esempio per evitare di indebolire la frazione rivoluzionaria in vista del congresso imminente. Le altre federazioni socialiste seguirono il consiglio del Comitato centrale e Mussolini rimase isolato[38].

Nonostante ciò, l'incapacità della frazione rivoluzionaria di sviluppare una chiara ideologia – anche dopo un dibattito successivo al congresso di Modena[39] – lasciò la strada aperta all'ascesa

---

[36] A. Balabanoff, *Chi siamo e chi non siamo*, in «La Soffitta», 15 maggio 1911 e *Una pregiudiziale*, in «La Soffitta», 15 giugno 2011. Vedi anche G. Plechanoff, *Il caso Bissolati*, in «La Soffitta», 1° maggio 1911, e R. Luxemburg, *Rinascita socialista*, in«La Soffitta», 15 maggio 1911.

[37] *Atti ufficiali del Comitato C. della frazione*, in «La Soffitta», 15 giugno 1911, e *Il pensiero della frazione*, nel numero del 1° maggio 1911.

[38] De Felice, *Mussolini il rivoluzionario*, cit., pp. 95-100. Per il dibattito tra esponenti importanti della frazione rivoluzionaria-intransigente e Mussolini, vedi F. Ciccotti, *Per i... fuorusciti forlivesi: a Benito Mussolini*, in «La Soffitta», 15 settembre 1911; e A. Zerbini, *Verso la scissione?*, in «La Soffitta», 15 settembre 1911.

[39] G. Lerda, *Dichiarazione*, in «La Soffitta», 29 ottobre 1911; A. Balabanoff, *Seguiamo l'esempio*, in «La Soffitta», 19 novembre 1911; V. Badaloni, *Per il nostro programma*, in «La Soffitta», 12 novembre 1911; *Quel che ha detto il Congresso di*

nel partito di una personalità forte, con una demagogia aggressiva, quale era appunto Mussolini, che attendeva l'occasione favorevole per assumere un ruolo di capo a livello nazionale.

Il 29 settembre 1911, quando iniziò l'impresa coloniale, i riformisti promossero un'opposizione popolare alla guerra, ma questa loro iniziativa fu un insuccesso. La corrente di sinistra accusò i dirigenti del partito di non essersi impegnati abbastanza nell'organizzare le manifestazioni di piazza[40], affermando che la protesta riformista si era limitata a un semplice telegramma inviato ai capi della Seconda Internazionale per sostenere le proteste dei socialisti nelle città europee e alla pubblicazione di un pamphlet[41]. In breve, i rivoluzionari incolpavano i riformisti di aver operato in favore della guerra, sebbene Turati si fosse dichiarato contrario, schierandosi contro Giolitti e passando alla politica intransigente[42].

L'azione dei riformisti si rivelò impotente nel frenare la rapida crescita della frazione rivoluzionaria in seguito alla guerra di Libia: insuccesso attribuibile non solo alla mutata situazione politica, ma anche al peggioramento dell'economia dovuto all'interruzione del commercio con la Turchia e il Medio Oriente e della debole ripresa dalla recessione del 1907[43].

Modena, in «Critica Sociale», 1° novembre 1911; O. Lerda Olberg, *Tutti d'accordo*, in «La Soffitta», 12 novembre 1911, e *Scarammuccie... [Risposta all'Onorevole Filippo Turati]*, in «La Soffitta», 3 dicembre 1911; e G. Lerda, *Per parlar chiaro*, in «La Soffitta», 15 gennaio 1912.

[40] Il Comitato centrale della frazione rivoluzionaria intransigente del Psi, *Contro l'avventura di Tripoli: il nostro manifesto*; O.L., *Eran Pronti*; A.V., *Quella Direzione del Partito!*, in «La Soffitta», 1° ottobre 1911; A. della Seta, *Il navarca*; G. Lerda, *Vicolo cieco del... riformismo*, in «La Soffitta», 8 ottobre 1911.

[41] A.V., *L'ultimissima 'enormità' della direzione del partito*, in «La Soffitta», 19 novembre 1911; *La nostra dimostrazione contro la guerra in Campidoglio*, in «La Soffitta», 3 dicembre 1911.

[42] B. Vigezzi, *Il PSI, le riforme e la rivoluzione (1898-1915). Filippo Turati e Anna Kuliscioff dai fatti del 1898 alla prima guerra mondiale*, Sansoni, Firenze 1981, pp. 82-83.

[43] Di Scala, *Dilemmas of Italian Socialism*, cit., p. 139. Per il contesto politico, vedi M. Degl'Innocenti, *Il socialismo italiano e la guerra di Libia*, Editori Riuniti, Roma 1976.

La guerra alla guerra

Durante i mesi precedenti il congresso di Reggio Emilia, previsto per il 7 luglio 1912, la sinistra del partito denunciò con forza l'avvicinamento dei riformisti al governo e alla guerra. Il Comitato centrale rimproverò i deputati socialisti per l'eccessiva vicinanza al governo e si impegnò a riportarli sotto il suo controllo[44]. La risposta dei riformisti fu sorprendentemente passiva e inefficace, dal momento che alcune divisioni emersero anche nel gruppo di Turati[45]. Ciò nonostante, Claudio Treves cercò un compromesso con Lerda ritenendo moderate le sue posizioni. La frazione di sinistra, scrisse Treves, era divisa in due anime, quella «rivoluzionaria-riformista» di Lerda e quella «rivoluzionaria-rivoluzionaria» di Mussolini. Secondo Treves, Mussolini alimentava il concetto – ormai superato – della rivoluzione quale capovolgimento del capitalismo attraverso la violenza, mentre Lerda, come i turatiani, riteneva che il socialismo si potesse raggiungere attraverso le riforme[46], e, difatti, accettava l'idea delle alleanze politiche, ma con precise condizioni[47]. Nel 1912, anticipando un voto contro le alleanze politiche al congresso nazionale di Reggio Emilia, Lerda respinse la proposta di compromesso di Treves.

Quando il congresso ebbe luogo, fu immediatamente evidente la debolezza dei riformisti: gli oratori che cercavano di difendere le posizioni dei deputati socialisti furono circondati da ostilità[48]. Mussolini, parlando a nome della sinistra, denunciò quello che definiva «cretinismo». Secondo lui, il parlamento era uno strumento borghese preposto alla difesa della supremazia della classe dominante, pertanto inutile per il proletariato. Il suffragio universale, lodato dai deputati, era utile soltanto a prolungare la vita di istituzioni nefaste.

---

[44] Il Comitato centrale della frazione rivoluzionaria intransigente del Psi, *Ai socialisti d'Italia*, in «La Soffitta», 15 febbraio 1912; G. Lerda, *L'autonomia trionfante*, in «La Soffitta», 15 febbraio 1912; e *Verso il congresso*, in «La Soffitta», 4 marzo 1912.
[45] Di Scala, *Dilemmas of Italian Socialism*, cit., pp. 140-141.
[46] De Felice, *Mussolini il rivoluzionario*, cit., pp. 116-118.
[47] G. Lerda, *Il socialismo e la sua tattica*, Libreria moderna, Genova 1902, pp. 23-24.
[48] Psi, *Resoconto stenografico del XIII congresso nazionale*, Città di Castello 1913, pp. 13-18, 59-60.

Mussolini, inoltre, si sbarazzò disinvoltamente degli argomenti dei deputati socialisti, ai quali non riconosceva alcuna autonomia politica: essi avrebbero dovuto limitarsi a seguire la volontà delle sezioni del partito, sulla base delle decisioni della direzione. Li accusò poi di indifferenza e indisciplina: Bissolati, principale indiziato, e i suoi compagni Ivanoe Bonomi e Angiolo Cabrini, avevano persino osato congratularsi con il re per essere scampato a un tentato omicidio. L'attacco di Mussolini era diretto principalmente contro i deputati che avevano appoggiato la guerra in Libia: «C'è stato un uomo solo [...] che è rimasto al suo posto, che ha resistito alle violenze verbali ed idiote della maggioranza e costui è Filippo Turati»[49].

Bissolati si difese sostenendo l'approccio graduale al socialismo, necessario per preparare la partecipazione al governo. Disse di essere andato al Quirinale al solo scopo di esporre al re le riforme richieste dai socialisti, ma aveva rifiutato l'offerta di un ministero con portafoglio. Criticò inoltre tutti quelli che lo avevano biasimato per avere sostenuto la guerra di Libia, dichiarando che se i socialisti avessero fatto parte del governo, probabilmente non ci sarebbe stata nessuna guerra. Quando disse che Giolitti era il meno interessato a iniziare la guerra e che aveva già concesso delle riforme, i delegati inscenarono una protesta contro di lui[50].

Inutilmente Turati tentò un'opera di riconciliazione. Era consapevole che il partito si sarebbe esposto a un pericolo mortale se non avesse lasciato spazio alla diversità delle opinioni: «Eretici e ribelli, conosciamo il valore delle eresie [...] nel Partito». Ed ammise che i riformisti di destra erano stati troppo ottimisti riguardo alla collaborazione con il governo, confessando che egli stesso si era sbagliato su questo punto, ma che aveva cambiato idea già da un anno. Condannò di nuovo l'impresa coloniale, ribadendo che niente avrebbe potuto giustificare il coinvolgimento del proletariato in una guerra, e criticò il suo amico Bissolati per averla giustificata. Tuttavia non c'erano ragioni sufficienti per una spaccatura. La vera scelta era tra una rivoluzione impossibile e un nazionalismo moderato e democratico. La nascita di due partiti avrebbe sancito la morte del socialismo[51].

---

[49] Psi, *Resoconto stenografico del XIII congresso nazionale*, cit., pp. 69-72.
[50] Ivi, pp. 151-165.
[51] Ivi, pp. 187-199. Nelle sue lettere alla Kuliscioff, Turati criticava duramente

Il tentativo di Turati fu vano. Mussolini propose l'espulsione dei tre accusati, aggiungendo Guido Podrecca quando il suo nome fu gridato dal pubblico[52]. La mozione di Mussolini ottenne una netta maggioranza[53]. I quattro esponenti espulsi fondarono allora un proprio partito riformista.

Uscito vincitore dal congresso di Reggio Emilia, assurto a leader nazionale della frazione rivoluzionaria che aveva assunto la guida del Partito, Mussolini mirò subito a ottenere la direzione dell'«Avanti!» per assicurarsi una piattaforma da cui divulgare le proprie idee e stabilire contatti con la massa dei militanti. Il quotidiano era in difficoltà finanziarie; nell'aprile 1911, il direttore Claudio Treves aveva dovuto intraprendere un'azione drastica sollecitando la direzione a trasformarlo in una società per azioni, emettendo azioni per un milione di lire[54]. Tuttavia, nonostante i problemi finanziari, l'«Avanti!» aveva un enorme prestigio sia come quotidiano sia come organo ufficiale del partito. Ancor prima del congresso di Reggio Emilia, Treves aveva previsto che i rivoluzionari avrebbero puntato al controllo del giornale[55]: ma il ruolo clamoroso che Mussolini aveva avuto al congresso non fu sufficiente per bilanciare la forte diffidenza che anche i capi della sua stessa frazione avevano per le sue idee, la sua personalità e il suo status di *parvenu*. Pertanto, in un primo momento, rifiutarono di dargli la direzione, preferendogli Giovanni Bacci, nonostante fosse un giornalista con una salute precaria e una reputazione modesta.

La scelta di Bacci e la vicinanza ideologica di Lerda al riformismo di Turati fecero sì che Treves mantenesse il controllo effettivo del giornale dopo il congresso di Reggio Emilia. Le corrispondenze di Mussolini sull'«Avanti!» apparvero però sempre meno: segno evidente di un tentativo per estrometterlo dal giornale.

---

i deputati. Vedi la sua lettera ad Anna Kuliscioff del 29 febbraio 1912 in Turati, Kuliscioff, *Carteggio*, cit., vol. III, 1910-1914, *Dalla guerra di Libia al conflitto mondiale*, t. II, pp. 699-704.

[52] Psi, *Resoconto stenografico del XIII congresso nazionale*, cit., pp. 69-72.

[53] Ivi, pp. 111-113.

[54] G. Arfè, *Storia dell'Avanti!, 1896-1926*, 2 voll., Edizioni Avanti!, Milano-Roma 1956, vol. I, pp. 91-92.

[55] Lettere della Kuliscioff a Turati del 19 e del 23 giugno 1912, in Turati, Kuliscioff, *Carteggio*, cit., vol. III, 1910-1914, *Dalla guerra di Libia al conflitto mondiale*, t. II, pp. 739-740, 751-752.

Mentre continuava a pubblicare i suoi articoli sull'organo della Federazione forlivese da lui diretto, «La lotta di classe», Mussolini iniziò a collaborare con la rivista rivoluzionaria «La Folla», diretta da Paolo Valera, dove, con lo pseudonimo «L'homme qui cherche», iniziò a polemizzare con la gestione dell'«Avanti!», prendendo a pretesto le indennità richieste da uno dei collaboratori[56]. La nuova direzione del partito, preoccupata per le condizioni del giornale, offrì il posto di direttore a Gaetano Salvemini, un critico dei riformisti che però rifiutò, dichiarando di aver criticato i riformisti soltanto perché non erano abbastanza riformisti. Infine, all'inizio di novembre, il nuovo segretario nazionale Costantino Lazzari propose la direzione del giornale a Mussolini perché: «L'aggressività rivoluzionaria di Mussolini sembra [...] vigore rivoluzionario», e la proposta fu accolta all'unanimità[57]. La figura di Lazzari aiuta a comprendere alcuni aspetti della storia del movimento operaio italiano: privo di qualità particolari, il suo ruolo primario come segretario nazionale in questo periodo è rappresentativo dei limiti della sinistra rivoluzionaria[58].

Assunta ufficialmente la direzione dell'«Avanti!», Mussolini poteva finalmente comunicare direttamente con le masse anziché dover passare attraverso la mediazione del partito controllato dai riformisti, e dunque a lui ostile. La prima mossa di Mussolini fu quella di estromettere Treves[59]. Contemporaneamente, cacciò i riformisti che lavoravano nel giornale rimpiazzandoli con uomini a lui fedeli. Ottenne la collaborazione di firme straniere prestigiose, accrescendo così la circolazione del giornale (che raddoppiò fino a raggiungere le 60.000 copie circa). Pubblicava articoli che incitavano alla violenza e agli scioperi generali e si alleò con alcuni gruppi sovversivi fuori del Partito socialista – sindacalisti rivoluzionari, anarchici e repubblicani rivoluzionari[60]. Dal dicembre 1912, lo stile estremista di Mussolini permeò

---

[56] De Felice, *Mussolini il rivoluzionario*, cit., pp. 131-135.
[57] Arfè, *Storia dell'Avanti!*, cit., vol. I, pp. 102-105.
[58] Id., *Storia del socialismo italiano*, cit., p. 167. Cfr. F. Conti, *Lazzari, Costantino*, in *Dizionario Biografico degli Italiani*, Istituto della Enciclopedia Italiana, vol. LXIV, Roma 2005.
[59] Kuliscioff a Turati, 1° e 2 dicembre 1912, in Turati, Kuliscioff, *Carteggio*, cit., vol. III, 1910-1914, *Dalla guerra di Libia al conflitto mondiale*, t. II, pp. 767-773.
[60] De Felice, *Mussolini il rivoluzionario*, cit., pp. 157-176.

il giornale, suscitando il disappunto di Anna Kuliscioff: «Non so se tu leggi qualche volta l'"Avanti!', ma t'assicuro che diventa ormai illeggibile. Noioso, vuoto parolaio – un settimanale che esce tutti i giorni...»[61].

Ovviamente Kuliscioff era ben attenta a non rivelare i propri pensieri a Mussolini, che andava a trovarla per chiederle che cosa pensasse del giornale. Convinta che Mussolini dovesse essere sostituito come direttore, riteneva tuttavia che il tempo avrebbe lavorato in favore dei riformisti, dal momento che Mussolini aveva avuto guai legali per i suoi articoli violenti, ma anche perché la frazione, su cui poggiava il suo potere, era divisa e litigiosa[62]. Kuliscioff e la fazione riformista non avevano compreso quel che era avvenuto. Con Mussolini, l'«Avanti!» si era trasformato in un potente mezzo di propaganda per la diffusione delle idee rivoluzionarie tra le masse. Questo cambiamento spiega il tono degli articoli di Mussolini e il suo stile moderno: chiaro, diretto, frontale, che incitava le masse all'azione. La nuova aggressività dell'«Avanti!» raggiunse il suo apice nei giorni successivi al 6 gennaio 1913, quando una dimostrazione a Roccagorga (Frosinone) sfociò in un conflitto con la polizia in cui morirono sette persone. Mussolini si lanciò in una violenta campagna contro il governo accusandolo di avere commesso un «Assassinio di stato» e di aver adottato una «politica della strage». Scrisse che la gente aveva «il diritto di uccidere» perché era in corso una guerra tra la gente e il governo: «Il nostro è un grido di guerra. Chi massacra sappia che può essere a sua volta massacrato»[63].

I riformisti sferrarono un contrattacco durissimo contro Mussolini, condannando la violenza che predicava perché rischiava di riportare i socialisti ai metodi superati delle loro origini: le idee mussoliniane avevano un'impronta romantica, buttavano a mare la dottrina socialista, erano vecchie, inutili e assurde[64]. La conce-

---

[61] Kuliscioff a Turati, 11 dicembre 1912; vedi anche le lettere del 14 e del 15 dicembre 1912 in Turati, Kuliscioff, *Carteggio*, cit., vol. III, 1910-1914, *Dalla guerra di Libia al conflitto mondiale*, t. II, pp. 811-822.

[62] B. Vigezzi, *Giolitti e Turati. Un incontro mancato*, Ricciardi, Milano-Napoli 1976, t. II, pp. 408-409.

[63] L. Lotti, *La settimana rossa*, Le Monnier, Firenze 1965, pp. 30-31.

[64] La Critica Sociale, *"Ricominciamo, seguitando..." (a proposito di eccidi proletari)*, in «Critica Sociale», 16 gennaio-1° febbraio 1913.

zione che Mussolini aveva della lotta di classe era non-socialista e sfacciatamente nietzschiana, perché al posto dei lavoratori esigeva «guerrieri», i quali, scriveva Treves, «'sappiano i *grandi amori* e siano pronti ai *grandi sacrifizi*'. Ben conosciamo in queste espressioni il brillante e vano linguaggio della dottrina nietzschiana del 'superuomo' – dottrina individualistica, aristocratica di violenza, la quale, come risultato pratico, da una parte lusinga la elegante poltroneria degli insofferenti dei *piccoli sacrifizi*, ma quotidiani, che impone l'organizzazione; e, dall'altra, vota la classe lavoratrice al sistematico impoverimento dei suoi migliori, istigati a farsi massacrare via via nei tanti 'eccidii' che anticipano l'eccidio... supremo»[65].

Mussolini rispose utilizzando la sua retorica appassionata. Scriveva che il riformismo «accattone» nauseava i socialisti. Anziché illudere il proletariato, come facevano i riformisti, vogliano «prepararlo ed agguerrirlo per il giorno del 'più grande eccidio' quando le due classi nemiche si urteranno nel cimento supremo». A Treves, che aveva condannato le idee di Nietzsche, Mussolini rivolgeva l'accusa di voler distruggere l'eroismo socialista imponendo un liberalismo noioso. Un nuovo socialismo era alle porte, affermava Mussolini: un socialismo basato sulla fede e sull'audacia, precisamente quello che «i pratici e i pusillanimi credevano di aver sepolto per sempre». In appena un mese, ha osservato Luigi Lotti, i riformisti si erano improvvisamente trovati a fronteggiare la distruzione di un mito – la rivoluzione come intransigenza politica – e, a causa della reazione agli «eccidi» che sconvolgevano periodicamente la società italiana, non erano in grado di contrastare Mussolini con successo[66].

Dopo il dibattito iniziale sul massacro di Roccagorga, l'attenzione si spostò sulla battaglia imminente al congresso nazionale, che si sarebbe svolto ad Ancona dal 26 al 29 aprile 1914. I riformisti sostenevano di essere rimasti leali alla posizione della nuova maggioranza emersa dal congresso di Reggio Emilia, che, di fatto, non era molto diversa dalla loro se non per «momenti particolari e riserve particolari segnatamente a proposito di opinioni del giornale del partito». Non c'era contraddizione, perché i riformisti afferma-

---

[65] C. Treves, *La politica della protesta*, in «Critica Sociale», 16 gennaio-1° febbraio 1913.
[66] Lotti, *La settimana rossa*, cit., pp. 37-39.

vano che la collaborazione politica e l'intransigenza erano tattiche che potevano essere adottate in momenti differenti, e che avevano resistito alle lusinghe di Giolitti dopo l'inizio della guerra di Libia. Essi insistevano sul valore della metodologia riformista confermata dalle riforme recentemente introdotte (nazionalizzazione delle assicurazioni sulla vita e suffragio universale) e sostenevano che era ora di porre fine al controllo rivoluzionario sul partito.

A causa di una malattia di Turati che durò alcuni mesi, nel periodo cruciale che precedeva il congresso, la guida dei riformisti fu assunta da Giovanni Zibordi, che era fortemente critico nei confronti della direzione rivoluzionaria e l'accusava di non esser riuscita a impedire al partito di scivolare nell'indisciplina, nella confusione, nell'opportunismo, nel sentimentalismo e nel romanticismo. I riformisti dichiaravano di credere nella sincerità di Mussolini, pur denunciandone la politica violenta: «Egli è sinceramente così, e sinceramente vive una seconda vita, quando vibra nel comizio, s'esalta nell'ardore della folla, s'illude e si inebria se vede in piazza cento persone che gridano. Allora scrive, *ab irato*, quegli articoli o quelle frasi, di cui non sembra ricordarsi in altri momenti dell'opera sua, o quando alcuno gli chieda conto di quegli impulsi». Nella sua ossessione rivoluzionaria, Mussolini confondeva il socialismo con il repubblicanesimo e il sindacalismo rivoluzionario, riportando il socialismo alla sua preistoria, «quando socialismo, repubblica, umanitarismo, anticlericalismo e democrazia formavano una sola insalata russa, con salsa piccante di barricate che si sognavano sempre e non si facevano mai». I riformisti chiedevano soltanto che i socialisti tornassero a essere se stessi, che l'«intransigenza» non esprimesse soltanto la fine delle relazioni con ogni settore della borghesia, persino quella parte alla quale attribuivano grande valore. Durante questo breve periodo che precede la Prima guerra mondiale, prevalse in Italia un orientamento conservatore, che Zibordi citò come causa del passaggio dalla politica alla politica dell'intransigenza rivoluzionaria[67].

I riformisti denunciavano Mussolini perché affermava che una rivoluzione vittoriosa era possibile se fosse stata guidata da una

---

[67] G. Zibordi, *Verso il congresso*, in «Critica Sociale», 16-30 aprile 1914. Vedi anche il suo *Quel che dovremo dire ad Ancona 1*, in «Critica Sociale», 1°-15 aprile 1914.

minoranza socialista cosciente. Questa fiducia nelle élites era considerata una «pericolosa teoria» favorita dai conservatori e da altri nemici del socialismo[68].

La lotta di Mussolini contro i riformisti e il modo in cui diresse l'«Avanti!», conferendogli uno stile accentuatamente estremista, fecero sì che le divisioni profonde fra gli stessi «rivoluzionari intransigenti» giungessero al culmine. La direzione del partito cercò di intervenire contro Mussolini, che reagì dimettendosi da direttore dell'«Avanti!», dimissioni che ritirò solo quando la direzione desistette dall'attacco nei suoi confronti[69]. Superata questa crisi, Mussolini puntò a conquistare la leadership della frazione rivoluzionaria al successivo congresso di Ancona.

I riformisti, provati dalla sconfitta subita a Reggio Emilia e dalla lunga malattia di Turati, si dimostrarono incapaci di tornare alla ribalta. Ad Ancona, come abbiamo già accennato, Mussolini fece approvare l'incompatibilità tra la militanza socialista e l'appartenenza alla massoneria, provocando l'uscita dal partito di Lerda. Dal congresso, il direttore dell'«Avanti!» uscì come il principale vincitore[70]. Come sostenne un editoriale sull'«Avanti!» del 1° maggio, col congresso di Ancona si rafforzava la «proletarizzazione» del socialismo italiano[71]: per parte sua, Mussolini era così giunto ad assumere il controllo del partito, raccogliendo i frutti della sua propaganda come direttore dell'«Avanti!». I riformisti, da parte loro, interpretavano l'esito del congresso di Ancona come un momento di transizione o di sosta, annunciando la loro opposizione a Mussolini. Essi consideravano l'esclusione dei massoni, che rappresentavano «la politica dei segreti», un fatto positivo ma di importanza secondaria, mentre le questioni più impellenti restavano aperte e la lotta proseguiva fra i due poli socialisti, ossia fra «*ribellismo* (passi il vocabolo) e *possibilismo*»[72].

---

[68] E. Marchioli, *Revisionismo e Rivoluzionarismo (A proposito di una conferenza di B. Mussolini)*, in «Critica Sociale», 1°-15 marzo 1914.
[69] Arfè, *Storia del socialismo italiano*, cit., p. 181.
[70] De Felice, *Mussolini il rivoluzionario*, cit., pp. 177-192.
[71] Editoriale «Avanti!», 1° maggio 1914.
[72] G. Zibordi, *Un congresso di transizione*, in «Critica Sociale», 16-31 maggio 1914.

Antimilitarismo e rivoluzione: la Settimana rossa

Nella ricerca di temi capaci di galvanizzare le masse, Mussolini si concentrò sull'antimilitarismo, che divenne presto il suo cavallo di battaglia.

Durante l'impresa di Libia, come leader dei socialisti di Forlì aveva partecipato allo sciopero generale contro la guerra insieme ai repubblicani romagnoli, guidati da Pietro Nenni: per questo, entrambi furono arrestati e trascorsero alcuni mesi nella stessa cella. L'arresto di Mussolini era stato seguito da alcune dimostrazioni e dalla creazione di un comitato di difesa[73]. Durante il processo Mussolini aveva dichiarato di essere favorevole al sabotaggio della guerra. La Corte lo aveva condannato a un anno di prigione, ridotto poi a cinque mesi e mezzo da una sentenza di appello. Scarcerato nel marzo 1912, la prigionia gli aveva dato però una notorietà nazionale, favorendo il suo successo personale al congresso di Reggio Emilia[74].

Nel 1914, sull'«Avanti!», Mussolini riprese con vigore la campagna antimilitarista, affrontando la questione delle spese militari. Fino a quel momento, alcune ottime analisi sulle spese militari e sul ruolo dell'esercito nella società italiana non erano state prese molto in considerazione dalla stampa e nei congressi socialisti, ma ora Mussolini diede loro ampio spazio sull'«Avanti!»[75]. Giovanni Martinelli, un colonnello dell'esercito che scriveva con lo pseudonimo di Sylva Viviani, specializzato nella pubblicistica antimilitarista, fu l'uomo di punta della campagna dell'«Avanti!», con i suoi efficaci editoriali sulle questioni militari. Egli condannava le tendenze imperialistiche nel Mediterraneo, denunciava la partecipazione italiana nella corsa agli armamenti, e sosteneva che lo Stato schiacciava la parte più povera della popolazione spendendo proporzionalmente di più di ogni altra potenza in armamenti; infine, accusava i riformisti di essere corresponsabili di questo stato di cose. Viviani

---

[73] G. Tamburrano, *Pietro Nenni*, Laterza, Roma-Bari 1986, pp. 3-6, 10-29, 40-56.
[74] De Felice, *Mussolini il rivoluzionario*, cit., pp. 108-111.
[75] Vedi, per esempio, A. della Seta, *Il partito socialista e le questioni dell'antimilitarismo. Relazione sul tema spese militari ed antimilitarismo*, Coop. Tipografica Avanti, Roma 1910.

incolpava il governo di voler aumentare i soldati dell'esercito di un terzo e di prolungare a tre anni il periodo di leva: questi provvedimenti avrebbero gravato in modo intollerabile sui contadini e sui lavoratori, che costituivano la stragrande maggioranza dei soldati; tuonava altresì contro la brutalità dell'esercito nell'assegnare le sue reclute alle «compagnie di disciplina» per le più futili infrazioni del codice militare[76]. Per supportare la propaganda antimilitarista fra le masse, i socialisti si appoggiavano, più che in passato, alle loro organizzazioni giovanili, che contavano circa 10.000 iscritti[77].

Nonostante le differenze, Mussolini condivideva l'intransigente antimilitarismo con i repubblicani guidati da Nenni e gli anarchici guidati da Errico Malatesta, come apparve evidente in occasione di una manifestazione organizzata da Malatesta e Nenni ad Ancona il 7 giugno per protestare contro la punizione di due soldati assegnati alle compagnie di disciplina perché avevano scritto una lettera ad un giornale antimilitarista. La Camera del Lavoro di Ancona non solo scelse la data del 7 giugno, giorno della festa nazionale dello Statuto albertino, in cui erano affermati i diritti civili dei cittadini, ma decise di coordinare la sua azione con le Camere del Lavoro di altre città italiane, chiedendo loro di organizzare pubbliche manifestazioni di protesta nello stesso giorno. Allarmati da un simile piano d'azione per incitare i soldati all'insubordinazione e i cittadini all'odio contro l'esercito, il presidente del Consiglio Antonio Salandra, succeduto a Giolitti nel marzo precedente, ordinò ai prefetti di proibire tutte le dimostrazioni antimilitariste previste per il 7 giugno[78].

Vietato il comizio pubblico, i socialisti, i repubblicani e gli anarchici di Ancona organizzarono una riunione privata nella Villa Rossa, il quartier generale dei repubblicani, cui presero parte seicento persone. Quando i partecipanti lasciarono la sala, furono circondati dai carabinieri, che bloccarono la strada per prevenire qualsiasi tentativo di turbare la celebrazione della giornata dedi-

---

[76] Editoriali dell'«Avanti!» del 3, 7, 8 aprile e del 4, 11 e 15 maggio.
[77] S. Viviani, *Antimilitarismo prima del Congresso di Reggio Emilia e dopo quello di Ancona*, Tipografia Ugo Polli, Firenze 1914.
[78] Camera dei Deputati, *Atti parlamentari – Legislatura XXIV – 1ª sessione – Discussioni – Tornata del 9 giugno 1914*, pp. 3863-3866.

cata allo Statuto. Ad un tratto, si udirono degli spari: tre dimostranti morirono e cinque rimasero feriti.

Era l'inizio della cosiddetta «Settimana rossa». Commentando l'eccidio sull'«Avanti!» il giorno dopo, Mussolini affermò che l'attacco della forza pubblica era stato del tutto ingiustificato e accusò le autorità di «assassinio di Stato», ordito dal governo che aveva deliberatamente alimentato la tensione fra i manifestanti e la forza pubblica, con l'intento di punire Ancona, «città ribelle». Mussolini riteneva un suo dovere dare il pieno sostegno alla reazione violenta dei lavoratori di fronte a una simile e intollerabile provocazione. La direzione socialista e la Confederazione generale del lavoro, guidata dai riformisti, proclamarono il 9 giugno lo sciopero generale, mentre dalle colonne dell'«Avanti!» il direttore tuonava dichiarando che i lavoratori accettavano la sfida lanciata dallo Stato che li falcidiava[79].

Mentre si svolgeva lo sciopero generale, in Emilia Romagna ci fu una mobilitazione di protesta che assunse l'aspetto di un'insurrezione. Socialisti, repubblicani e anarchici, accantonate le loro antiche rivalità, organizzarono dei comitati di azione per guidare la mobilitazione. Gli scioperanti attaccarono le truppe, invasero i negozi di armi, saccheggiarono le chiese e gli uffici governativi, bruciarono i treni nelle stazioni. Rivoluzionari su biciclette e motociclette crearono una rete di collegamento fra i centri della rivolta. Decine di migliaia di scioperanti si riunirono nelle piazze, e, incitati dai loro capi, occuparono punti sensibili con precisione militare, alzando barricate e isolando molti centri della regione dal resto del paese[80].

Nonostante ciò, la Settimana rossa non si trasformò in un moto rivoluzionario. La violenza della mobilitazione colse di sorpresa i leader nazionali della sinistra[81]. I ferrovieri, elemento cruciale in una rivoluzione, non furono compatti nell'adesione allo sciopero, mentre i dirigenti della Cgl proclamarono la cessazione dello sciopero per l'11 giugno, attirandosi le invettive di Mussolini, che accusò il sindacato di fellonia. Il governo tenne l'esercito fermo

---

[79] [Benito Mussolini], *Un efferato assassinio di Stato ad Ancona*, in «Avanti!», 8 giugno 1914.
[80] Lotti, *La settimana rossa*, cit., pp. 116-209.
[81] Arfè, *Storia del socialismo italiano*, cit., p. 182.

per ridurre la possibilità di morti tra i civili; del resto, quando si mosse, incontrò una debole resistenza.

In pubblico, Mussolini inneggiava alla Settimana rossa: era stato «il moto di popolo più grave che abbia scosso la terza Italia», scrisse il 12 giugno; «alla parola d'ordine lanciata dalla Direzione del Partito Socialista un milione almeno di proletari – la cifra è certo della metà o di un terzo inferiore al vero – è sceso ad occupare le strade e le piazze». Per di più, due differenze essenziali avevano contraddistinto la Settimana rossa rispetto a tutte le ribellioni precedenti: primo, la mobilitazione si era estesa nell'intera penisola coinvolgendo tutte le categorie dei lavoratori; secondo, lo sciopero era stato aggressivo, non difensivo. Di ciò, Mussolini rivendicava il merito all'«Avanti!» e a se stesso[82].

I riformisti invece lo contestarono affermando che la Settimana rossa era la prova che i socialisti dovevano sostituire alla violenza della «teppa» l'azione parlamentare, compreso l'ostruzionismo, per poter conseguire i loro obiettivi, gli stessi perseguiti da Mussolini, cioè la difesa della libertà e la lotta contro l'imperialismo e il militarismo. La «teppa» era stata necessaria nelle rivoluzioni del passato, guidate dalle élites che utilizzavano la massa come carne da macello, e, purtroppo, gli anarchici e i sindacalisti rivoluzionari la pensavano ancora così, affermavano i riformisti, ma i socialisti non dovevano seguirli su questa strada: il movimento socialista internazionale concordava nel deprecare gli scioperi generali che sfociavano facilmente nella violenza di tipo anarchico, perché ciò dava alla borghesia il pretesto per sollecitare l'intervento delle forze dell'ordine. Di conseguenza, argomentavano i riformisti, «la lotta di classe in Italia deve necessariamente tendere a culminare nell'azione parlamentare piuttosto che nell'*azione diretta*. Pertanto, né sindacalisti, né anarchici, né (ancor meno) la *teppa*, sembrano servire la causa della rivoluzione socialista»[83]. A chi li accusava di rivolgere in tal modo una dura critica alle masse che avevano preso parte alla Settimana rossa, i riformisti replicavano che era rigorosamente marxista la condanna dei capi che soste-

---

[82] [Benito Mussolini], *Tregua d'armi*, in «Avanti!», 12 giugno 1914.
[83] Il Vice, *La 'Teppa' e la rivoluzione socialista*, in «Critica Sociale», 1°-15 luglio 1914. Vedi anche G. Zibordi, *Divagazioni di luglio sulle cose del Socialismo*, in «Critica Sociale», 16-31 luglio 1914.

nevano la teppa per i loro fini, mentre i rivoluzionari come Mussolini cancellavano i progressi che il pensiero di Marx aveva fatto fare ai socialisti, inducendo le masse a credere nella «taumaturgia dell'*Idea*» e «nei miracoli della *volontà*», ignorando così la realtà dei fatti e il contesto in cui agivano: «Si predica che, con l'*idea* e con la *volontà di rivoluzione*, anche con il più perfetto analfabetismo delle masse e con il più ancestrale patriarcalismo georgico, *la rivoluzione socialista si può fare*»[84].

Mussolini sull'«Avanti!» reagì alle accuse esaltando lo stato d'animo rivoluzionario dimostrato dalle masse durante la Settimana rossa, ma dovette poi pubblicamente ritirare l'accusa di fellonia lanciata contro Rinaldo Rigola, segretario nazionale della Cgl. In una riunione del 16 e 17 giugno, il consiglio nazionale della Cgl votò la fiducia ai suoi leader e deplorò le accuse di tradimento che erano state lanciate da Mussolini[85]. Il direttore dell'«Avanti!» dovette allora riconoscere che la decisione di far cessare lo sciopero generale, sollecitata da molte Camere del Lavoro, aveva in effetti evitato al proletariato una sconfitta umiliante. Anche i dirigenti rivoluzionari del Psi erano intervenuti per far cessare la mobilitazione delle masse, convinti che questa fosse destinata a fallire; criticarono inoltre il comportamento demagogico di Mussolini, ma alla fine furono costretti a difenderlo di fronte all'offensiva dei riformisti contro l'esponente più popolare della loro frazione[86].

Dando prova di notevole flessibilità tattica, Mussolini ammise che le critiche a lui rivolte non erano del tutto infondate: riconobbe che, in effetti, la rivoluzione non era imminente, ribadendo contemporaneamente la necessità di educare il proletariato alla rivoluzione e di impegnare il partito in una «revisione rivoluzionaria» del socialismo per preparare le masse alla lotta, tenendo conto, però, della realtà e delle forze in campo; tra l'altro, forse sbalordì gli stessi rivoluzionari quando affermò che per attuare la rivoluzione il proletariato aveva bisogno del sostegno di una parte dell'esercito. La Settimana rossa rimaneva comunque un'espe-

---

[84] Il Vice, *Involuzione Rivoluzionario. Revisione o riaffermazione della dottrina socialista*, in «Critica Sociale», 16-31 luglio 1914.
[85] L. Marchetti, *La Confederazione Generale del Lavoro, negli atti, nei documenti, nei congressi 1906-1926*, Edizioni Avanti!, Milano 1962, pp. 195-196.
[86] De Felice, *Mussolini il rivoluzionario*, cit., pp. 210-215.

rienza positiva, perché aveva rivelato la mentalità profondamente rivoluzionaria delle masse. Nella rivista «Utopia» – il quindicinale rivoluzionario da lui fondato alla fine del 1913 – scrisse che l'Italia aveva bisogno di una rivoluzione e l'avrebbe avuta. Che tipo di rivoluzione sarebbe stata? La risposta non era rilevante, perché tutte le rivoluzioni erano rivoluzioni sociali. D'ora in avanti, per Mussolini la rivoluzione divenne il suo obiettivo ultimo: tutto quello che contava era che il proletariato doveva armarsi per fare la rivoluzione[87]. Quella di Mussolini, ha scritto lo storico del socialismo Gaetano Arfè, «è una rivoluzione senza aggettivi, è la sua rivoluzione»[88].

Mentre incombeva l'inizio di una grande guerra europea, le due diverse visioni della rivoluzione – concepita dalla destra del Partito socialista come elevamento culturale graduale delle masse, e dalla sinistra come un rapido miglioramento basato sull'intransigenza politica – divennero irrilevanti, perché adesso a prevalere era una terza concezione: la rivoluzione violenta propugnata da Mussolini. Il direttore dell'«Avanti!» riduceva la rivoluzione a una lotta per il potere che le masse avrebbero potuto conquistare se si fossero unite, organizzate e armate, anche collaborando con i sovversivi non socialisti. E, infatti, dopo il giugno 1914, Mussolini si impegnò molto per consolidare l'unità d'azione fra i socialisti e gli altri gruppi rivoluzionari che avevano partecipato alla Settimana rossa, con lo scopo di preparare una rivoluzione. D'ora in avanti, per Mussolini rivoluzione e potere sarebbero stati sinonimi. Prima di tutto, bisognava attuare la rivoluzione, e, soltanto in un secondo momento, conquistato il potere, si sarebbe provveduto a ragionare sul modo in cui organizzare la nuova società[89].

L'opposizione alla guerra di Libia aveva persuaso Mussolini che l'antimilitarismo, con i suoi corollari dell'anti-imperialismo e dell'antinazionalismo, sarebbe stato il principio organizzatore della rivoluzione. Il fallimento della Settimana rossa e l'inizio della Grande Guerra lo avrebbero convinto che proprio la guerra era la

---

[87] Lotti, *La settimana rossa*, cit., pp. 259-263.
[88] Arfè, *Storia del socialismo italiano*, cit., p. 183.
[89] S.M. Di Scala, *"Red Week" 1914: Prelude to War and Revolution*, in F. Coppa (a cura di), *Studies in Modern Italian History From the Risorgimento to the Republic*, Lang, New York 1986, p. 131.

chiave della rivoluzione. Ma il riformista Zibordi si domandava se la politica rivoluzionaria di Mussolini fosse realmente in grado di interpretare la «folla» o almeno una parte di essa: era però sicuro che nemmeno uno dei cinquanta deputati socialisti concordava con Mussolini, e neppure la grande maggioranza dei direttori dei giornali socialisti nominati dai congressi regionali. Secondo Zibordi, se la direzione eletta al congresso di Ancona avesse avuto il coraggio di procedere alla votazione nominale, certamente non sarebbe prevalsa la posizione di Mussolini: «Non quella *delle sue esplosioni passionali*, e non quella delle meditate elucubrazioni dottrinali, con cui tenta di suffragare le prime»[90].

La conversione

Mussolini avrebbe cambiato la sua posizione sull'antimilitarismo, ma non sulla rivoluzione. Il 28 giugno 1914, l'assassinio dell'arciduca Francesco Ferdinando d'Austria e di sua moglie diede l'avvio alla crisi che avrebbe provocato la Grande Guerra. Quando la guerra iniziò, il governo italiano dichiarò la neutralità, rifiutando di seguire gli alleati della Triplice Alleanza, perché, spiegò, essi avevano trasformato il trattato da difensivo in offensivo[91].

L'antimilitarismo profondo delle masse socialiste, che Mussolini stesso aveva rafforzato, insieme con le tradizionali posizioni antimilitariste del Partito socialista, lo indussero a sostenere subito la neutralità assoluta dell'Italia. Fin dal 25 luglio, aveva intitolato *Abasso la guerra!* un violento editoriale dell'«Avanti!». Il Partito socialista avrebbe mobilitato il proletariato e usato ogni mezzo possibile, incluso lo sciopero generale, per impedire l'intervento dell'Italia in guerra. Tuttavia, quando la Germania invase il Belgio neutrale, e alcuni capi della sinistra denunciarono le atrocità tedesche, sostenendo che una vittoria tedesca avrebbe posto fine alla democrazia in Europa, il neutralismo assoluto di Mussolini

---

[90] G. Zibordi, *Continuando a discutere di cose interne di famiglia*, in «Critica Sociale», 1°-15 agosto 1914.
[91] S.M. Di Scala, *Neutrality or Intervention? Italy's Long Road to War*, in A. Sharp (a cura di), *28 June. Sarajevo 1914-Versailles 1919: The War and Peace that Made the Modern World*, Haus Publishing, London 2014, pp. 158-173.

iniziò a incrinarsi per diverse ragioni[92]. Innanzitutto si convinse che la guerra avrebbe dato ai socialisti rivoluzionari una buona opportunità di prendere il potere[93]. In Italia, l'idea che la guerra avrebbe favorito lo scoppio di una rivoluzione era stata introdotta dai sindacalisti rivoluzionari, con cui Mussolini era in stretto contatto, specialmente in un discorso pronunciato del capo dei sindacalisti rivoluzionari, Alceste De Ambris, il 18 agosto 1914[94]. In breve, la possibilità di un intervento italiano agitava la sinistra, alcuni socialisti cominciarono a criticare la politica della neutralità assoluta, e alcuni giovani socialisti discutevano della formazione di una legione di volontari pronti a combattere per la Francia.

Nel ribadire l'opposizione alla guerra, Mussolini tergiversava. Nel settembre 1914 consentì la pubblicazione sull'«Avanti!» di un articolo di Sergio Panunzio che definiva antisocialista la politica della neutralità, perché appoggiare la pace voleva dire appoggiare i conservatori e i capitalisti[95]. Alcuni giornali borghesi pubblicarono interviste e articoli di interventisti di sinistra, come Cesare Battisti, Giuseppe Lombardo Radice e Libero Tancredi [pseudonimo di Massimo Rocca], i quali rivelarono i dubbi espressi privatamente da Mussolini circa l'opportunità di continuare a mantenersi neutrali e la sua disponibilità a un intervento italiano contro gli imperi centrali[96].

Il 18 ottobre 1914, mentre la direzione del Psi si preparava a discutere la situazione, Mussolini pubblicò uno degli articoli più incisivi della sua carriera: *Dalla neutralità assoluta alla neutralità attiva e operante*. La neutralità assoluta, scrisse, era un modo per non affrontare il problema del ruolo del partito e delle masse socialiste in un momento decisivo per il futuro della democrazia e del socialismo stesso, che una vittoria degli imperi centrali avrebbe soffocato. Spiegò che, in effetti, la neutralità del Psi non era «assoluta» perché la maggioranza del partito era schierata con la Francia contro la Germania. La sua idea fondamentale era che la guerra sarebbe ugualmente scoppiata nel caso di una rivoluzione socialista, senza

---

[92] De Felice, *Mussolini il rivoluzionario*, cit., pp. 241-242.
[93] Vigezzi, *Il PSI, le riforme e la rivoluzione*, cit., pp. 127-128.
[94] De Felice, *Mussolini il rivoluzionario*, cit., pp. 235-238.
[95] Ivi, pp. 253-257.
[96] S. Panunzio, *Guerra e socialismo*, in «Avanti!», 12 settembre 1914.

considerare, poi, gli sforzi che le potenze conservatrici avrebbero messo in atto nel tentativo di restaurare l'antico regime.

I problemi nazionali comunque esistevano ed era inutile negarne l'esistenza, scriveva Mussolini, citando il problema delle terre irredente come esempio. Enumerava molti socialisti italiani e stranieri di indubbia lealtà alla causa socialista, che si erano pronunciati in favore di una guerra di difesa e per la salvaguardia della democrazia. Mussolini concludeva che i socialisti non potevano restare alla finestra a guardare, lasciandosi trascinare dagli avvenimenti, avevano invece il compito di guidare gli eventi drammatici che si stavano profilando[97].

Per ironia della sorte, circa un mese prima, il 21 settembre, la direzione del partito aveva incaricato Mussolini, Turati e Camillo Prampolini di scrivere la bozza di un manifesto contro la guerra. Con la solita energia, Mussolini aveva già preparato una bozza, accettata da Turati e Prampolini con pochi cambiamenti; Anna Kuliscioff lodò il linguaggio moderato e lo giudicò un buon lavoro[98]. Ma quando la direzione si riunì a Bologna il 20 ottobre, Mussolini ripudiò il suo stesso manifesto e presentò una mozione chiedendo che il partito si pronunciasse contro la neutralità; ricevette solo un voto a favore, il suo. A quel punto rassegnò le dimissioni da direttore dell'«Avanti!» e tornò a Milano, rendendosi conto che senza un giornale non aveva più una tribuna che gli permettesse di parlare al popolo.

Mussolini puntava adesso a fondare un suo giornale che gli permettesse di mettersi nuovamente in contatto diretto con le masse. Riuscì nella sua impresa, ma la provenienza poco chiara dei fondi, una parte dei quali venivano da industriali che miravano a ricavare profitti dalla guerra, sollevò l'ostilità dei compagni. «Il Popolo d'Italia» si autodefiniva socialista ed era favorevole all'intervento italiano. I compagni di Mussolini lo accusarono di tradimento e invocarono la sua espulsione per indegnità morale. Il 24 novembre 1914, durante una burrascosa riunione, la sezione milanese del Partito socialista decretò la sua espulsione, ratificata cinque giorni dopo dalla direzione.

---

[97] «Avanti!», 18 ottobre 1914.
[98] Turati a Kuliscioff, 21 e 22 settembre 1914, in Turati, Kuliscioff, *Carteggio*, cit., pp. 1182-1184.

A differenza di Mussolini, i riformisti rimasero coerenti nella loro posizione contraria alla guerra. La loro opposizione si basava non solo sulla tradizionale condanna socialista della guerra, intesa come conflitto interno alla borghesia, ma anche su ragioni pratiche. Turati aveva già spiegato le sue convinzioni sulla politica estera del paese e sulla Triplice Alleanza, durante un dibattito con Bissolati sulle spese militari nel 1909 e sulla crisi bosniaca, accusando allora il governo di voler sfruttare la crisi per incrementare le spese militari; ma Bissolati aveva obiettato sostenendo che l'orientamento dei socialisti austriaci dimostrava quanto fosse infondata la convinzione teorica che il proletariato internazionale si sarebbe unito per opporsi ad una guerra. Data questa situazione, gli italiani avrebbero dovuto appoggiare un aumento delle spese militari per poter avere un ruolo decisivo nella politica dello Stato liberale[99]. Turati aveva replicato che nessuno minacciava gli interessi vitali degli italiani e che il paese avrebbe potuto rimanere fuori da un conflitto europeo, perché la sua posizione geografica lo permetteva, mentre avrebbe dovuto rinunciare alle sue mire espansionistiche. Il ritiro dalla corsa alle armi avrebbe rafforzato il paese, perché i soldi, utilizzati per le riforme, avrebbero posto le basi di una società più equa e, di conseguenza, maggiormente interessata a potenziare la sua difesa. La guerra, invece, avrebbe reso impossibili quelle riforme che rappresentavano proprio la migliore difesa contro la violenza interna e l'attacco straniero[100].

Mentre le crisi internazionali aumentavano di numero e di intensità, «Critica Sociale» combatteva in prima linea contro la guerra, affermando che il conflitto non sarebbe stato di breve durata, bensì una catastrofe senza precedenti. Il proletariato avrebbe dovuto agire immediatamente, attenendosi a due principi: primo, i partiti socialisti avrebbero dovuto fare del loro meglio per assicurare la neutralità assoluta dei rispettivi paesi; secondo, il

---

[99] La Critica Sociale, *Il riformismo alla prova*, in «Critica Sociale», 1° novembre 1908; e C. Braccialarghe e L. Bissolati, *A proposito di patria e di guerra*, in «Avanti!», 7 aprile 1909.

[100] La Critica Sociale, *Il partito socialista alla prova (seguito della polemica sulle spese militari)*, in «Critica Sociale», 16 maggio 1909; e F. Turati, *Militaristi senza saperlo*, in «Critica Sociale», 1° maggio 1909. Di Turati vedi anche *Momento di sosta*, in «Critica Sociale», 16 giugno 1909.

proletariato avrebbe dovuto richiedere, per mezzo di un'azione coordinata, una conferenza internazionale con lo scopo di fermare la marcia verso la follia[101].

Anche dopo l'inizio della guerra, e dopo che l'Italia ebbe dichiarato la neutralità, «Critica Sociale» continuò a sviluppare argomentazioni serrate in favore della neutralità. L'economista Attilio Cabiati esaminò tutte le ragioni addotte dagli interventisti, tra le quali quelle che il militarismo sarebbe scomparso, dal momento che la Germania ne era la causa. Cabiati sfatò il mito della Germania militarista, descrivendo il militarismo come un fenomeno mondiale che aveva origine nell'attuale fase capitalistica della società. La corsa alle armi e la politica estera della Francia e della Russia mostravano che erano in errore coloro che attribuivano alla Germania la responsabilità della guerra. La Germania sapeva da molto tempo che francesi e russi spendevano ingenti somme per armarsi e che, tra il 1917 e il 1920, al termine degli armamenti, avrebbero attaccato la Germania.

Per quanto riguardava l'Italia, la Triplice Alleanza le consentiva di rimanere neutrale. Questo punto e la situazione militare dell'Austria facevano sì che la diplomazia avrebbe potuto risolvere il problema delle terre irredente; contrariamente a quello che asserivano i nazionalisti, una guerra con l'Austria non era necessaria per raggiungere un'eventuale soluzione del problema. A chi sosteneva che una vittoria contro l'Austria nella guerra avrebbe portato con sé la soddisfazione delle aspirazioni espansioniste dell'Italia nel Mediterraneo, Cabiati rispondeva che erano gli inglesi e i francesi che controllavano le aree che avrebbero potuto condurre all'espansione italiana nel Mediterraneo (Nizza, Corsica e Malta), e Francia e Gran Bretagna chiaramente non avrebbero mai ceduto i loro possedimenti all'Italia. Gli interventisti sostenevano che la guerra avrebbe potuto provocare lo smantellamento dell'impero austro-ungarico e l'intervento italiano avrebbe affrettato questa possibilità, ma Cabiati si domandava se la scomparsa dell'impero asburgico fosse veramente un vantaggio per l'Italia. Se si fosse indebolito troppo, l'impe-

---

[101] Il Vice, *L'ora tragica*, in «Critica Sociale», 1°-15 agosto 1914. Alla fine dell'articolo si legge questa nota: «P.S. La guerra è dichiarata...».

ro austro-ungarico sarebbe caduto sotto l'influenza tedesca; se fosse scomparso, il risultato forse sarebbe stato l'unificazione dell'Austria con la Germania. Se, invece, uno Stato slavo avesse rimpiazzato l'Austria, avrebbe cercato di riconquistare Trieste e l'Istria. Insomma, qualunque soluzione derivante da un tentativo italiano di annettersi Trieste e i suoi dintorni con la forza avrebbe comportato la costituzione di uno Stato che, dopo la guerra, sarebbe diventato nemico dell'Italia. In un passaggio profetico Cabiati scriveva: «Il possesso dell'Istria, quindi, può significare per noi la necessità di accrescere e rafforzare gli armamenti e di prepararci a una guerra pericolosa e a lunga scadenza. Il che renderebbe nullo il vantaggio economico di possedere Trieste, vantaggio già per altre ragioni problematico e sopra tutto di problematica durata»[102].

Gli argomenti della «Critica Sociale» in favore della neutralità contrastavano con le imperiose richieste di Mussolini di entrare in guerra, basate sulla vaga idea che la guerra avrebbe stimolato una rivoluzione. La sua inaspettata e clamorosa conversione all'interventismo rivoluzionario apparve un tradimento repentino agli occhi dei suoi compagni della sinistra del partito. I riformisti espressero chiaramente il loro dissenso. Di certo, colsero l'occasione per rinfacciargli la sua retorica violenta, come fece Zibordi in un articolo pieno di ironia, scritto dopo l'espulsione di Mussolini dal partito. Secondo Zibordi, il comportamento di Mussolini non era né una sorpresa né un tradimento: Mussolini rappresentava una parte del socialismo italiano e la sua posizione sulla guerra era un'estensione logica della sua precedente posizione sulla violenza. E infatti Mussolini appariva più logico dei suoi compagni che si lamentavano di lui: «Più assai che i suoi compagni di frazione – scriveva Zibordi – tentennanti fra l'intransigenza puramente elettorale e parlamentare, e il rivoluzionarismo d'azione». I riformisti non credevano che il socialismo potesse essere costruito sulle rovine provocate dalle catastrofi, e, per una loro coerenza, erano gli unici che potevano seriamente combattere la guerra[103].

---

[102] A. Cabiati, *Le ragioni della neutralità*, in «Critica Sociale», 16-31 ottobre 1914.
[103] G. Zibordi, *La logica di una crisi*, in «Critica Sociale», 16-30 novembre 1914.

Su questo punto, Zibordi sembrava aver ragione: Mussolini mirava a realizzare il socialismo prima attraverso la violenza e poi tramite la guerra, atto violento per eccellenza; e non aveva mai nascosto le sue intenzioni o i suoi metodi. E non per questo era un'aberrazione nella storia del socialismo: «Mussolini appartiene alla storia del socialismo d'ispirazione marxista»[104].

[104] G. Galli, *Storia del socialismo italiano*, Laterza, Roma-Bari 1983, p. 65.

SALVEMINI, MUSSOLINI E LA CRITICA ALLO STATO LIBERALE (1910-1914)*

di Charles Killinger

L'assassinio del leader socialista Giacomo Matteotti a opera dei fascisti nel giugno del 1924 spinse Gaetano Salvemini a chiedere le dimissioni del primo ministro Benito Mussolini, segnando allo stesso tempo il ritorno dello storico alla politica attiva in qualità di capofila dell'antifascismo fiorentino[1]. Arrestato e mandato in esilio, Salvemini divenne uno dei più ferventi nemici di Mussolini.

Ma c'è stato un periodo, precedente all'avvento di Mussolini al potere, durante il quale lo storico aveva avuto punti di vista vicini, sotto molti aspetti, a quelli dell'uomo che sarebbe diventato il duce, in particolar modo nella loro comune (sia pur divergente) posizione nei confronti della condizione, per loro deprecabile, del Partito socialista e dello Stato liberale. Negli anni che precedettero la Prima guerra mondiale, Salvemini invocò riforme importanti per rinnovare un sistema politico considerato ormai moribondo, e fece notevoli sforzi per trovare un'alternativa al consolidato predominio parlamentare di Giovanni Giolitti, da lui bollato come «Il Ministro della Malavita»[2]. Mentre Salvemini si sforzava di affermare il suo programma di riforme democratiche all'interno della frazione riformista del Partito socialista, Mussolini, come militante della frazione rivoluzionaria, agiva in senso opposto: osteggiava le riforme, definendole un tradimento della rivoluzione socialista, e intanto iniziava la scalata verso la direzio-

* L'autore ringrazia Pasquale Palmieri, per la traduzione di questo saggio.
[1] G. Salvemini, *Memorie di un fuoriuscito*, a cura di G. Arfè, Feltrinelli, Milano 1965, pp. 10-11.
[2] Id., *Opere*, vol. IV, *Il Mezzogiorno e la democrazia italiana*, t. I, *Il "ministro della malavita" e altri scritti sull'Italia giolittiana*, a cura di E. Apih, Feltrinelli, Milano 1962, pp. 73-141.

ne del partito, con il proposito di imprimere alla sua politica un orientamento decisamente rivoluzionario.

Da critici dello *status quo* dell'era giolittiana, Salvemini e Mussolini ebbero modo di manifestare in diverse occasioni la loro reciproca stima. Abbiamo diversi documentari utili a dimostrare e comprendere il rapporto fra i due, eppure gli studiosi non hanno dedicato molta attenzione a queste fonti. Questa negligenza è in parte dovuta all'ampio cono d'ombra proiettato dal fascismo sui rapporti fra Salvemini e Mussolini nel periodo giolittiano, rapporti che hanno finito per essre interpretati in modo eccessivamente schematico e semplicistico. Le loro scelte e i loro orientamenti sono stati considerati, in linea di massima, alla luce della loro successiva e aspra contrapposizione nel primo dopoguerra e durante il regime fascista. La storiografia del secondo dopoguerra ha riaffermato questo tipo di lettura, fino a quando Renzo De Felice, nel 1965, ha iniziato a riesaminare la biografia politica di Mussolini, aprendo la strada a una interpretazione più completa e più equilibrata del suo rapporto con Salvemini[3]. Se Mussolini era stato – come scriveva De Felice – un militante socialista, impegnato al pari di Salvemini in alcune battaglie comuni, i loro orientamenti politici e i loro rapporti personali potevano sicuramente essere compresi meglio inserendoli nel contesto degli anni prebellici, evitando distorsioni derivanti dai giudizi sui loro successivi rapporti negli anni del fascismo.

Di fatto, un'indagine delle convergenze e dei contrasti fra i due socialisti consente una migliore comprensione della loro biografia politica e, più in generale, del travagliato periodo nel quale vissero. Se poniamo la dovuta attenzione alle loro posizioni politiche, dobbiamo riconoscere che le loro critiche erano dirette contro bersagli comuni e che entrambi auspicavano un cambiamento radicale. Questi punti in comune appaiono ancora più significativi se consideriamo le profonde differenze che vi erano fra Salvemini e Mussolini, per quanto riguardava le loro esperienze di vita e i valori politici fondamentali della loro azione.

Inoltre, i repentini cambiamenti in corso in Italia nel primo decennio del Novecento, e alcuni gravi eventi nazionali e in-

---

[3] R. De Felice, *Mussolini il rivoluzionario, 1883-1920*, Einaudi, Torino 1965.

ternazionali accaduti dopo il 1909 – la guerra in Libia, la Settimana rossa, l'inizio della Grande Guerra – costrinsero i due a prendere posizione su questioni cruciali. I punti di convergenza e di divergenza fra il socialista democratico Salvemini e il più giovane socialista rivoluzionario Mussolini apparvero evidenti, per la prima volta, nel congresso nazionale del Psi del 1910, e successivamente si manifestarono attraverso la loro attività giornalistica. Salvemini fu un assiduo collaboratore de «La Voce» dal 1909 al 1911, quando fondò la rivista «L'Unità», da lui diretta fino al 1914. Mussolini, occasionale collaboratore della rivista di Prezzolini, espresse le sue idee attraverso i quattro periodici da lui diretti, in fasi successive, fra il 1908 e il 1914: «La lotta di Classe», «Avanti!», «Utopia» e, infine, «Il Popolo d'Italia». Abbiamo quindi una chiara e ampia documentazione delle posizioni ideologiche e politiche di questi due socialisti, che concordavano, sia pure con differenti motivazioni, nella polemica contro i riformisti del Psi, nell'opposizione intransigente a Giolitti e, in ultimo, nella campagna a sostegno dell'intervento italiano nella Grande Guerra.

Dal confronto fra i due appare chiaro come le idee di Salvemini fossero più stabili e coerenti, radicate nell'eredità della filosofia illuminista, rafforzate dalla disciplina del metodo storico ed empirico, temperate dalla più moderna analisi delle forze sociali. In alcuni casi Salvemini, come Mussolini, assumeva tuttavia posizioni estreme: ad esempio, nel 1890, mentre era studente a Firenze, fu attratto dal marxismo e, più tardi, radicalizzò i suoi punti di vista in risposta alla crisi costituzionale del 1898. Pur essendo prevalentemente un accademico, Salvemini utilizzò il giornalismo come strumento di partecipazione politica e di promozione del cambiamento. Scrisse di frequente, a intervalli regolari, di politica italiana, ma nessuno dei suoi contemporanei l'avrebbe mai definito un giornalista. Al contrario, come ha scritto De Felice, Mussolini fu «un grosso giornalista, uno dei maggiori del suo tempo», dotato di «una vera e profonda passione per il giornalismo che faceva tutt'uno con quella – non meno vera e profonda – per la politica»[4]. Secondo alcuni studiosi, anche l'ideologia socialista

---

[4] Id. (a cura di), *Mussolini giornalista, 1912-1922*, Rizzoli, Milano 2001, p. V.

di Mussolini aveva una sua coerenza[5]. Se non altro i suoi scritti «[riflettevano] le correnti intellettuali prevalenti» del tempo[6]. Mussolini aderì alla corrente rivoluzionaria fin dall'inizio della sua militanza socialista, rifiutando radicalmente il sistema costituzionale che Salvemini sperava invece di riformare e rinvigorire. Coerente all'impegno militante, il socialismo di Mussolini può essere meglio valutato se si prende in considerazione il continuo adattamento delle sue idee alle rapide trasformazioni dell'epoca. Nella sua concezione del socialismo, oltre al marxismo, Mussolini sintetizzò idee di varia provenienza – in particolare quelle di Friedrich Nietzsche, Vilfredo Pareto, Georges Sorel, Sergio Panunzio e Giuseppe Prezzolini –, avvalendosene per sviluppare la sua critica dell'Italia liberale e interpretare le situazioni nuove e le condizioni propizie ad attuare la sua concezione rivoluzionaria e a soddisfare le sue ambizioni[7].

Fra il pugliese Salvemini, nato a Molfetta nel 1873, e il romagnolo Mussolini, nato a Predappio nel 1883, completamente diverse erano state la formazione giovanile e le esperienze di vita prima del 1910, sulle quali influirono, per l'uno e per l'altro, eventi significativi sia nella sfera personale che psicologica. I due erano stati entrambi segnati da una gioventù vissuta in povertà, ma le differenti influenze familiari e culturali che avevano ricevuto li avevano in qualche modo condotti a diventare rappresentanti delle classi povere di due aree del paese ben distinte: il Mezzogiorno e l'Italia settentrionale. Per Mussolini, l'Italia settentrionale era rappresentata dal proletariato organizzato nelle industrie e nelle campagne, mentre per Salvemini il Sud erano i contadini disor-

---

[5] A.J. Gregor, *Young Mussolini and the Intellectual Origins of Fascism*, University of California Press, Berkeley-Los Angeles-London 1979, pp. 124, 237-251. Sull'interpretazione dell'ideologia socialista di Mussolini proposta da Gregor si vedano le recensioni di R. Sarti, in «The American Historical Review», febbraio 1981, p. 170, e C.F. Delzell, «The American Political Science Review», dicembre 1980, pp. 74-75.

[6] P. Corner, recensione di D.D. Roberts, *The Syndicalist Tradition and Italian Fascism* e Gregor, *Young Mussolini*, in «European History Quarterly», novembre 1981, pp. 409-412. Per un'attenta analisi della retorica del tempo, si veda W. Adamson, *The Language of Opposition in Early Twentieth-Century Italy*, in «The Journal of Modern History», vol. LXIV, n.1, marzo 1992, pp. 22-51.

[7] Ivi, pp. 24-26.

ganizzati di una colonia sottoposta allo sfruttamento economico operato dal Nord[8].

La loro gioventù fu segnata inoltre da temperamenti molto differenti: Salvemini, per esempio, non fu mai incline alla violenza, come lo fu invece Mussolini fin dall'adolescenza. Inoltre, Salvemini è stato criticato per l'inflessibilità e la mancanza di astuzia, mentre Mussolini, pur essendo un intransigente socialista rivoluzionario, fu sempre pronto ad adattarsi alle mutevoli situazioni della politica piegandole ai suoi fini. Di conseguenza, egli appare come una personalità dal «complesso e contraddittorio carattere», come lo definisce giustamente De Felice[9]. Invece Salvemini è stato da molti considerato una personalità trasparente e coerente, che accompagnava le sue rigorose analisi politiche con un'appassionata retorica e un moralistico senso di indignazione. Fuori da ogni conformismo, lo studioso spesso tendeva a personalizzare le questioni politiche, esigendo dagli alleati, nelle sue battaglie politiche, un certo rigore di idee e comportamenti talvolta superiore alle loro attitudini[10]. Salvemini provò a entrare anche nella politica attiva, candidandosi alle elezioni, solo per scoprire che era un mondo corrotto e poco attraente: «La politica, mio caro – scriveva a Giustino Fortunato il 29 ottobre 1910 –, mi fa schifo»[11]. Mussolini, invece, si muoveva agevolmente proprio nella politica attiva, in cui risultavano più efficaci le sue doti carismatiche e l'abilità manipolatrice. Nonostante queste profonde differenze di carattere, formazione e attitudine alla politica, fra i due non mancarono occasioni di collaborazione, fondate sia sulla loro costante opposizione allo Stato liberale sia sull'interesse di Mussolini a promuovere, sul piano sindacale, un'alleanza fra il proletariato

---

[8] G. Giarrizzo, *Gaetano Salvemini, la politica*, in G. Cingari (a cura di), *Gaetano Salvemini tra politica e storia*, Laterza, Roma-Bari 1986, p. 29.

[9] De Felice, *Mussolini il rivoluzionario*, cit., p. 63.

[10] A.W. Salomone, *Momenti di storia, frammenti di ricordi con Salvemini tra Stati Uniti e Italia*, in «Archivio Trimestrale», vol. VIII, luglio-dicembre 1982, pp. 3-4; E. Rossi, *Il non conformista*, in «Il Mondo», 17 settembre 1957, pp. 1-2; G. Spadolini, *Quattro ricordi di Salvemini*, in «Archivio Trimestrale», luglio-dicembre 1982, pp. 606 sgg.; E. Tagliacozzo, *Ricordo di Salvemini*, in «Rassegna storica toscana», aprile-giugno 1958, pp. 179-196; C. Killinger, *Gaetano Salvemini. A Biography*, Praeger, Westport (CT) 2002.

[11] Salvemini a Fortunato, 29 ottobre, 1910, G. Salvemini, *Opere*, vol. IX, *Carteggi 1895-1911*, a cura di E. Gencarelli, Feltrinelli, Milano 1968, p. 469.

settentrionale e i contadini meridionali. Per comprendere i motivi della loro collaborazione, al di là delle loro diverse personalità, è necessario ripercorrere brevemente le biografie dei due socialisti prima del loro incontro nella lotta politica.

Gaetano Salvemini: la giovinezza a Molfetta, sua città natale, in provincia di Bari. La madre gli leggeva classici della tradizione letteraria, mentre il padre, carabiniere, lo educava nella tradizione democratica del Risorgimento, raccontandogli le sue esperienze di volontario garibaldino. Queste suggestioni, che enfatizzavano il ruolo della democrazia mazziniana rispetto alla politica di Cavour e dei moderati piemontesi, costituirono il nucleo dal quale lo studioso sviluppò le sue idee politiche. Salvemini sviluppò fin da giovane una consapevolezza dell'oppressione e della povertà causate dal sistema latifondistico, insieme a un profondo rigetto per lo sfruttamento del territorio consumato da forze esterne, considerando quella piemontese solo come l'ultima di una lunga serie di dominazioni imposte alla popolazione meridionale. Fece le sue prime esperienze politiche come sostenitore di un parlamentare locale fautore di una riforma delle tariffe doganali e oppositore della Triplice Alleanza[12].

L'assenza di opportunità nella città natale lo condusse a Firenze grazie a una borsa di studio universitaria. Lì ebbe l'opportunità di sviluppare le sue relazioni politiche, in risposta alle sollecitazioni provenienti da una città e da un ateneo piuttosto vivaci sul piano intellettuale. Furono particolarmente importanti le influenze di alcuni professori, primo fra tutti Pasquale Villari, che lo iniziò al pensiero illuministico e stimolò il suo impegno nella sfera pubblica[13]. Così Salvemini fece proprie le idee e i valori dei Lumi,

---

[12] E. Tagliacozzo, *Gaetano Salvemini nel cinquantennio liberale*, La Nuova Italia, Firenze 1959; N. Bobbio, *Perché Salvemini*, in *Salvemini: una vita per la libertà*, Grafiche Printoffset, Roma 1971, p. 3; G. Salvemini, Prefazione a *Scritti sulla questione meridionale 1896-1955* (d'ora in poi *SSQM*), Einaudi, Torino 1958, p. XV; G. Salvemini, *Opere*, vol. VIII, *Scritti vari*, a cura di G. Agosti e A. Galante Garrone, Feltrinelli, Milano 1978, pp. 32-45; M.L. Salvadori, *Gaetano Salvemini*, Einaudi, Torino 1973, pp. 16-17; E. Rota, *Una pagina di storia contemporanea*, in «Nuova Rivista Storica», III, maggio-agosto 1919, p. 327.

[13] A. Galante Garrone, prefazione a Salvemini, *Opere*, vol. VIII, cit., p. 10; intervista con Michele e Hélène Cantarella, Leeds, Massachusetts 1979; G. Salvemini, *I miei maestri*, in *Scritti vari 1900-1957*, a cura di G. Agosti, Feltrinelli, Milano

ponendo il contratto sociale e i diritti individuali al centro della sua ideologia. Lesse e assimilò le opere dei positivisti e di Marx, anche se di quest'ultimo adottò l'analisi storica, più che la teoria rivoluzionaria. Discusse di volta in volta con i fratelli Mondolfo, Cesare Battisti e altri studenti gli articoli della «Critica Sociale» di Filippo Turati e gli scritti di Antonio Labriola[14].

Ugualmente importante fu la sua attività di ricerca, in particolar modo la sua tesi di laurea sulla lotta di classe nella Firenze del XIII secolo, che rinforzò le sue convinzioni sul peso delle diseguaglianze sociali nella storia italiana[15]. Fu all'università che Salvemini, divenuto ormai socialista, ma non marxista, aderì al Psi e cominciò a impegnarsi nell'attività politica, partecipando alle manifestazioni di protesta contro il governo di Francesco Crispi[16]. Dopo la laurea, mentre si guadagnava da vivere con vari incarichi di insegnamento, cominciò a pubblicare articoli ispirati al socialismo. «[Salvemini] mi pare avere una fissazione colla sua lotta di classe! Se piove, sarà per cagione della lotta di classe!», commentò scherzosamente Pareto leggendo un suo articolo[17].

Intorno ai 25 anni Salvemini aveva già consolidato le sue convinzioni politiche, animato soprattutto dalla volontà di lottare per superare la devastante povertà delle aree rurali del Sud. I moti di maggio del 1898, quando l'esercito sparò sulla folla che protestava a Milano, ebbero un'influenza importante, tant'è che lo portarono ad assumere una delle posizioni più radicali, fino a proporre a Turati, il quale durante la repressione fu imprigionato, di trasformare i moti di protesta in una rivoluzione. Ma Turati

1978, pp. 47-48; Id., *Pasquale Villari*, in Id., *Opere*, vol. VIII, cit., pp. 58-66. Cfr. E. Garin, *La cultura italiana tra '800 e '900. Studi e ricerche*, Laterza, Bari 1963, pp. 106-109.

[14] Salvemini, *Opere*, vol. VIII, cit., pp. 45-46; Tagliacozzo, *Gaetano Salvemini*, cit., pp. 11 sgg. Si veda anche H.S. Hughes, *The Sea Change: The Migration of Social Thought, 1930-1965*, Harper and Row, New York 1975, p. 86.

[15] La tesi fu pubblicata con il titolo *Magnati e Popolani in Firenze dal 1280 al 1295*, Firenze 1899, ora in G. Salvemini, *Opere*, vol. I, *Scritti di storia medievale*, t. I, *Magnati e Popolani a Firenze dal 1280 al 1295*, a cura di E. Sestan, Feltrinelli, Milano 1961. Si veda anche Salvemini, *Opere*, vol. VIII, cit., pp. 32-45, 55-56; Tagliacozzo, *Gaetano Salvemini*, cit., pp. 1-20; Salvadori, *Gaetano Salvemini*, cit., pp. 16-17.

[16] Tagliacozzo, *Gaetano Salvemini*, cit., pp. 18-19.

[17] C. Placci a Salvemini, 9 febbraio 1897, in Salvemini, *Opere*, vol. IX, cit., p. 44.

respinse la proposta, giudicandola velleitaria[18], per questo il giovane pugliese fu indotto a non impegnarsi più sulla lotta di classe in generale, ma a concentrare la sua azione sul perseguimento di specifici obiettivi politici. Salvemini non manifestò la stessa fiducia di Turati e dei riformisti verso la politica di Giolitti, che accusò di continuare a sfruttare il Sud assicurandosi una solida base elettorale nel Mezzogiorno attraverso l'esercizio della corruzione. Per questa ragione, Salvemini decise di promuovere una riforma del sistema elettorale per introdurre il suffragio universale. Nel 1901, lo studioso ottenne un incarico all'Università di Messina, dove iniziò il suo impegno per il suffragio universale, sfruttando la visibilità ottenuta nel settembre del 1908 al congresso del Psi. In un appassionato discorso in difesa del Mezzogiorno, che il partito sembrava aver messo ai margini della sua politica, disse ai delegati: «Dateci la sola prova di solidarietà utile che possiate darci; la sola prova di solidarietà degna di uomini liberi; aiutateci a diventar ieri, conquistando, nell'interesse nostro e vostro, il suffragio universale; e al resto penseremo noi (applausi prolungati)»[19]. Ma Turati e i dirigenti del Psi ignorarono la fervente perorazione salveminiana a favore del suffragio universale, perché erano convinti che l'allargamento del diritto di voto avrebbe indebolito il partito proprio al Sud, lasciando alla Chiesa cattolica e ai proprietari terrieri l'opportunità di manipolare le scelte dei contadini analfabeti.

Nel dicembre del 1908, la vita di Salvemini fu sconvolta da un evento traumatico: un terremoto distrusse la città di Messina e la sua casa fu ridotta a un cumulo di macerie. Lui sopravvisse, ma perse la moglie e cinque figli. Per molto tempo soffrì una grave depressione, che cercò di combattere concentrandosi sulla politica e sulla produzione scientifica, ma molti suoi amici dubitarono che fosse in grado di riprendersi[20]. Subito dopo il terremoto, quando era corsa voce che anche lui fosse morto con la famiglia, Mussolini mandò un telegramma, piangendo la perdita di «una delle più belle figure del socialismo italiano»[21].

---

[18] Turati a Salvemini, 4 maggio 1898; Salvemini a Placci, 27 maggio 1898, in Salvemini, *Opere*, vol. IX, cit., pp. 71-73.
[19] Id., *Opere*, vol. IV, t. 1, cit., p. 350.
[20] Salvadori, *Gaetano Salvemini*, cit., p. 22.
[21] L. Minervini, *Amico e Maestro. Ricordi di Salvemini*, in «Il Mondo», 22 settembre 1957.

Mussolini aveva allora 25 anni. Nato nella Romagna «rossa», fu iniziato al socialismo rivoluzionario da suo padre[22]. Dopo un'adolescenza tumultuosa, conseguì l'abilitazione all'insegnamento elementare e divenne un attivista nella sua regione natia. Durante il periodo in cui visse in Svizzera, fra il 1902 e il 1904, venne a conoscenza della teoria delle élites di Pareto, che non era un marxista, ma il giovane Mussolini ne apprezzava la polemica contro il socialismo democratico, l'umanitarismo e il parlamentarismo[23]. Successivamente, nel 1909, soggiornò per sette mesi in Trentino, un periodo importante per la sua formazione specialmente «dal punto di vista culturale ed ideologico»[24], come ha scritto De Felice, visto che a Trento Mussolini sviluppò le sue idee rivoluzionarie[25]. Sebbene vicino agli irredentisti trentini, come Cesare Battisti, Mussolini ritenne che i loro interessi fossero concentrati prevalentemente sulla preservazione dell'identità linguistica e il conseguimento di un'autonomia amministrativa[26].

Mentre era in Trentino, Mussolini manifestò il suo entusiasmo per le riviste fiorentine di avanguardia, in particolare «Il Leonardo» e «La Voce», e per i loro direttori Giovanni Papini e Giuseppe Prezzolini. Condivise lo spirito iconoclasta e l'idealismo della «Voce», orientata verso la formazione di una nuova élite, il rifiuto del positivismo, la critica del parlamentarismo e del socialismo riformista. Il richiamo a un «rinnovamento dell'anima italiana», presente negli scritti mussoliniani di questo periodo, indica la presenza di una sensibilità «vociana» e di una crescente ricerca di un percorso ideologico e politico alternativo al socialismo ortodosso. Nello stesso tempo, si oppose con vigore al nazionalismo e al patriottismo, associandoli nella condanna del giolittismo. In un manifesto pubblicato il 1° maggio 1909, Mus-

---

[22] B. Mussolini, *Opera Omnia* (d'ora in poi *OO*), a cura di E. e D. Susmel, La Fenice, Firenze 1951-63, 36 voll., vol. II, pp. 274-276.

[23] De Felice, *Mussolini il rivoluzionario*, cit., p. 38. In una recensione di G. Megaro, *Mussolini in the Making*, H. Mifflin, Boston-New York 1938, Salvemini non tenne in considerazione le influenze che Sorel e Pareto potevano aver avuto su Mussolini: cfr. *From Propaganda to History*, in «The Nation», 2 luglio 1938, pp. 19-21.

[24] De Felice, *Mussolini il rivoluzionario*, cit., p. 64.

[25] Ivi, p. 70.

[26] Mussolini a Prezzolini, agosto 1909, in E. Gentile (a cura di), *Mussolini e «La Voce»*, Sansoni, Firenze 1976, pp. 41-42.

solini esaltò l'internazionalismo socialista, contrapponendolo allo «sciovinismo nazionalista dalle bieche mire guerrafondaie»[27]. Secondo Emilio Gentile, Mussolini mostrò in questo periodo «una franca avversione per il nazionalismo», mentre mutuava da «La Voce» la simpatia per un certo tipo di «nazionalismo interno» volto al rinnovamento culturale[28], invece De Felice ha osservato che in quel periodo Mussolini «rimase internazionalista convinto, contrario ad ogni forma di "patriottismo"»[29].

Nel 1909, il pensiero mussoliniano conteneva molti riferimenti al sindacalismo, come risulta evidente, per esempio, dalla lunga recensione dedicata al libro di Prezzolini *La teoria sindacalista*, in cui esordiva domandandosi se il testo prezzoliniano fosse uno specchio fedele delle idee sindacaliste: «Io, sindacalista ormai da cinque anni, rispondo affermativamente»; sul piano morale, l'obiettivo dei sindacalisti, affermava Mussolini, era quello di creare un nuovo uomo, con un nuovo carattere e nuovi valori, e aggiunse: «Il sindacalismo non è di ieri o di oggi: sarà di domani»[30]. Secondo De Felice, la recensione «dimostra, senza ombra di dubbio, quanto Mussolini, in due anni o poco più, avesse modificato la sua primitiva posizione culturale ed ideologica»[31]. Il fatto che Mussolini si stesse allontanando dal socialismo era chiaro; meno comprensibile è la sua pretesa di essere un sindacalista, viste le sue «attitudini non propriamente connesse al sindacalismo», messo in discussione per le sue velleitarie pretese di costruire una nuova leadership elitaria alla guida del proletariato[32].

Altro tema dominante nell'attività giornalistica di Mussolini nei mesi del soggiorno trentino è la polemica rivoluzionaria contro la democrazia parlamentare. Sottolineando la futilità delle elezioni, Mussolini scriveva: «Il Popolo italiano che oggi corre alle urne, domani occuperà le piazze, sospenderà la vita nazionale, colpirà le fonti della ricchezza borghese colla proclamazione dello sciopero generale e porrà agli uomini alla testa delle istituzioni il supremo

---

[27] Mussolini, *OO*, vol. II, p. 101.
[28] Gentile (a cura di), *Mussolini e «La Voce»*, cit., p. 10; Mussolini, *OO*, vol. III, pp. 280-281.
[29] De Felice, *Mussolini il rivoluzionario*, cit., pp. 67-68.
[30] Mussolini, *OO*, vol. II, pp. 123-128.
[31] De Felice, *Mussolini il rivoluzionario*, cit., p. 67.
[32] Adamson, *The Language of Opposition*, cit., pp. 49-50.

dilemma: o rinnovarsi o morire!»[33]. Le elezioni erano un mero «episodio» nella vita del Partito socialista. I lavoratori italiani, non ancora dotati del potere necessario per ribellarsi alla società borghese, dovevano continuare a pianificare la rivoluzione sociale[34].

Nell'ottobre del 1909, trasferitosi a Forlì come segretario della Federazione socialista provinciale e direttore del suo giornale «La lotta di classe», Mussolini lanciò violente invettive contro Giolitti, definendolo «un anacronismo [...] una vergogna», un uomo che aveva «vituperato il socialismo puro dell'Internazionale»[35]. Giolitti rappresentava per Mussolini tutti i difetti e le carenze della democrazia parlamentare, era un corruttore del socialismo, visti i suo tentativi di collaborazione con i socialisti riformisti, anche loro bersaglio di feroci attacchi mussoliniani, i quali non risparmiavano neanche Arturo Labriola, definito «il volgarizzatore di Sorel», i sindacalisti che avevano trovato rifugio nelle «belle lettere» e i massoni. Più che una condanna del metodo e delle politiche giolittiane, l'attacco di Mussolini ai suoi tanti bersagli appariva piuttosto come una confusa e talvolta elementare offensiva contro i principali protagonisti politici dell'epoca. Nondimeno, proprio l'intransigente posizione antigiolittiana avrebbe contribuito all'incontro di Mussolini con Salvemini, in una concordia di vedute su alcune questioni, destinata a durare fino alla Prima guerra mondiale.

Ancora più importanti di questi attacchi giornalistici a Giolitti, fu il fatto che Mussolini rivendicò continuamente di essere un sindacalista e di voler incorporare elementi della teoria sindacalista nella sua retorica rivoluzionaria. Queste affermazioni evidenziano un contrasto di fondo con Salvemini, che rigettava la commistione fra sindacalismo e rivoluzionarismo, non solo dal punto di vista propriamente ideologico, ma anche per la sua insofferenza verso l'astrattezza ideologica e per il suo accentuato pragmatismo, ossia per il suo «concretismo», come fu definito. Il pensiero salveminiano non aveva nulla in comune con i sindacalisti, fatta eccezione per la condanna del giolittismo e del liberismo: la divergenza riguardava anche il suffragio universale, decisamente avversato da un teorico del sindacalismo rivoluzionario come Sergio Panunzio,

---

[33] Mussolini, *OO*, vol. II, p. 24.
[34] Ivi, vol. II, p. 28.
[35] Ivi, vol. II, pp. 258-260.

anch'egli nativo di Molfetta, che così scriveva chiaramente a Salvemini il 25 ottobre 1913: «Conoscete che avversario io sono del suffragio universale, che ucciderà ancora più lo spirito rivoluzionario del proletariato, specie agricolo. [...] Il Parlamento con o senza il suffragio universale è la tomba del socialismo»[36].

Proprio nel momento in cui Mussolini scriveva in maniera entusiastica della teoria sindacalista, Salvemini professava un socialismo pragmatico, decentralizzato e democratico[37]. Definiva il socialismo nei suoi termini più semplici: «chi lavora ha diritto a godere [per] intero il frutto del suo lavoro». Il resto, scriveva, era solo un «mito destinato a fallire»[38]. Così Salvemini evitava di lasciarsi coinvolgere nelle dispute interne al Partito socialista, incentrate sulle teorie sociali allora più in voga, per mantenersi sul terreno concreto delle riforme democratiche, come il suffragio universale, che riteneva più efficaci per l'emancipazione dei lavoratori e, soprattutto, dei contadini meridionali[39].

Nell'aprile del 1910, i socialisti di Forlì, guidati da Mussolini, invitarono Salvemini, che allora insegnava all'Università di Pisa, a tenere una conferenza sul suffragio universale e formarono una commissione per affrontare l'argomento[40]. Quello stesso mese, con una decisione che anticipò l'imminente congresso nazionale del Psi, oltrepassando l'opposizione di Turati, il gruppo parlamentare socialista votò a sostegno del governo di Luigi Luzzatti, nominato primo ministro nel marzo del 1910, dopo le dimissioni di Giolitti[41]. Il voto fece infuriare Salvemini, convinto che i socialisti stavano

---

[36] Panunzio a Salvemini, 25 ottobre 1913, in G. Salvemini, *Carteggio 1912-1914*, a cura di E. Tagliacozzo, Laterza, Roma-Bari 1984, pp. 425-426.

[37] Salvemini, *SSQM*, pp. 175-182; Salvemini a A. Ghisleri, 30 gennaio 1900, in Salvemini, *Opere*, vol. IX, cit., pp. 136-138; S.M. Di Scala, *Dilemmas of Italian Socialism: The Politics of Filippo Turati*, The University of Massachusetts, Amherst 1980, p. 114 (tradotto in italiano, con una prefazione di Giuliano Amato e una lunga introduzione dell'autore, con il titolo *Filippo Turati: le origini della democrazia in Italia*, Critica sociale, Milano 2007).

[38] Salvemini a R. Savelli, 26 luglio 1913, in Salvemini, *Carteggio 1912-1914*, cit., p. 357.

[39] L. Valiani, *Salvemini e il socialismo*, in A. Aquarone et al., *Gaetano Salvemini nella cultura e nella politica italiana*, Edizioni della Voce, Roma 1968, p. 81; G. Salvemini, *Quel che ci manca*, in «L'Unità», 26 dicembre 1913.

[40] Mussolini, *OO*, vol. III, p. 215.

[41] J. Miller, *From Elite to Mass Politics: Italian Socialism in the Giolittian Era, 1990-1914*, The Kent State of University Press, Kent (Ohio) 1990, p. 116.

di nuovo rinnegando i loro ideali per perseguire obiettivi non lungimiranti, indebolendo nello stesso tempo la sua campagna per il suffragio universale[42]. Mussolini e Salvemini condividevano inoltre l'opposizione al ministerialismo e, di conseguenza, erano concordi nell'esprimere un giudizio nettamente negativo sul voto di fiducia dato dai socialisti al governo, voto che per il giovane rivoluzionario romagnolo faceva tramontare ogni speranza rivoluzionaria.

Salvemini e Mussolini parteciparono al XI congresso nazionale del Psi che si tenne a Milano il 21-25 ottobre 1910. Mussolini era allora quasi sconosciuto nel partito, essendo soltanto il segretario di una federazione provinciale, quella di Forlì, e il direttore del periodico socialista locale. Al contrario, Salvemini era ben noto sia come dissidente sia come appassionato difensore del suffragio universale e del Mezzogiorno. Lo studioso sapeva che Mussolini stava sostenendo la necessità di un socialismo rivoluzionario, ma per lui ciò che contava era il suffragio universale e, su questo punto, le posizioni di Mussolini non erano ancora chiare. Mussolini aveva letto gli articoli di Salvemini apparsi sulla «Critica Sociale» e «La Voce»[43]. Il 5 marzo 1910, denunciando l'intervento dei «mazzieri» nelle elezioni meridionali, aveva citato favorevolmente il libro di Salvemini *Il Ministro della Malavita*, condividendo la condanna salveminiana della perversa macchina elettorale giolittiana, che lo storico aveva avuto modo di osservare personalmente in occasione della convalida dell'elezione del deputato pugliese Vito De Bellis: «La Camera italiana è un mercato coperto. E quando Gaetano Salvemini ci documenta il caso di Gioia del Colle, egli rende un pessimo servizio al parlamentarismo corrotto e corruttore»[44]. Di Salvemini, inoltre, Mussolini condivideva le critiche al partito per la sua propensione all'azione parlamentare, alla politica di Turati, e, come già detto, al ministerialismo di Bissolati e Bonomi. Gli attacchi di Salvemini al sistema delle cooperative riscuoteva

---

[42] Salvemini, *Opere*, vol. IV, *Il Mezzogiorno e la democrazia italiana*, t. II, *Movimento socialista e questione meridionale*, a cura di G. Arfè, Feltrinelli, Milano 1961, pp. 239-248, 354-358; Id., *In tema di riforma elettorale*, in «Critica Sociale», 16 gennaio, 1° e 16 febbraio 1911; G. De Caro, *Gaetano Salvemini*, Unione tip.-ed. torinese, Torino 1970, p. 169.
[43] De Felice, *Mussolini il rivoluzionario*, cit., pp. 87-88.
[44] Mussolini, *OO*, vol. III, pp. 43-44.

altresì il consenso del socialista rivoluzionario Costantino Lazzari, che, come Mussolini, si accingeva a sfidare la leadership riformista di Turati[45]. Tuttavia, nonostante i motivi che lo univano a Lazzari, Salvemini si tenne distante dalla frazione rivoluzionaria: «Una mia partecipazione al lavoro del gruppo rivoluzionario – scrisse il 25 giugno 1910 – sarebbe un equivoco deplorevole sulle idee mie e su quelle dei rivoluzionari»[46].

Alla vigilia del congresso le aspettative di Salvemini erano grandi. Approfittando della mediazione di Anna Kuliscioff, convinse Turati a dargli spazio al congresso inserendolo fra i relatori principali. Fra urla di approvazione e disapprovazione, lo storico rimproverò al partito un eccessivo grado di autocompiacimento, ed ebbe modo di assodare che lo stesso Turati, nonostante le differenze tra loro, condivideva molti punti della sua critica, ma si accontentava di accettare la realtà dei fatti. Di fronte a una situazione nella quale l'obiettivo principale sembrava quello di ratificare le scelte politiche già compiute, protestò infine Salvemini, c'era da chiedersi quale fosse il valore del congresso[47].

La posizione al Salvemini divenne oggetto di numerosi commenti[48]: si cercava di capire dove lo si potesse collocare in un partito così diviso. Per parte sua, Salvemini confidò a un amico di trovare una collocazione a sinistra, considerando il fatto che Lazzari guidava l'estrema sinistra, mentre Bonomi e Bissolati erano i riferimenti della destra. Proprio Bissolati reagì al discorso di Salvemini criticando il suffragio universale a favore del ministerialismo e dell'azione parlamentare del Psi a sostegno del governo[49].

---

[45] Lazzari a Salvemini, 24 e 29 giugno 1910, in Salvemini, *Opere*, vol. IX, cit., pp. 450-52; G. Arfè, *Storia del socialismo italiano (1892-1926)*, Einaudi, Torino 1965, pp. 138-148; Di Scala, *Dilemmas of Italian Socialism*, cit., pp. 112-119.

[46] Lettera del 26 giugno 1910, Istituto Storico per la Resistenza in Toscana (Firenze), Archivio Gaetano Salvemini (d'ora in poi *AGS*).

[47] *Resoconto stenografico dell'XI Congresso Nazionale del Partito socialista italiano*, Roma 1911, pp. 59-70; G. Salvemini, *Suffragio universale*, Coop. Tip. «Avanti!», Roma 1910; L. Basso, *Gaetano Salvemini, socialista e meridionalista*, Lacaita, Manduria 1959, pp. 113 sgg.

[48] F. Pagliari a Salvemini, 2 luglio 1910, in Salvemini, *Opere*, vol. IX, cit., pp. 452-453. G. Lombardo Radice a Salvemini, 11 giugno 1910, in Salvemini, *Opere*, vol. IX, cit., p. 445.

[49] *Resoconto stenografico dell'XI Congresso*, cit., pp. 174-189; Arfè, *Storia del socialismo italiano*, cit., pp. 133 sgg.

Quanto al giovane Mussolini, al congresso di Milano fece un discorso confuso e privo di un vero nucleo tematico, criticando il parlamento e le varie frazioni socialiste, prima fra tutte quella maggioritaria riformista: «Agli oratori che mi hanno preceduto rispondo che anche senza deputati il Parlamento vivrebbe lo stesso; che il suffragio universale non dev'essere misura tanto rivoluzionaria dal momento che nazioni a impalcatura feudale cleric-militarista come Germania e Austria lo hanno in vigore; che la legislazione sociale è ben lungi dall'essere il socialismo»[50]. L'atteggiamento provocatorio di Mussolini urtò l'assemblea dei delegati[51]: le reazioni al suo discorso furono negative e molti alzarono addirittura la voce in segno di dissenso. Tuttavia, nonostante il suo intervento poco convincente, Mussolini aveva comunque imposto al partito – e quindi anche a Salvemini – di prendere in considerazione la sua figura di acceso esponente della sinistra rivoluzionaria.

L'esito del congresso fu deludente per Salvemini. Anna Kuliscioff lo aveva già avvertito che l'appello a favore del suffragio universale avrebbe avuto difficoltà a riscuotere il consenso dei delegati settentrionali[52]: infatti la votazione finale le diede ragione. La mozione «riformista dissidente» di Salvemini, presentata da Giuseppe Emanuele Modigliani, e la proposta rivoluzionaria di Lazzari furono entrambe battute dal programma moderato di Turati, che cercò di spingere tutte le frazioni verso una direzione comune[53]. Alla luce della frammentazione che caratterizzava il partito, Mussolini non esitò a definire le istanze unitarie come «feticismo assurdo»[54]. In seguito alla sconfitta congressuale, la frazione rivoluzionaria si riunì per preparare una strategia per il futuro, mentre Mussolini ancora una volta si mise in evidenza sostenendo la necessità di una scissione dal Psi. Ma Lazzari riteneva

---

[50] Mussolini, *OO*, vol. III, pp. 256-258.
[51] Megaro, *Mussolini in the Making*, cit., pp. 288-301.
[52] Kulisciof a Salvemini, 16 settembre 1910, in Salvemini, *Opere*, vol. IX, t. I, cit., p. 466.
[53] Arfè, *Storia del socialismo italiano*, cit., pp. 143-146; Basso, *Gaetano Salvemini*, cit., pp. 126-127.
[54] Mussolini, *OO*, vol. III, pp. 341-342, cfr. De Felice, *Mussolini il rivoluzionario*, cit., pp. 98-99.

tale mossa «prematura e pericolosa»⁵⁵, e la proposta di Mussolini raccolse difatti pochi consensi.

A qualche mese dal congresso la direzione del partito, ancora nelle mani dei riformisti di sinistra, sollevò Bissolati, il principale esponente del riformismo di destra, dall'incarico di direttore dell'«Avanti!» e offrì la direzione a Salvemini, nella speranza che la sua voce potesse controbilanciare il cauto riformismo di Turati. Ma Salvemini declinò l'offerta, sottolineando che la sua opposizione al segretario era basata non su un'istanza rivoluzionaria, ma sul fatto che il segretario non era abbastanza riformista. Preso atto di questa posizione, il partito affidò la direzione a Claudio Treves, il più stretto collaboratore di Turati.

Il congresso di Milano non sanò le fratture all'interno del partito. La disputa sul ministerialismo rimaneva sostanzialmente irrisolta, insieme ad altri punti di disaccordo. I nodi vennero di nuovo al pettine quando il governo Luzzatti propose una riforma elettorale. La situazione divenne ancora più spinosa nel 1911 col ritorno di Giolitti, il quale offrì un incarico ministeriale a Bissolati, che rifiutò, ma accettò di recarsi al Quirinale per le consultazioni del re: era il primo deputato socialista a varcare la soglia della reggia. Mussolini si oppose al ministerialismo, ritenendo che questa via compromettesse il carattere rivoluzionario del partito. Salvemini adottò la stessa posizione, ma per ragioni differenti: si sentiva lontano dalle posizioni di Bissolati e Bonomi, poiché riteneva che le loro istanze riformiste fossero destinate a favorire la «oligarchia privilegiata» dei lavoratori organizzati dell'industria settentrionale a danno di quelli meridionali. In un'intervista riprese alcuni punti già sviluppati nel corso del congresso di Milano ed espresse in termini perentori il suo *meridionalismo*: «Questi gruppi operai privilegiati vanno diventando i succhioni del proletariato e la guardia del corpo del parassitismo italiano contro la intera classe lavoratrice e contro il paese»⁵⁶.

In questa situazione, se consideriamo la grande attenzione di Salvemini per la questione del Sud e le sue polemiche nei confronti del primato settentrionale all'interno del partito e la confron-

---

[55] Mussolini, *OO*, vol. III, pp. 260-261.
[56] Salvemini, *Opere*, vol. IV, t. II, cit., p. 356.

tiamo con il programma rivoluzionario strenuamente sostenuto da Mussolini, dobbiamo necessariamente ammettere che l'idea di una durevole collaborazione fra i due fosse alquanto improbabile. Inoltre, Mussolini manifestò idee distanti da quelle di Salvemini allorquando, pur non essendo un sostenitore dell'integralismo, aveva collaborato con Modigliani e altri «integralisti» al congresso di Milano, mentre Mussolini riteneva che l'integralismo («il fritto misto con patate») fosse incompatibile con il socialismo[57]. Richiamandosi a Marx, Mussolini sosteneva che lo squilibrio economico fra ricchi e poveri non poteva essere superato dalla cooperazione fra le classi, ma solo dalla lotta di classe[58].

Ciò nonostante, dopo il congresso di Milano, vi furono ancora punti di incontro fra i due, specialmente quando Mussolini aderì agli sforzi dei sindacalisti per unire la classe proletaria del Nord e quella del Sud. Anche il ritorno al potere di Giolitti, il 30 marzo 1911, favorì nuovamente una temporanea vicinanza fra Salvemini e Mussolini, in particolar modo quando il primo ministro annunciò di voler difendere gli interessi coloniali italiani in Nord Africa.

Verso la metà dell'estate, l'idea di un intervento militare italiano in Tripolitania contro l'impero ottomano era fortemente dibattuta dalla stampa e riallineava diverse fazioni dello scenario politico, comprese quelle socialiste. In un articolo del mese di agosto pubblicato su «La lotta di classe», Mussolini auspicò un'opposizione con metodi rivoluzionari alla guerra: «Il proletario che segue le direttive socialiste risponderà collo sciopero generale. La guerra fra le nazioni diventerà allora una guerra fra le classi»[59].

Mentre si preparava l'impresa coloniale, Mussolini intensificò la sua opposizione in una serie di discorsi e articoli che richiamarono l'attenzione delle autorità italiane. A settembre, nel corso di una manifestazione a Forlì contro la guerra coloniale, Mussolini invitò Salvemini e altri «competentissimi studiosi» a protestare contro la guerra[60]. Il 27 settembre, insieme al repubblicano Pie-

---

[57] Mussolini, *OO*, vol. III, p. 254.
[58] Ivi, vol. III, p. 308.
[59] Ivi, vol. III, pp. 54-55.
[60] Ivi, vol. IV, p. 67.

tro Nenni, Mussolini fu il principale organizzatore dello sciopero generale a Roma contro la dichiarazione di guerra alla Turchia. In seguito alle violenze compiute durante lo sciopero, Mussolini e Nenni furono condannati al carcere per alcuni mesi.

Intanto anche Salvemini, che già dal 1° gennaio 1911 aveva lasciato il Partito socialista e la politica attiva, aveva reso pubblico il suo dissenso dall'impresa libica: avendo condotto una campagna decennale contro le avventure coloniali[61], sostenne che l'espansionismo era non solo negativo sul piano diplomatico, ma altresì dannoso per il bilancio dello Stato, poiché avrebbe costretto a limitare i progetti di riforma interni al paese[62]. Fra agosto e settembre del 1911, lo storico denunciò nei suoi articoli che il Nord Africa non era la «terra favolosamente ricca» descritta dai sostenitori della guerra, ma le voci di opposizione come la sua furono sovrastate dalla rumorosa propaganda imperialista dell'Associazione nazionalista italiana col suo giornale «L'Idea Nazionale», condivisa da gran parte della stampa liberale[63]. Quando Giolitti diede inizio alla guerra, e le forze italiane bombardarono e occuparono Tripoli nel mese di ottobre, Salvemini condannò duramente il Psi per l'«indifferenza» e il «silenzio» con i quali aveva assistito agli eventi[64].

La comune opposizione alla guerra di Libia non è sufficiente a definire il rapporto fra Salvemini e Mussolini: fra i due erano tanti i motivi di divergenza; per esempio, Salvemini ridicolizzò i socialisti rivoluzionari che, «scarsi di cultura [...] e privi del senso della realtà, vogliono [...] protestare, far baccano, prendersela con la infame borghesia. Sono buoni figliuoli [...] destinati a figurare accanto ai repubblicani nel museo dei fossili politici italiani»[65].

Inoltre, mentre Mussolini, una volta uscito di prigione nel

---

[61] B. Finocchiaro (a cura di), *L'Unità di Gaetano Salvemini*, Neri Pozza, Venezia 1958, pp. 14-15; Salvadori, *Gaetano Salvemini*, cit., pp. 79-81.

[62] G. Salvemini, *Opere*, vol. III, *Scritti di politica estera*, t. I, *«Come siamo andati in Libia» e altri scritti dal 1900 al 1915*, a cura di A. Torre, Feltrinelli, Milano 1963, pp. 3-16.

[63] G. Arfè, *Storia dell'Avanti!, 1896-1926*, 2 voll., Edizioni Avanti!, Milano-Roma 1956, vol. I, p. 93; Salvemini a P. Silva, 9 agosto e 29 settembre 1912, Salvemini, *Carteggio 1912-1914*, cit., pp. 190-191, 218-219.

[64] Salvemini, *Opere*, vol. IV, t. II, cit., pp. 498-509; Salvemini a O. Morgari, 13 settembre 1913, Morgari a Salvemini 19 settembre 1913, in Salvemini, *Carteggio 1912-1914*, cit., pp. 392, 397; De Caro, *Gaetano Salvemini*, cit., pp. 154 sgg.

[65] Salvemini, *Opere*, vol. IV, t. II, cit., p. 502.

marzo 1912, decise di rafforzare la sua posizione nella frazione rivoluzionaria per conquistare la direzione del partito, sostenendo lo sciopero generale come mezzo per dare impulso alla rivoluzione, Salvemini era uscito dal Psi già da un anno e rimaneva scettico sull'utilità dello sciopero generale

Anche i loro rapporti con «La Voce» e con il gruppo degli intellettuali vociani si trasformarono. Nella sua corrispondenza con Prezzolini, Mussolini scriveva di aver seguito «La Voce» anche dal carcere[66]; a sua volta, Prezzolini si confermava ammiratore di Mussolini, che aveva difeso al tempo della sua espulsione dal Trentino e invitato a collaborare alla rivista, affidandogli la preparazione di un libro sul Trentino visto da un socialista[67]. Invece, in quello stesso periodo, Salvemini cominciò a prendere le distanze dalla rivista di Prezzolini, che aveva deciso di sospendere la campagna di opposizione all'impresa coloniale per tutta la durata della guerra: dopo aver collaborato assiduamente a «La Voce» fin dall'inizio, fino a diventarne uno dei principali esponenti in materia politica, Salvemini non si sentiva più a suo agio fra artisti, filosofi e letterati, e tentò invano di convincere Prezzolini a dare maggiore spazio sulla rivista alla battaglia politica e alla campagna contro l'impresa coloniale. Il 28 settembre gli scrisse criticando i collaboratori che si opponevano a una intensificazione della politica sulla rivista, per preservarne il carattere culturale:

[I tuoi amici della *Voce*] pretendono che la *Voce* non se ne occupi per non fare politica spicciola: oppure se trovano che non è coltura occuparsi di Tripoli, ed è coltura occuparsi di Picasso; e se quest'indirizzo deve prevalere nella *Voce*, io ti dichiaro nettamente che fino da questo momento mi distacco nettamente da voi [...]. Per me la coltura vera oggi consiste nel parlare di Tripoli. Tutto il resto oggi non è cultura, è letteratura[68].

Dopo le risposte di Prezzolini, che riteneva ormai conclusa

---

[66] Mussolini a Prezzolini, 16 marzo 1912, in Gentile (a cura di), *Mussolini e «La Voce»*, cit., pp. 55.

[67] Mussolini a Prezzolini, 1° ottobre 1909 e 11 gennaio 1911, in Gentile (a cura di), *Mussolini e «La Voce»*, cit., pp. 43, 48.

[68] Salvemini a Prezzolini, 28 settembre 1911, in Salvemini, *Opere*, vol. IX, cit., pp. 506-507.

la campagna di opposizione alla Libia, il 22 ottobre 1911 Salvemini annunciò la fine della sua collaborazione[69]. Le distanze fra Salvemini e i vociani sulla guerra in Libia erano accentuate dalla consapevolezza salveminiana del crescente pericolo nazionalista, che si esprimeva attraverso l'Ani (Associazione Nazionalistica Italiana) e la stampa che sosteneva quegli orientamenti. Salvemini descriveva il movimento nazionalista come «i nostri *clerico-esterosindacal-nazionalisti*»[70].

Abbandonata «La Voce», ma conservando l'amicizia con Prezzolini, nel dicembre, grazie al sostegno finanziario di influenti meridionali, Salvemini diede inizio alle pubblicazioni di una sua rivista, «L'Unità»[71]. Per i successivi nove anni questo organo di politica democratica ebbe come fulcro il «radicalismo concreto» di Salvemini nel proporre soluzioni riformatrici come il suffragio universale, la riforma tributaria, la riforma scolastica, la revisione delle tariffe doganali[72]. «L'Unità», per riprendere le sue stesse parole, doveva essere «una scuola e una guida per gli scontenti e per i rinnovatori di tutti i gruppi democratici»[73]. E proprio quest'enfasi di Salvemini sui «gruppi democratici» segnava un importante punto di disaccordo con Mussolini, arroccato invece su posizioni decisamente antidemocratiche. Tuttavia, lo studioso era costretto ad ammettere che serviva un notevole coraggio per definirsi democratici «quando la democrazia è ridotta a quel che è oggi in Italia»[74].

Mentre Salvemini avviava una concreta esperienza democratica

---

[69] «La mia decisione di dividermi dalla *Voce* è oramai definitiva. Il contenuto di questi ultimi quattro numeri rivela negli altri della *Voce* uno stato d'animo, che non è assolutamente il mio», Salvemini a Fortunato, 21 ottobre 1911, Salvemini, *Opere*, vol. IX, cit., p. 541; Salvemini a Fortunato, in Salvemini, *Carteggio 1912-1914*, cit., p. 88.

[70] Salvemini a Silva, 9 agosto 1912, in Salvemini, *Carteggio 1912-1914*, cit., p. 190.

[71] Salvemini a Fortunato, 21 e 29 ottobre 1911, in Salvemini, *Opere*, vol. IX, cit., pp. 542, 543.

[72] C. Vasoli, *"L'Unità" di Salvemini*, in «Il Ponte», 1958, pp. 1382-1406; G. Sasso, *"L'Unità" di Gaetano Salvemini*, in «Nord e Sud», marzo 1959; R. Villari, *"Il meridionalista"*, in E. Sestan (a cura di), *Atti del Convegno su Gaetano Salvemini*, Firenze, 8-10 novembre 1975 (Milano 1977), pp. 128 sgg.; De Caro, *Gaetano Salvemini*, cit., pp. 197 sgg.

[73] Salvemini a G. Zagari, 2 settembre 1913, in Salvemini, *Carteggio 1912-1914*, cit., p. 380.

[74] *Che cosa vogliamo*, in «L'Unità», 9 marzo 1912.

attraverso la sua rivista, nel marzo del 1912, dopo cinque mesi e mezzo di carcere, Mussolini riprese la guida dei socialisti di Forlì e la direzione di «La lotta di classe», più che mai convinto della necessità di intensificare l'attività rivoluzionaria dopo la guerra tripolina, destinata a segnare l'inizio di una nuova epoca. «L'Italia inizia oggi un nuovo periodo della sua storia, periodo incerto e grave di molte terribili incognite. Noi aspettiamo fiduciosi gli eventi. Quasi sempre la Guerra prelude alla rivoluzione»[75]. Ancora più importante era il fatto che, con l'approssimarsi del XIII congresso nazionale, Mussolini sembrava pronto a diventare – stando alla ricostruzione di De Felice – «il vero leader del Partito socialista»[76].

Il XIII congresso del Psi, che si tenne a Reggio Emilia il 7-10 luglio 1912, segnò il trionfo di Mussolini: assistito dalla crescente influenza di Lazzari, Serrati, Angelica Balabanoff e Francesco Ciccotti, era ormai pronto a mettersi a capo dell'ala rivoluzionaria e intransigente, destinata a prendere il controllo dell'intero partito. Con un energico discorso, attaccò Turati e Bonomi per aver considerato l'ipotesi di sostenere Giolitti, e accusò di tradimento Bissolati per aver fatto visita al re. La sua richiesta di espulsione per Bissolati, Bonomi e Angiolo Cabrini fu accolta, e, di fatto, privò il Psi di tre esponenti di spicco della corrente riformista. Mussolini entrò quindi a far parte della nuova direzione rivoluzionaria eletta dal congresso, e nel mese di novembre fu nominato direttore dell'«Avanti!». Ciò gli offrì l'occasione di imporsi all'attenzione della nazione[77]. La vittoria della frazione rivoluzionaria al congresso di Reggio Emilia suscitò diverse reazioni, sia sui mezzi di informazione sia negli altri partiti socialisti europei. Fra gli osservatori più critici c'era proprio Salvemini che non vedeva però alcun concreto piano di azione nella corrente rivoluzionaria[78].

Osservando la rapida scalata ai vertici avvenuta nel 1912, lo studioso e i collaboratori de «L'Unità» definirono il nuovo leader

---

[75] Mussolini, *OO*, vol. III, p. 74.
[76] De Felice, *Mussolini il rivoluzionario*, cit., pp. 110-111.
[77] Megaro, *Mussolini in the Making*, cit., pp. 306-313; De Felice, *Mussolini il rivoluzionario*, cit., pp. 123-127, 135.
[78] De Felice, *Mussolini il rivoluzionario*, cit., p. 129.

rivoluzionario una voce nuova, intransigente e convincente, capace di smuovere il partito dalla stasi riformista[79]. Mussolini aveva difatti alimentato polemiche che gli avevano conferito notorietà provocando discussioni fra gli «unitari», alcuni dei quali collaborarono anche con l'«Avanti!». Appariva dunque ormai chiaro l'orientamento meridionalista della rivista salveminiana, non privo di punti di contatto con quello dei sindacalisti, che si proponevano di coalizzare in un unico fronte i contadini del Sud e i lavoratori del Nord[80].

Un'iniziativa cruciale per gli «unitari», e per Salvemini *in primis*, era la campagna antiprotezionista. Su questo punto c'era un sostanziale accordo, visto che le tariffe doganali accrescevano il costo della vita sia nella parte settentrionale della penisola sia in quella meridionale[81]. Mussolini, pur non essendo interessato al programma riformista salveminiano, condivideva con gli «unitari» l'opposizione al protezionismo. Allo stesso tempo, Salvemini notò che i riformisti Bissolati e Bonomi, nel loro giornale «L'Azione Socialista», si erano posti a difesa della tassa sullo zucchero importato, mentre il rivoluzionario Mussolini, scrivendo a Salvemini, si era dichiarato decisamente contrario a una misura protezionista che favoriva gli interessi borghesi[82].

Nello stesso periodo Salvemini continuava la sua instancabile campagna per il suffragio universale, conferendole un'importanza primaria. Nei congressi del Psi aveva sostenuto – senza successo – che una tale riforma elettorale non doveva essere concessa da Giolitti come una «polpetta avvelenata», ma doveva essere il risultato dell'iniziativa e della lotta del proletariato. Tornato al governo nel marzo 1911, Giolitti aveva cercato di ottenere l'appoggio dei socialisti riformisti annunciando in aprile la proposta del suffragio

---

[79] Tagliacozzo, *Gaetano Salvemini*, cit., p. 163; si veda anche Mondolfo a Salvemini, 25 e 28 novembre 1912, in Salvemini, *Carteggio 1912-1914*, cit., pp. 271-272, 274-275; Mondolfo a Salvemini, 21 luglio e 6 settembre 1913, in Salvemini, *Carteggio 1912-1914*, cit., pp. 352, 386-387.

[80] De Felice, *Mussolini il rivoluzionario*, cit., pp. 140-141 e n.

[81] Salvemini, *Il nazionalismo economico*, in «L'Unità», 22 maggio 1914; G. Luzzatto a Salvemini, 15 settembre 1913, in Salvemini, *Carteggio 1912-1914*, cit., pp. 393-394; Mussolini a Salvemini, 16 settembre 1913, in Salvemini, *Carteggio 1912-1914*, cit., p. 394.

[82] Mussolini a Salvemini, 16 settembre 1913, in Salvemini, *Carteggio 1912-1914*, cit., p. 394; Salvemini a G. Luzzatto, 17 gennaio 1914, in Salvemini, *Carteggio 1912-1914*, cit., pp. 462-463.

universale maschile, che fu approvata nel maggio 1912. Salvemini commentò la riforma giolittiana dichiarando che comunque la sua ostilità nei confronti del primo ministro restava invariata, sebbene lo inducesse a continuare la sua campagna a favore del diritto di voto per entrambi i sessi.

Per parte sua, Mussolini, facendo proprie le idee del meridionalismo salveminiano, ridicolizzò il «motivo squisitamente reazionario» che aveva indotto Giolitti a sostenere il «quasi suffragio universale»:

> Non è per un improvviso amore delle masse agricole del Mezzogiorno [...] né per una rapida, inesplicabile accettazione dei principi della sovranità popolare che Giolitti si è deciso all'allargamento del suffragio. Chi lo crede è vittima, nell'un caso e nell'altro, di una grande illusione[83].

Come direttore dell'«Avanti!» Mussolini continuò a sostenere il diritto di voto per tutti, ma fece anche il possibile per dare forza a un movimento rivoluzionario di massa, visto che una legge del genere avrebbe dato potere a un nuovo e vasto elettorato, alterando gli equilibri di potere esistenti[84]. «Il suffragio allargato», scrisse, «sarà per noi solo una magnifica e lucente arma di lotta del proletariato contro la borghesia»[85].

Accanto a questa sorta di dialogo indiretto fra Mussolini e Salvemini, incentrato su questioni specifiche, i due mostravano una certa affinità anche su altri grandi temi, tant'è che sia l'«Avanti!» sia «L'Unità», insieme pure a «La Voce», influenzarono la nuova generazione di socialisti, che comprendeva Gramsci e i giovani socialisti rivoluzionari torinesi[86].

Sia pure da posizioni diverse e per molti aspetti opposte, Mussolini e Salvemini puntavano entrambi a un rinnovamento del socialismo italiano, ma mentre il primo agiva come il più importante leader del Psi, il secondo aveva ormai lasciato la militanza socialista. In queso i loro ruoli e le loro prospettive erano lontani, e, sebbene

---

[83] Mussolini, *OO*, vol. V, pp. 31-33.
[84] De Felice, *Mussolini il rivoluzionario*, cit., p. 123.
[85] Mussolini, *OO*, vol. V, pp. 40-42.
[86] De Felice, *Mussolini il rivoluzionario*, cit., pp. 142-143.

la distanza fosse ancora velata dalla concordanza su alcuni temi, la divergenza sostanziale stava venendo a galla. Infatti, mentre Mussolini intendeva rinnovare il Partito socialista facendo ancora leva sull'ideologia, Salvemini si rifiutava di prendere parte alle dispute teoriche, e proseguiva tenacemente la sua polemica contro le «aristocrazie operaie» settentrionali, sostenendo che i socialisti avevano il dovere di organizzare l'intero proletariato, e non solo i lavoratori del Nord[87]. Inoltre, mentre Mussolini esaltava il primato del partito definendolo una grande forza protesa verso la «trasformazione della società», Salvemini proclamava la morte del partito[88].

Come direttore dell'«Avanti!», Mussolini alimentava il dibattito sulla natura teorica del socialismo. Nel febbraio 1913, Serrati, suo potenziale concorrente per la guida della corrente rivoluzionaria, pubblicò un articolo sulle colonne del giornale, dando inizio a una polemica sulla necessità di rendere chiaro un programma d'azione capace di mobilitare le masse. Mussolini accettò la sfida e spiegò che i problemi dell'ultimo decennio erano dovuti alle confuse proposte del fronte riformista, oltremodo ambiziose, e perciò destinate a fallire[89].

Dicemmo ieri, nella breve postilla all'articolo del compagno Serrati, che il "concretismo", la nuovissima e pur rispettabile mania che ha per maggiore esponente Gaetano Salvemini e quelli dell'*Unità*, sta ora facendo le sue vittime fra i rivoluzionari. [...] Voi rivoluzionari che tenete la testa nel sacco delle vostre pregiudiziali teoriche [...] non vedete la realtà. [...] Bisogna essere pratici, affrontare dei problemi concreti, offrire qualche cosa alle masse. [...] Basta coi vostri scrupoli dottrinali! È il presente che c'interessa, non già il futuro.

L'ideologia socialista di Mussolini si era evoluta in maniera significativa negli ultimi due anni, ed era arrivata a sostenere la necessità di una strategia «rude, aspra, fatta [...] di violenza», che doveva «rimanere una cosa terribile, grave, sublime»: «Il socialismo è una guerra, guai ai pietosi!»[90]. La fiducia nel potenzia-

---

[87] Valiani, *Salvemini e il socialismo*, cit., p. 81.
[88] «L'Unità», 2 maggio 1913.
[89] Mussolini, *OO*, vol. V, pp. 98-102.
[90] Ivi, vol. III, pp. 139-140, 146-149.

le rivoluzionario delle masse rivoluzionarie indusse Mussolini a sostenere la candidatura di Salvemini alla Camera per il Partito socialista nella circoscrizione di Torino, come gli scrisse il 18 febbraio del 1913:

> Il segretario della sezione socialista di Torino mi ha parlato della [...] tua candidatura. [...] Me ne sono subito dichiarato entusiasta e per queste ragioni: 1) Giolitti ti detesta. [...]; 2) Per le tue altissime qualità culturali, politiche, morali alla Camera ci stai bene; 3) (il più importante) Torino [...] darebbe una magnifica prova di solidarietà civile e politica alle tue povere e genuine plebi di Puglia[91].

Mussolini prometteva l'appoggio dell'«Avanti!» per la campagna elettorale di Salvemini, ma questi declinò l'offerta e decise di candidarsi a Molfetta. Anche in questa occasione Mussolini gli offrì il sostegno del giornale[92]. Dalle elezioni tuttavia Salvemini uscì sconfitto, come anche Mussolini, che si era presentato a Forlì contro il candidato repubblicano[93].

L'anno successivo, un gruppo di socialisti torinesi invitò Salvemini a competere per un seggio vacante della Camera, spiegando che, una volta eletto, sarebbe potuto diventare un paladino del Sud e ignorare la delega parlamentare del Psi[94]. Ma lo storico rifiutò, spiegando di aver ormai lasciato il partito, e del resto non voleva che i molfettesi si sentissero abbandonati, vedendolo candidato in un'altra regione[95]. Gramsci ricordò nel 1926, nel saggio *Su alcuni temi della questione meridionale*: «Il Salvemini non volle accettare la candidatura, quantunque fosse rimasto scosso e per-

---

[91] Mussolini a Salvemini, 18 febbraio 1913, in *AGS*, «Mussolini».
[92] Serrati a Salvemini, 10 marzo 1913, U.G. Mondolfo a Salvemini, 21 luglio 1913, U.G. Mondolfo a Salvemini, 6 settembre 1913, A. Lanzillo a Salvemini, 20 settembre 1913, in Salvemini, *Carteggio 1912-1914*, cit., pp. 314, 352, 386-387, 400.
[93] De Felice, *Mussolini il rivoluzionario*, cit., p. 175.
[94] U. Formentini a Salvemini, 2 febbraio 1914, Mondolfo a Salvemini, 20 febbraio 1914, in Salvemini, *Carteggio 1912-1914*, cit., pp. 463-464, 471; A. Gramsci, *La costituzione del partito comunista, 1923-1926*, Einaudi, Torino 1974, pp. 141-142; P. Spriano, *Torino operaia e socialista*, Einaudi, Torino 1972, pp. 270-273; O. Pastore, *Salvemini candidato*, in «Il Contemporaneo», 1955, 41, p. 41; A. De Grand, *Angelo Tasca. Un politico scomodo*, Franco Angeli, Milano 1985, pp. 30-31.
[95] Salvemini a Formentini, 4 febbraio 1914, cit. in De Felice, *Mussolini il rivoluzionario*, cit., p. 199; Pastore a Spriano, 16 giugno 1958, cit. in Spriano, *Storia di Torino operaia e socialista*, cit., p. 271.

sino commosso dalla proposta [...]; egli propose Mussolini come candidato e si impegnò di venire a Torino a sostenere il partito socialista nella lotta elettorale»[96].

Salvemini e Mussolini ebbero occasione di incontrarsi a Firenze l'8 febbraio 1914, quando il direttore dell'«Avanti!» vi tenne una conferenza sul valore storico del socialismo. La prima impressione che Salvemini ebbe di Mussolini fu positiva. Salvemini era fra il folto pubblico (circa 3000 persone) e rimase favorevolmente impressionato[97]. Alcuni mesi dopo, in un articolo intitolato *Rinascita Socialista*, pubblicato il 1° maggio a commento del congresso di Ancona, Salvemini rinnovò la fiducia in un rinnovamento del Partito socialista sotto la guida di Mussolini: «Se la funzione storica del partito socialista dev'essere quella di suscitare nei diseredati della vita il sentimento della ingiustizia della loro sorte, educare in essi una pugnace coscienza di classe, e organizzarli per l'esercizio effettivo dei diritti antichi e per la conquista di diritti nuovi»; Mussolini – continuava Salvemini – era l'uomo «necessario e che non poteva mancare per esprimere e rappresentare in questo momento storico il bisogno di un movimento sinceramente rivoluzionario nella nostra patria»[98].

L'entusiasmo di Salvemini muoveva dalla speranza che la figura di Mussolini potesse garantire la forza organizzativa utile a superare il timido riformismo del decennio passato e a rinnovare l'originaria vocazione del partito volta alla giustizia sociale. Appariva chiaro, tuttavia, che Salvemini continuava a ragionare da riformista al di fuori del partito. Per lui la rivoluzione doveva essere realizzata attraverso la democrazia parlamentare, senza ricorso alla violenza, mentre Mussolini continuava a essere affascinato dal mito rivoluzionario e dal pensiero di Nietzsche, specialmente dalla sua celebrazione della disciplina, della forza e del «vivere pericolosamente»[99]. Pertanto, Salvemini, pur riponendo grandi

---

[96] Gramsci, *La costituzione del partito comunista*, cit., p. 141; Salvemini, *SSQM*, pp. XXIV-XXIV.

[97] Placci a Salvemini, 5 luglio 1914, in *AGS*; Salvemini a G. Zagari, 16 dicembre 1913, in Salvemini, *Carteggio 1912-1914*, cit., pp. 456-457.

[98] Cit. in De Felice, *Mussolini il rivoluzionario*, cit., p. 161.

[99] Megaro, *Mussolini in the Making*, cit., pp. 138-141, 313; De Felice, *Mussolini il rivoluzionario*, cit., pp. 58-61.

speranze nelle doti del direttore dell'«Avanti!», non condivideva le sue idee rivoluzionarie, considerandole irrealistiche e foriere di nuove fratture nel movimento socialista. Per il momento le loro voci apparivano sostanzialmente concordi, mentre nuovi eventi stavano per travolgere i dibattiti interni al Partito socialista.

L'uccisione di sette dimostranti in un conflitto con la polizia a Roccagorga nel gennaio del 1913 fu l'inizio di un periodo di violente agitazioni e scioperi generali, che, nel giugno 1914, sfociarono nei moti insurrezionali della Settimana rossa. Di fronte a questi eventi, Mussolini e Salvemini presero posizioni diverse: Salvemini continuava a tenersi fuori dalla politica attiva, mentre il direttore dell'«Avanti!» fu protagonista delle agitazioni, e, in tal modo, cercò di rafforzare la sua influenza sul partito, perseguendo una svolta rivoluzionaria e intensificando il suo slancio militante e violento. Definì gli eventi di Roccagorga come «assassinio di stato»: «Dopo l'anno di guerra, all'esterno», scrisse, «avremo dunque un anno di guerra all'interno»[100]. E il giorno successivo: «Nessun violenza è più legittima di quella che viene dal basso come reazione umana alla criminosa politica della strage»[101]. Continuò la sua campagna sul giornale; quando nell'aprile 1914 si tenne il XIV congresso nazionale del partito, riuscì a consolidare la sua posizione sia rispetto alla destra che alla sinistra: «la deliberazione d'Ancona», scrisse il 1° maggio, «significa che [...] il socialismo italiano diventa sempre più proletario e sempre meno popolo; sempre più classe, e sempre meno democrazia»[102].

Due mesi dopo, uscito vittorioso dal congresso di Ancona, Mussolini si trovò ad alimentare, dalle colonne del giornale, un moto insurrezionale che proprio ad Ancona ebbe origine, il 7 giugno, quando tre persone furono uccise e cinque ferite dalla forza pubblica durante una manifestazione antimilitarista. Mussolini gridò all'«assassinio premeditato»[103]. Il giorno successivo proruppe: «Sciopero generale! Questo è il nostro grido!»[104]. Per tutta la Romagna, i manifestanti presero d'assalto le forze dell'ordine e la

---

[100] Mussolini, *OO*, vol. V, p. 53.
[101] Ivi, vol. V, p. 55.
[102] Ivi, vol. VI, p. 179.
[103] Ivi, vol. VI, pp. 207-208.
[104] Ivi, vol. VI, p. 209.

violenza ebbe il sopravvento. Ma a soli quattro giorni di distanza dal «grido» di Mussolini, la Confederazione generale del lavoro dichiarò la fine dello sciopero, mentre l'esercito ristabilì l'ordine. Infuriato, Mussolini accusò i dirigenti confederali di aver compiuto un atto di «vera fellonia»[105].

Del tutto opposti furono la posizione e il giudizio di Salvemini, che considerava la Settimana rossa – «il frutto di dieci e più anni di giolittismo» – soltanto una serie di «vandalismi *senza scopo*», e, con i suoi strali, colpì i capi della frazione rivoluzionaria che dirigeva il Partito socialista. La sua condanna non toccò tuttavia il direttore dell'«Avanti!», annoverato da Salvemini fra «quei socialisti rivoluzionari che, come Benito Mussolini, sono rivoluzionari sul serio, e parlano come pensano, e operano come parlano, e perciò portano in sé tanta parte dei futuri destini d'Italia»[106].

Mussolini espresse profondo disappunto per il fallimento della Settimana rossa, ma trovò anche segnali incoraggianti: lo sciopero non aveva precedenti per «l'estensione e la intensità», e non era stato «uno sciopero di difesa, ma di offesa»[107]. Sulla base di questi fatti, scrisse: «L'Italia ha bisogno di una rivoluzione e l'avrà»[108]. Ma prima ancora di poter mobilitare le masse per prepararle alla rivoluzione, fu costretto a cambiare i suoi piani in seguito all'assassinio di Sarajevo.

Con lo scoppio della Prima guerra mondiale le questioni di politica estera presero il sopravvento sulle questioni politiche interne, anche dal punto di vista rivoluzionario. Una nuova e più radicale divergenza divise Mussolini da Salvemini. Mentre il direttore dell'«Avanti!» si schierò subito a favore della neutralità assoluta[109], Salvemini si schierò con la sua rivista sul fronte della Triplice Intesa[110]: del resto, fin dal 1900 aveva sostenuto che la Tri-

---

[105] Ivi, vol. VI, p. 215.
[106] *Una rivoluzione senza programma*, in «L'Unità», 19 giugno 1914.
[107] Mussolini, *OO*, vol. VI, pp. 218-221.
[108] Ivi, vol. VI, p. 264.
[109] Ivi, vol. VI, pp. 287-288, 361-363, 440.
[110] Si vedano gli articoli pubblicati da «L'Unità»: *Per la nuova Albania*, 19 giugno e 3 luglio 1914; *Sciopero generale e guerra*, 24 luglio 1914; *La neutralità 'assoluta'*, 7 agosto 1914; *I patti della Triplice Alleanza e la questione balcanica*, 21 agosto 1914.

plice Alleanza era contraria agli interessi italiani e che era necessario svincolarsi. Con lo scoppio della guerra, Salvemini sottolineò la necessità di opporsi all'autocrazia e al militarismo tedesco. Il suo interventismo democratico lo mise subito in rotta di collisione con i socialisti, i nazionalisti e i pacifisti[111]. Avvalendosi della sua lunga competenza di storico e studioso della politica estera, Salvemini argomentò il suo interventismo con un'analisi coerente e realistica dei fattori in gioco, dimostrando che l'intervento dell'Italia a favore dell'Intesa avrebbe consentito alla Francia di schierare altri reggimenti contro la Germania, mentre avrebbe costretto l'Austria a impegnare altre truppe sul fronte russo[112].

Nell'invocare l'annessione di Trieste e Trento, Salvemini concordava con nazionalisti e irredentisti, ma le sue motivazioni erano diverse da quelle di questi ultimi, giacché fondate sul principio dell'autodeterminazione, quindi in opposizione alle ambizioni imperialiste di espansione territoriale[113]. Nello stesso tempo polemizzò con i pacifisti per il sentimentalismo tipico della loro convinzione della «pace ad ogni costo» e per la loro indifferenza verso le possibili conseguenze di un simile atteggiamento: «un pacifista non capirà mai la differenza fra la pace germanica e la pace inglese»[114]. Il suo interventismo democratico si ispirava fondamentalmente all'idealismo mazziniano:

> Una vittoria austro-germanica non risolverebbe nessuno dei problemi che affaticano la vecchia Europa; ma tutti li inasprirebbe con la prepotenza dei vincitori. Una grande lega di Nazioni a cui partecipino l'Inghilterra, la Francia, la Russia, l'Italia e tutte o quasi tutte le nazioni minori, sarà un grande esperimento pratico della federazione dei popoli al principio delle alleanze offensive e difensive si sostituirà irresistibilmente la pratica giornaliera della società giuridica fra le nazioni[115].

L'idealistico slancio dell'interventismo democratico avrebbe allontanato in maniera netta Salvemini da Mussolini, per il quale la guerra non era altro che il primo passo per aprire la strada

---

[111] Salvemini, *Opere*, vol. III, t. I, cit., pp. 25-95.
[112] Ivi, pp. 33-36.
[113] Ivi, pp. 336-338, 340.
[114] Ivi, p. 60.
[115] *La Guerra per la pace*, in «L'Unità», 28 agosto 1914.

alla rivoluzione. Il 18 ottobre Mussolini pubblicò un editoriale sull'«Avanti!» in cui sostenne la necessità di abbandonare la neutralità assoluta per assumere una posizione di «neutralità attiva e operante»: del resto, argomentava il direttore dell'«Avanti!» per giustificare il suo brusco mutamento di rotta, la «nostra neutralità è stata sin da allora 'parziale'. Ha distinto. È stata una neutralità spiccatamente austrotedescofoba e, per converso, francofila». La guerra doveva diventare una guerra del proletariato per trasformarsi in una rivoluzione guidata dal Partito socialista rivoluzionario[116]. Salvemini fu uno dei primi, quello stesso giorno, a plaudire alla svolta di Mussolini, con un telegramma pubblicato sull'«Avanti!»:

> Ho letto sul treno il tuo magnifico articolo sulla neutralità "non" assoluta..[...] Il tuo istinto sano e forte ti ha fatto arrivare anche questa volta alla linea buona di condotta. E non è piccolo atto di coraggio il tuo, questo di rompere la lettera per salvare lo spirito dell'internazionalismo[117].

Di fronte alla quasi unanime opposizione del Partito socialista alla sua scelta interventista, Mussolini presentò le dimissioni dalla direzione dell'«Avanti!». In una intervista dichiarò che la sua posizione non era un'adesione dei socialisti alla guerra, ma l'accettazione della guerra con una partecipazione passiva, ritenendo ormai necessario il contributo militare italiano per sconfiggere il militarismo, l'autoritarismo e l'imperialismo germanico[118]. Tre settimane dopo usciva il suo quotidiano «Il Popolo d'Italia», su cui lanciava il suo grido interventista: «Il grido è una parola che io non avrei mai pronunciato in tempi normali, e che innalzo invece forte, a voce spiegata, senza infingimenti, con sicura fede, oggi: una parola paurosa e fascinatrice: *guerra!*»[119].

Alla fine di novembre, espulso dal Psi, combinò il suo interventismo con una chiamata alla rivoluzione[120]. In sole sei settimane il cerchio si era chiuso.

---

[116] Mussolini, *OO*, vol. VI, pp. 393-403.
[117] Cit. ivi, vol. VI, p. 416.
[118] Ivi, vol. VI, p. 410.
[119] Ivi, vol. VII, p. 7.
[120] Ivi, vol. VII, pp. 57-58, 461-462.

Giovani socialisti ed interventionisti d'Italia, a voi!
Ognuno si raccolga e si prepari. Ognuno si metta in prima fila.
In ogni città, in ogni borgo, in qualunque altra parte d'Italia dove si trovino ancora delle anime credenti nella viva forza del Socialismo Rivoluzionario, tutti i vecchi e nuovi compagni, tutti gli aderenti, tutti gli uomini liberi, costituiscano i "Fasci Autonomi d'Azione Rivoluzionaria" e comincino a propagandare e diffondere il nostro principio: la necessità dell'intervento. [...] È necessario che questa giovinezza sia una forza viva. Insormontabile.
Serriamoci, quindi: costituiamo i nostri "Fasci Rivoluzionari". [...] Nessuna esitazione. Non tentennamenti. O con noi o contro di noi. Inesorabilmente.

Due mesi dopo Mussolini, rivendicando il suo atteggiamento eretico nei confronti dell'ortodossia ideologica, derise il pacifismo socialista sostenendo che il suo interventismo era compatibile con il marxismo, esprimendo la sua posizione in chiari termini ideologici: «Il marxismo ci insegna [...] che la guerra può esser un mezzo di rivoluzione»[121].

Salvemini accolse favorevolmente la virata interventista di Mussolini, sperando di ritrovarsi insieme sullo stesso fronte. Dopo le sue dimissioni dal quotidiano socialista e l'espulsione dal partito, Salvemini considerò l'evento di importanza notevole, e chiese a Prezzolini se «L'Unità» avrebbe potuto influire sulla secessione mussoliniana[122]. Prezzolini e altri vociani inviarono a Mussolini il seguente telegramma: «Partito socialista ti espelle, l'Italia ti accoglie»[123].

Con lo scoppio della guerra, Salvemini e Mussolini ebbero, dunque, per l'ultima volta un punto di incontro nella comune convinzione che l'intervento italiano avrebbe avuto conseguenze positive per l'Italia postbellica, sia pure da punti di vista e con prospettive differenti. Non senza malizia, «Il Popolo d'Italia» osservò che gli interventisti erano saliti tutti sullo stesso treno, ma erano intenzionati a raggiungere differenti destinazioni[124].

Intanto, il governo italiano firmava in segreto il Patto di Lon-

---

[121] Ivi, vol. VII, p. 182.
[122] De Caro, *Gaetano Salvemini*, cit., pp. 248-249.
[123] Cit. in De Felice, *Mussolini il rivoluzionario*, cit., p. 283.
[124] «Il Popolo d'Italia», 19 aprile 1915.

dra (settembre 1914), impegnandosi a entrare in guerra a fianco dell'Intesa, mentre nei mesi precedenti, soprattutto durante le prime settimane di maggio – retoricamente ribattezzato dagli interventisti «radioso maggio» –, il paese fu sconvolto da manifestazioni interventiste che fecero irruzione nella piazze con inaudita violenza. Il 23 dello stesso mese il governo italiano dichiarò guerra all'impero austro-ungarico e mobilitò le sue forze militari. Mussolini salutò con enfasi l'intervento: «Viva l'Italia! [...] Quanto tempo è passato dal giorno in cui il Metternich definiva l'Italia una 'semplice espressione geografica?»[125]. Sul suo giornale continuò a esaltare, nei giorni successivi, la guerra italiana. Invece, cinque giorni dopo l'entrata in guerra dell'Italia, Salvemini sospese la pubblicazione della sua rivista, con questa motivazione: «Non possiamo continuare a pesare il pro e il contro, a criticare, a polemizzare, a fare opera di coltura a lunga scadenza, mentre tutte le forze della patria devono essere concentrate ad un fine solo immediate: agire, vincere»[126].

Guardando al rapporto fra Salvemini e Mussolini dalla prospettiva della loro successiva vicenda negli anni del fascismo, il fatto che i due uomini, prima della Grande Guerra e fino all'intervento italiano, si siano trovati spesso nella condizione di collaborare, può apparire sorprendente, ma è parte di una realtà storica. Entrambi si opposero energicamente allo *status quo* e cercarono alternative radicali al giolittismo. Ma lo fecero – ed è necessario sottolinearlo – animati da valori, idee e ideali antitetici: Salvemini si mantenne vicino a un socialismo umanitario e radicale, da realizzare attraverso riforme legali e democratiche; Mussolini preferì la via dell'insurrezione violenta, esprimendo insofferenza per la democrazia, in nome dell'elitarismo di Pareto e dell'esaltazione nietzschiana della forza. Anche se mancano prove per confermarlo, ci sono buone ragioni per ipotizzare che i due fossero ben coscienti della loro distanza. Mussolini pensava di accrescere la credibilità della sua politica, avvalendosi della figura di un intellettuale prestigioso che condivideva i suoi punti di vista; Salvemini

---

[125] Mussolini, *OO*, vol. VII, p. 419.
[126] *Oportet studuisse*, in «L'Unità», 28 maggio 1915.

sperava di poter avere una maggior influenza pratica attraverso il sostegno di un attivista energico come il direttore dell'«Avanti!». Come abbiamo cercato di dimostrare, fra i due ci furono certamente molti punti di contatto, i quali, più che derivare da idee, valori e ideali comuni, sembravano scaturire dalla eterogenea composizione delle forze che si opponevano allo Stato liberale e al giolittismo, nonché dalla loro affannosa ricerca di alleanze per lottare su un fronte comune in vista di un comune obiettivo.

LO STILE DI UN GIORNALISTA RIVOLUZIONARIO
di Pierluigi Allotti

Giornalista nato

Nella sua celebre conferenza sulla *Politica come professione* Max Weber, rilevando come «la carriera giornalistica», all'inizio del Novecento, rappresentasse una delle «più importanti vie di accesso all'attività politica di carattere professionale», osservò che per un giornalista era comunque difficile diventare leader di un partito. Se questi infatti non disponeva di un «proprio patrimonio» per vivere, in assenza di adeguate indennità, rimaneva vincolato alla professione, la quale, essendo a sua volta «condizionata dalla straordinaria crescita dell'intensità e dell'attualità dell'attività giornalistica», avrebbe quasi certamente costituito un ostacolo alle sue ambizioni politiche. «La necessità di guadagnare scrivendo articoli quotidiani o settimanali», affermava Weber, «lega i politici come una palla al piede, [...] conosco esempi di nature di capo che proprio per questa ragione si sono trovate a essere stabilmente paralizzate esteriormente e soprattutto interiormente nell'ascesa al potere»[1].

Il caso del giovane Mussolini, per il quale – come lui stesso affermava – il giornalismo era non «un mestiere, ma una missione» («non siamo giornalisti per lo stipendio», diceva[2]), fu dunque del tutto eccezionale, poiché proprio in virtù del suo notevole talento

---

[1] M. Weber, *La scienza come professione. La politica come professione*, Einaudi, Torino 2004, pp. 75-77.
[2] B. Mussolini, *Tra l'anno vecchio e il nuovo*, in «La lotta di classe», 31 dicembre 1910 (ora in Id., *Opera Omnia*, a cura di E. e D. Susmel, La Fenice, Firenze 1951-63, 36 voll., vol. III, pp. 299-302).

giornalistico egli riuscì a diventare, all'età di 29 anni, direttore dell'«Avanti!» e ad affermarsi, da quella posizione, come l'effettivo leader del Partito socialista italiano[3].

«Giornalista nato», che «del giornalista ha il fiuto, la tecnica, l'anima», come scrisse nel 1915 il suo amico Torquato Nanni[4], Mussolini aveva esordito nel 1902, appena diciannovenne, scrivendo per «L'Avvenire del Lavoratore», organo del Partito socialista italiano in Svizzera, e da subito dimostrò di possedere uno stile chiaro e incisivo[5]. Uno stile dunque originale, apprezzato dai lettori, che nulla aveva in comune con quello più ricercato in voga nell'Italia di inizio Novecento, dove il giornalismo aveva uno stretto rapporto con la letteratura[6], ma che si distingueva anche da quello altrettanto chiaro ed energico di Luigi Barzini, per esempio, giovane e brillante inviato di guerra del «Corriere della Sera» che proprio allora stava emergendo come stella di prima grandezza del giornalismo italiano. Com'è stato scritto, Barzini «sapeva narrare i fatti con immediatezza e semplicità, affidandosi alla sua capacità di buon osservatore, alla sua memoria, al contatto diretto con le persone che i fatti avevano vissuto»[7]. Ebbe per questo un enorme successo e schiere di giornalisti provarono a imitarlo dando vita al fenomeno del «barzinismo», che Mussolini peraltro deprecava, come fece ad esempio nel 1912 giudicando il contegno dei corrispondenti italiani nella guerra di Libia:

I «Barzini» sbocciati nelle serre del giornalismo guerrafondaio, sono innumerevoli. È una fioritura tropicale. Il giornalismo italiano è infetto di «barzinismo». Ma i nuovi *parvenus* non sono avventurieri

---

[3] Sulla figura di Mussolini giornalista cfr. R. De Felice (a cura di), *Mussolini giornalista*, Rizzoli, Milano 2001².

[4] T. Nanni, *Benito Mussolini* (1915), in E. Gentile (a cura di), *Mussolini e «La Voce»*, Sansoni, Firenze 1976, pp. 163-175, citazione a p. 167.

[5] Cfr. R. De Felice, *Mussolini il rivoluzionario, 1883-1920*, Einaudi, Torino 1995, p. 29.

[6] Cfr. A. Asor Rosa, *Il giornalista: appunti sulla fisiologia di un mestiere difficile*, in *Storia d'Italia. Annali, 4. Intellettuali e potere*, a cura di C. Vivanti, Einaudi, Torino 1981, pp. 1227-1257 (in particolare pp. 1241-1242). Sul rapporto tra giornalismo e letteratura cfr. anche C. Bertoni, *Letteratura e giornalismo*, Carocci, Roma 2013³.

[7] P. Melograni, *Barzini, Luigi*, in *Dizionario Biografico degli Italiani*, vol. VII, Istituto della Enciclopedia Italiana, Roma 1970 [http://www.treccani.it/enciclopedia/luigi-barzini_(Dizionario-Biografico)/].

dalla penna di grande stile. Hanno rovinato il loro modello rendendolo popolare, comune, servizievole. Lo hanno svalutato introducendolo nella circolazione di tutte le mediocrità redazionali[8].

Barzini era anzitutto un cronista, un reporter la cui prima preoccupazione era quella di raccontare fatti di cui era testimone. Per un giornalista militante come Mussolini fatti e notizie erano invece elementi secondari: ciò che contavano per lui erano la causa, le idee, e nella sua concezione il giornalismo si riduceva pertanto al corsivo e all'articolo di fondo, che a suo avviso doveva vivere «una sola giornata, brevemente, ma intensamente»[9]. D'altronde, come sosteneva anche Angelica Balabanoff, che Mussolini volle al suo fianco nella redazione dell'«Avanti!» quando nel dicembre 1912 ne assunse la direzione, «per l'orientamento del pensiero e dell'azione proletaria» era «molto più importante [...] il commento socialista di un fatto – che non la notizia del fatto stesso»[10].

Anch'egli, tuttavia, come Barzini, ebbe un notevole successo, almeno tra i militanti socialisti, e come l'inviato del «Corriere» divenne un modello, in particolare per i più giovani suggestionati dalla sua personalità. Così, lo stile «forte e stringato» – come lo definì lo stesso Mussolini[11] – del rivoluzionario napoletano Amadeo Bordiga, che mosse i primi passi nel giornalismo proprio tra il 1912 e il 1913[12], quando il «mussolinismo» si andava diffondendo tra le masse socialiste[13], richiamava quello dai periodi brevi e veloci del carismatico direttore dell'«Avanti!». Ma suoi ammiratori, a quel tempo, furono anche due studenti dell'Università di Torino, Antonio Gramsci e Palmiro Togliatti, i quali, come altri giovani

---

[8] L'homme qui cherche [B. Mussolini], *La guerra degli istrioni*, in «La Folla», I, 1° settembre 1912, 6 (ora in Id., *Opera Omnia*, cit., vol. IV, pp. 203-205).

[9] B. Mussolini a G. Prezzolini, aprile 1915 (in Gentile, a cura di, *Mussolini e «La Voce»*, cit., p. 71).

[10] A. Balabanoff, *La stampa socialista e il dovere dei compagni*, in «Avanti!», 22 dicembre 1912.

[11] Così Mussolini giudicò il tenore di un articolo di Bordiga contro la guerra pubblicato il 16 agosto 1914 sull'«Avanti!».

[12] Cfr. L. Agnello, *Bordiga, Amadeo*, in *Dizionario Biografico degli Italiani*, vol. XXXIV, Istituto della Enciclopedia Italiana, Roma 1988 [http://www.treccani.it/enciclopedia/amadeo-bordiga_(Dizionario-Biografico)/].

[13] Cfr. E. Gentile, *Fascismo. Storia e interpretazione*, Laterza, Roma-Bari 2002, pp. 117-119.

rivoluzionari torinesi, erano rimasti affascinati da lui perché era giovane, aveva sconfitto i riformisti, e sapeva appunto scrivere in modo chiaro e trascinante[14]. Entrambi poi, nell'ottobre del 1914, avrebbero approvato la sua svolta interventista[15], e Gramsci, entrato sul finire del 1915 nella redazione torinese dell'«Avanti!», nei tre anni successivi si sarebbe distinto scrivendo centinaia di corsivi prendendo spunto dalla realtà locale, con una prosa chiara e vivace che riecheggiava quella che Mussolini per primo aveva introdotto sull'organo socialista[16].

Direttore de «La lotta di classe»

Nel corso del biennio trascorso in Svizzera il giovane Mussolini, oltre a scrivere per «L'Avvenire del Lavoratore», aveva collaborato anche con «Il Proletario», settimanale in lingua italiana stampato a New York e diretto allora da Giacinto Menotti Serrati, e con «Avanguardia socialista», il settimanale sindacalista rivoluzionario di Arturo Labriola e Walter Mocchi[17]. Nel 1908, poi, aveva diretto per quattro mesi un piccolo foglio, «La Lima», pubblicato dalla sezione socialista di Oneglia, comune in provincia di Imperia dove si era trasferito per un impiego temporaneo come insegnante di francese presso una scuola locale[18], ma solo

[14] Cfr. G. Bocca, *Palmiro Togliatti*, Mondadori, Milano 1991, pp. 34-36; A. Agosti, *Togliatti. Un uomo di frontiera*, Utet, Torino 2003, pp. 11-13.
[15] Gramsci esordì sulla stampa socialista proprio con un articolo pubblicato il 31 ottobre 1914 sul «Grido del Popolo» di Torino, intitolato *Neutralità attiva ed operante*, con il quale anch'egli, sulla scia di Mussolini e Gaetano Salvemini, criticava la linea della neutralità assoluta assunta dal Partito socialista allo scoppio della Grande Guerra. Sull'effettivo significato dell'articolo di Gramsci – secondo Leonardo Rapone «uno dei pezzi più noti, ma anche dei più controversi ed enigmatici» della sua sterminata produzione giornalistica – ci sono differenti interpretazioni; al riguardo cfr. L. Rapone, *Cinque anni che paiono secoli. Antonio Gramsci dal socialismo al comunismo (1914-1919)*, Carocci, Roma 2011, pp. 11-37.
[16] Cfr. A. Gramsci, *Sotto la Mole 1916-1920*, Einaudi, Torino 1960. Come Mussolini, anche Gramsci peraltro riteneva che i suoi articoli dovessero avere vita breve: li considerava infatti «scritti alla giornata», che dovevano appunto «morire dopo la giornata» (cfr. A.A. Santucci, *Antonio Gramsci 1891-1937*, Sellerio, Palermo 2005, p. 34).
[17] Cfr. De Felice, *Mussolini il rivoluzionario*, cit., p. 33.
[18] Ivi, pp. 50-52.

nel 1909, nel periodo trascorso a Trento[19], aveva svelato appieno le sue doti giornalistiche come direttore de «L'Avvenire del Lavoratore», organo del Partito socialista trentino, e redattore capo de «Il Popolo», il quotidiano socialista di Cesare Battisti, guadagnandosi «i galloni» di capo politico, come ha scritto Renzo De Felice, «sia pure ancora locale»[20].

Espulso dalle autorità asburgiche, sul finire del 1909 Mussolini aveva accettato l'offerta dei socialisti di Forlì di diventare segretario della locale Federazione socialista e direttore de «La lotta di classe», il settimanale che essi avevano deciso di fondare per sostituire «L'Idea socialista», scomparso due anni prima; incarichi, questi, che sommati a quello di corrispondente dell'«Avanti!», assunto di lì a poco, aprirono la via alla sua rapidissima scalata ai vertici del Partito socialista[21].

A quel tempo la Federazione forlivese, che contava tra i 1300 e i 1400 iscritti, era in crisi, divisa da lotte intestine e sottoposta alla pressione del Partito repubblicano, in posizione quasi egemonica nella provincia. Mussolini era stato chiamato in quanto ritenuto l'uomo giusto per rivitalizzarla, sia perché aveva acquisito prestigio presso le masse socialiste con le ultime vicende di cui era stato protagonista (l'«Avanti!», riportando con grande rilevanza la notizia dell'espulsione dal Trentino, l'aveva descritto al pubblico come «un giovane di grande ingegno e di vastissima coltura, facile scrittore e abilissimo polemista; carattere fiero e indomito, tutto consacrato alla classe operaia»[22]) sia perché era estraneo ai giochi di potere locali, avendo vissuto a lungo fuori da quegli ambienti.

Intrapresa la nuova sfida, con un modesto stipendio di poco più di cento lire, Mussolini, il 9 gennaio 1910, nel primo numero del giornale, indicò che era sua intenzione quella di rilanciare il partito attraverso un'accorta attività di educazione e di propaganda per preparare al meglio «l'elemento umano, gli uomini nuovi che si spogliano degli abiti morali e mentali ereditati dalla vecchia

---

[19] Ivi, pp. 62 sgg.
[20] Ivi, p. 64.
[21] Ivi, pp. 81-83; cfr. anche P. Milza, *Mussolini*, Carocci, Roma 2000, pp. 143-144; E. Gentile, *Mussolini, Benito*, in *Dizionario Biografico degli Italiani*, vol. LXXVII, Istituto della Enciclopedia Italiana, Roma 2012 [http://www.treccani.it/enciclopedia/benito-mussolini_(Dizionario-Biografico)/].
[22] A. Piscel, *La grave situazione nel Trentino*, in «Avanti!», 30 settembre 1909.

società che tramonta». Bisognava a tal fine diffondere «l'istruzione colla conferenza, il giornale, il libro, l'opuscolo», e «fondare scuole di propaganda e biblioteche aperte a tutti». «Ogni cervello di uomo – scriveva – ha scintille che dormon sotto la cenere grigia dell'ignoranza: si tratta di suscitare queste divine scintille!». Mussolini prometteva quindi che con il nuovo foglio avrebbe promosso proprio «questo dissodamento delle intelligenze» e aiutato «questo movimento ascensionale dei lavoratori verso forme più elette di vita», ma chiedeva al contempo «la cooperazione» e «l'aiuto fraterno dei compagni»:

> Ognuno faccia il suo dovere: ognuno compia il suo sforzo, anche piccolo: l'umile operaio che sul lavoro, per la strada, nel ritrovo serale fa la propaganda spicciola agli incoscienti e ai refrattari è utile alla causa socialista quanto il giornalista che scrive un articolo o l'oratore che fa un discorso[23].

Il 15 gennaio, in una conferenza tenuta presso la Casa dei socialisti di Forlimpopoli, Mussolini disse nuovamente che per superare «la crisi d'uomini» che travagliava allora il partito era necessario «tornare alla propaganda dei principi ideali per purificare l'ambiente infetto dall'affarismo, dai compromessi, dal possibilismo»[24]. E il 12 febbraio, dalle colonne de «La lotta di classe», ribadì che per non farsi trovare impreparati nelle «probabili lotte agrarie della prossima estate» bisognava compiere, nei mesi che mancavano, «un serio lavoro di propaganda»: non per fare nuovi «proseliti» (di questi ce n'erano «forse troppi», osservava) ma per infondere un'autentica fede rivoluzionaria in quanti già si dichiaravano socialisti senza tuttavia «sapere e senza essersi o aver mai domandato il perché»:

> È la propaganda socialista diretta ai socialisti quella che noi vogliamo iniziare! Non è una dichiarazione paradossale la nostra: poiché i socialisti prima degli altri hanno il dovere di conoscere come si deve

---

[23] B. Mussolini, *Al lavoro!*, in «La lotta di classe», 9 gennaio 1910 (ora in Id., *Opera Omnia*, cit., vol. III, pp. 5-7).
[24] *L'attuale momento politico*, in «La lotta di classe», 22 gennaio 1910 (ivi, pp. 12-13).

agire per dichiararsi socialisti e come si lotta per il trionfo delle nostre idee. Alla *quantità* noi preferiamo la *qualità*. Al gregge obbediente, rassegnato, idiota, che segue il pastore e si sbanda al primo grido dei lupi, noi preferiamo il piccolo nucleo risoluto audace che ha dato una ragione alla propria fede, sa quello che vuole e marcia direttamente allo scopo. Noi vogliamo che le quaranta sezioni della nostra Federazione, siano sezioni socialiste, non luoghi di semplice ritrovo domenicale. Ho già iniziato e continuerò il giro di propaganda in tutto il collegio. Parlerò ai socialisti e su temi socialisti. Chiedo ai compagni una cosa sola: l'attenzione. Cercherò alle frasi di sostituire le idee. Anche la vecchia oratoria a base di volate rettoriche ha fatto il suo tempo: concisione ci vuole e precisione. Io credo che a poco a poco crescerà il numero dei socialisti coscienti e quest'opera dissodatrice delle intelligenze non sarà stata infeconda[25].

Come da lui annunciato, nei primi mesi del nuovo anno Mussolini – nel cui programma riecheggiavano nitidamente parole e concetti espressi da Gustave Le Bon nella sua *Psicologia delle folle*[26] – svolse dunque un'intensa attività di propaganda girando in lungo e in largo la provincia. Tra gennaio e marzo tenne una quindicina di conferenze parlando di temi come «i socialisti e la questione sociale», «socialismo e socialisti», «il dovere dei socialisti nella civiltà attuale», «anticlericalismo e socialismo», «perché siamo socialisti», e commemorando figure come Andrea Costa, Karl Marx e Giordano Bruno. Egli preparava con scrupolo i suoi interventi. Come lui stesso spiegava, per tenersi «al corrente del movimento socialista e intellettuale contemporaneo» leggeva «un'infinità di giornali quotidiani, molte riviste e molti libri». Ciò richiedeva un grande sforzo e per questo, a suo dire, non poteva intensificare ulteriormente la sua azione. «Meglio del resto poche conferenze dense di pensiero», sosteneva, «che un rosario di chiacchierate a base di pistolotti, superficialità e sfuriate rettoriche»[27].

---

[25] B. Mussolini, *La nostra propaganda*, in «La lotta di classe», 12 febbraio 1910 (ivi, pp. 25-26).
[26] Mussolini non citava direttamente l'opera di Le Bon, pubblicata a Parigi nel 1895, ma riteniamo molto probabile che all'epoca l'avesse già letta sebbene ciò non sia documentato.
[27] *[Per il socialismo forlivese]*, in «La lotta di classe», 16 aprile 1910 (ora in Mussolini, *Opera Omnia*, cit., vol. III, pp. 69-76).

Oratore efficacissimo, dotato di un naturale magnetismo, con la sua foga e la sua eloquenza rapida e tagliente riusciva a «incatenare» l'attenzione di chi lo andava ad ascoltare, come fece ad esempio il 14 maggio a Predappio, suo villaggio natale, quando parlò per quasi due ore di «movimento operaio e socialismo» di fronte a un pubblico «imponente, composto di ambi i sessi e di tutte le gradazioni sociali», ricevendo alla fine «uno scrosciante applauso durato parecchi minuti»[28].

La sua attività giornalistica in quei mesi fu molto intensa. Tracciando in aprile un primo bilancio del suo lavoro, in occasione del primo congresso della Federazione socialista forlivese, Mussolini sottolineava come fossero state smentite le previsioni di chi malignamente aveva immaginato per «La lotta di classe» un'esistenza precaria. Non solo il giornale, «sorto con un titolo che non attirava simpatie e con un programma che ne allontanava», viveva di una vita che non era «penosa e incerta», ma la sua tiratura, affermava, era «più che confortante»:

> Del primo numero furono tirate 1300 copie – ci mantenemmo coi successivi fra le 1200 e le 1300 – toccammo le 1500 col numero 11 – ed ora siamo stazionari fra le 1300 e le 1400 con tendenza ad aumentare. La resa è minima. Il nostro giornale è diffuso, anche oltre il collegio e buone rivendite sono stabilite nella Romagna Appenninica, a Forlimpopoli, a S. Mauro, a Rimini.

«La lotta di classe» peraltro, proseguiva Mussolini, si era mantenuta fedele al suo programma: aveva dato «ampio spazio alla *Vita nelle sezioni* e al *Movimento delle organizzazioni economiche*»; aveva toccato «alcune questioni cittadine di massima importanza»; non aveva avuto «scrupoli di manifestarsi anche in merito all'attività della direzione centrale e alla non attività del gruppo parlamentare socialista», e molti dei suoi articoli erano stati anche «riportati da altri periodici italiani e stranieri». «Il giornale», concludeva, «io lo scrivo»:

---

[28] *La vita nelle sezioni. Predappio*, in «La lotta di classe», 21 maggio 1910 (ivi, pp. 404-405). Sullo stile oratorio del giovane Mussolini cfr. M. Gervasoni, *Speranze condivise. Linguaggi e pratiche del socialismo nell'Italia liberale*, Marco Editore, Lungro di Cosenza 2008, pp. 146-155.

Lo faccio colla penna, non colle forbici. Il giornale ha avuto in queste ultime settimane un contenuto prevalentemente polemico, ma i compagni sanno il perché e non occorre insistervi. Dico solo che il giornale continuerà ad essere quale lo abbiamo ideato: piattaforma per tutte le discussioni, arma di polemica e di battaglia – nodo che vincola tutti i socialisti del collegio[29].

In estate, Mussolini partecipò poi attivamente alle lotte agrarie, incitando con i suoi virulenti articoli i braccianti romagnoli nel loro conflitto con i mezzadri sulla proprietà e sull'utilizzo delle macchine trebbiatrici[30]. Affermatosi come il capo indiscusso del socialismo forlivese, nel mese di settembre, in vista del congresso nazionale del Psi in programma a Milano a fine ottobre, a cui per la prima volta anche lui avrebbe partecipato, il giovane rivoluzionario si occupò quindi del problema dell'«Avanti!», l'organo del partito che non godeva allora di buona salute (aveva una tiratura giornaliera di circa diecimila copie), attorno al quale si era aperto un dibattito su un eventuale suo trasferimento da Roma, dove era stato fondato nel 1896, a Milano. Da un lato, registrava Mussolini, vi era la corrente capeggiata da Filippo Turati che voleva «ad ogni costo» lasciare il quotidiano nella capitale, «per conservarlo nel centro della vita politica e parlamentare». Dall'altro lato, invece, vi era la corrente del «Comitato della sezione milanese» che voleva portarlo nel capoluogo lombardo «per fonderlo naturalmente» con «Il Tempo», foglio della corrente riformista. Mussolini avversava entrambe le posizioni e proponeva a sua volta una terza soluzione: «Noi non siamo né con Turati, né cogli altri», affermava, «né a Roma, centro dell'affarismo politico, né a Milano, centro dell'affarismo massonico radico-socialista. Né troppo al sud, né troppo al nord. L''Avanti!' dev'essere portato nell'Italia centrale. Non a Firenze, ma a Bologna»[31].

Firenze, spiegava in un successivo articolo, non aveva infatti «giornalismo quotidiano». «I giornali fiorentini sono una miseria», ma «il giornalista ha bisogno di essere spronato al lavoro

---

[29] *[Per il socialismo forlivese]*, cit.
[30] Cfr. De Felice, *Mussolini il rivoluzionario*, cit., p. 94; Milza, *Mussolini*, cit., pp. 146-147.
[31] *[Il problema dell'«Avanti!»]*, in «La lotta di classe», 10 settembre 1910 (ora in Mussolini, *Opera Omnia*, cit., vol. III, p. 181).

dall'emulazione. A Firenze mancherebbe». Bologna, viceversa, aveva a suo avviso «parecchi requisiti degni di essere presi in considerazione»:

> Anzitutto è una grande città che va continuamente aumentando la sua popolazione. C'è un proletariato industriale in formazione.
> Domani quando gli stabilimenti industriali che il «Resto del Carlino» diligentemente elenca saranno in attività, Bologna avrà grandi masse vergini di proletari industriali. Che Bologna non possa, né debba essere considerata come una città di provincia, lo dice il suo giornalismo. Il «Resto del Carlino» ha una collaborazione di primissimo ordine, come nessun giornale della capitale può vantare. Un giornale dove scrivono Sorel, Labriola, De Marinis, Papini, Prezzolini non può essere ignorato da quanti vogliono seguire il pensiero dei rappresentanti le più originali e forti tendenze culturali del mondo moderno. L'«Avvenire d'Italia» può cimentarsi coi grandi quotidiani. Il suo clericalismo è così sapientemente dissimulato da non urtare il pubblico degli indifferenti o degli atei. Del resto è pieno di notizie e a Bologna ha raggiunto una diffusione considerevole.
> Per completare questo potente triumvirato giornalistico noi vorremmo l'«Avanti!» a Bologna. Vorremmo cioè cacciarlo a contatto immediato col giornale dell'*Agraria* e con quello del clericalismo. E tal contatto dovrebbe significare battaglia.

La città emiliana inoltre, secondo Mussolini, sarebbe stata il «centro più favorevole» per la diffusione dell'organo socialista: «Uscendo al mattino l'"Avanti!" potrebbe sostenere la concorrenza dei quotidiani di Bologna e di Milano perché giungerebbe prima o contemporaneamente in tutta Italia», ma soprattutto, aggiungeva, a Bologna l'«Avanti!» si sarebbe trovato «nel centro della vita proletaria nazionale, vicinissimo alle plaghe dove si combatteranno in avvenire battaglie economiche che interessano tutta la nazione, vicinissimo ancora alle terre rosse di Romagna che contano migliaia e migliaia di socialisti pronti a qualunque sacrificio purché il giornale lo meriti. Il giornale dei socialisti deve stare dove i socialisti ci sono, non dove i socialisti sono... una favola»[32].

---

[32] *Il problema dell'«Avanti!»*, in «La lotta di classe», 24 settembre 1910 (ivi, pp. 192-196).

Al congresso di Milano, dominato dai riformisti, Mussolini pronunciò un discorso breve e scarsamente argomentato, che passò quasi inosservato e che anche l'«Avanti!» riassunse in poche righe[33]. Riguardo al problema del giornale, il congresso segnò invece l'apertura di una nuova stagione per il foglio socialista con la nomina a direttore di Claudio Treves, già direttore de «Il Tempo» di Milano e collaboratore fidato di Turati, che subentrava a Leonida Bissolati[34], «uno dei maggiori responsabili della crisi agonica dell'"Avanti!"» secondo Mussolini[35].

Malgrado l'insuccesso milanese, alla fine dell'anno il giovane rivoluzionario poteva rivendicare comunque risultati che rafforzavano la sua posizione. Gli iscritti alle quaranta sezioni della Federazione erano saliti a 1800 e la tiratura de «La lotta di classe» era in continua crescita. Scriveva il 31 dicembre:

Il giornale ha già varcato i confini angusti del collegio politico: da Rimini a Faenza, da Galeata a Fusignano non v'è paese che non abbia abbonati e lettori del nostro giornale. [...] Noi sentiamo bene che «La lotta di classe» è ormai entrata nelle abitudini dei socialisti della città, dei paesi, delle campagne; noi sappiamo che al sabato mattina i socialisti attendono «La lotta di classe» come si attende un amico che vi parlerà buone e veritiere parole; noi sappiamo che al sabato sera nei circoli si legge, si commenta ciò che sul giornale sta scritto; noi sentiamo che i socialisti considerano ormai questo giornale come la loro anima collettiva, vigilante e pugnace[36].

Ambizioso e determinato a emergere, nel corso del nuovo anno Mussolini acquisì una certa fama al di fuori della sua provincia quando, nel mese di aprile, in aperto dissidio con la direzione riformista, fece approvare dal Psi l'autonomia della Federazione forlivese. Fama amplificata poi da una condanna a un anno di reclusione (ridotta in appello a cinque mesi e mezzo) inflittagli in

---

[33] De Felice, *Mussolini il rivoluzionario*, cit., pp. 95-96; Milza, *Mussolini*, cit., pp. 147-148.
[34] G. Arfè, *Storia dell'Avanti!* (1956-58), a cura di F. Assante, Giannini Editore, Napoli 2002, p. 85.
[35] *Il problema dell'«Avanti!»*, in «La lotta di classe», 17 settembre 1910 (ora in Mussolini, *Opera Omnia*, cit., vol. VIII, pp. 187-191).
[36] Mussolini, *Tra l'anno vecchio e il nuovo*, cit.

novembre per aver incitato alla violenza i lavoratori durante uno sciopero generale contro la guerra di Libia[37].

Uscito di prigione nel marzo 1912, nel mese di luglio Mussolini partecipò a Reggio Emilia al XIII congresso del Psi, in occasione del quale pronunciò, dal palco del teatro Ludovico Ariosto, un discorso di grande effetto. Accolto dagli applausi, il giovane romagnolo attaccò duramente il gruppo parlamentare socialista, il cui operato – affermava – si riassumeva in tre parole: «assenteismo, indifferenza, inazione», e richiese, ottenendola, l'espulsione dal partito di alcuni riformisti di destra tra cui Bissolati e Ivanoe Bonomi[38]. Il suo intervento suscitò una grande impressione sull'uditorio, e risultò decisivo per la vittoria della frazione rivoluzionaria, che conquistò la guida del partito, e Mussolini, a 29 anni, salì alla ribalta nazionale divenendo l'esponente più popolare e fascinoso della corrente rivoluzionaria[39].

Direttore dell'«Avanti!»

Nel mese di novembre, su proposta di Costantino Lazzari, Mussolini fu nominato direttore dell'«Avanti!», incarico a cui ambiva da tempo[40], con uno stipendio di cinquecento lire avendo rifiutato il compenso di settecento lire che percepiva Treves[41]. La sua ascesa alla direzione, preceduta dal brevissimo interludio di Giovanni Bacci, rappresentò una svolta per l'organo socialista.

Con Treves l'«Avanti!» aveva conosciuto una stagione felice. Sotto la sua direzione, terminata al congresso di Reggio Emilia, era stata costituita la Società Editrice Socialista – a garanzia di

---

[37] Cfr. De Felice, *Mussolini il rivoluzionario*, cit., pp. 98-111; Milza, *Mussolini*, cit., pp. 149-157; Gentile, *Mussolini, Benito*, in *Dizionario Biografico degli Italiani*, cit.

[38] *Sull'azione del gruppo parlamentare*, in Mussolini, *Opera Omnia*, cit., vol. IV, pp. 161-170.

[39] Cfr. De Felice, *Mussolini il rivoluzionario*, cit., pp. 112-130; Milza, *Mussolini*, cit., pp. 157-161; Gentile, *Mussolini, Benito*, in *Dizionario Biografico degli Italiani*, cit.

[40] Sin dal 1908 Mussolini aveva manifestato l'ambizione di dirigere un quotidiano, cfr. Milza, *Mussolini*, cit., pp. 115-116.

[41] Cfr. G. Bozzetti, *Mussolini direttore dell'"Avanti!"*, Feltrinelli, Milano 1979, p. 73; Milza, *Mussolini*, cit., pp. 161-162.

una maggiore stabilità finanziaria del quotidiano – e la sede del giornale era stata infine trasferita da Roma a Milano. Erano state poi rinnovate le attrezzature, migliorati i servizi, vivacizzata l'impaginazione e arricchita la varietà e la qualità delle collaborazioni. L'«Avanti!» aveva raddoppiato così gli abbonamenti e triplicato le tirature, affermandosi in quel periodo come uno dei migliori quotidiani italiani, schierato su una posizione di ferma e risoluta opposizione alla guerra di Libia[42].

Con Bacci non vi erano stati poi sostanziali cambiamenti, ma con Mussolini il quotidiano assunse una nuova fisionomia e intonazione. Egli lo rese graficamente più pulito e, nel complesso, più incisivo e stimolante per i lettori grazie ai suoi corsivi, cappelli e postille[43]. Inoltre, per la prima volta, aprì le sue pagine ad articoli che esponevano e difendevano una visione idealistica della realtà. Il nuovo direttore, infatti, dai tempi del soggiorno trentino lettore fervido de «La Voce» di Giuseppe Prezzolini, si considerava allora un socialista eretico: sua ambizione era quella di «rinnovare la concezione del socialismo sradicandola dal positivismo e perfino dal materialismo, per innestare il neo-idealismo nel marxismo del socialismo italiano». Tali «infiltrazioni idealistiche», tuttavia, si sarebbero via via diradate, e fu probabilmente per questo, ha osservato Emilio Gentile, che sul finire del 1913 fondò una rivista politica, «Utopia», per portare avanti la sua revisione neoidealista del socialismo rivoluzionario[44].

Concependo, dunque, il giornale quotidiano come uno strumento di lotta fondamentale per un moderno partito di massa («un partito senza giornale quotidiano», sosteneva, «oggi in cui si vive così fervidamente e velocemente – è un partito senza voce, senza gregari, senza avvenire»[45]), Mussolini si presentò ai lettori il 1° dicembre annunciando che l'«Avanti!», in vista anche della «grande battaglia» elettorale in programma l'anno successivo[46], avrebbe assunto un indirizzo «più rivoluzionario», assicurando

---

[42] Arfè, *Storia dell'Avanti!*, cit., pp. 86-99.
[43] Bozzetti, *Mussolini direttore dell'"Avanti!"*, cit., pp. 75-76.
[44] E. Gentile, *Il mito dello Stato nuovo. Dal radicalismo nazionale al fascismo*, Laterza, Roma-Bari 1999², pp. 120-121.
[45] *Il problema dell'«Avanti!»*, cit.
[46] *L'"Avanti!" per le elezioni generali politiche*, in «Avanti!», 15 dicembre 1912.

comunque che esso sarebbe rimasto sempre «organo del Partito unitario in tutte le sue frazioni, gradazioni, sfumature», «una libera piattaforma aperta a tutte le voci, a tutti i dibattiti, a tutti coloro che abbiano dei concetti da esporre o intendano comunque di portare un contributo alla nostra indefessa battaglia [...] contro il nemico comune: la borghesia sfruttatrice»[47].

Inaugurò così il nuovo corso allontanando dalla redazione i giornalisti e i collaboratori la cui presenza giudicava incompatibile con la linea che voleva imporre al giornale (tra cui Treves, al quale rifiutò tre articoli spingendolo in tal modo alle dimissioni), e al posto degli esclusi, come redattori o collaboratori Mussolini chiamò non solo persone a lui fidate o, in ogni caso, appartenenti alla frazione rivoluzionaria del Psi, ma anche sindacalisti rivoluzionari e anarchici come Enrico Leone, Agostino Lanzillo, Sergio Panunzio e Arturo Labriola, nonché alcuni membri del gruppo riunito da Gaetano Salvemini intorno alla rivista «L'Unità»[48]. Come redattore capo aggiunto volle invece Angelica Balabanoff, a cui era profondamente legato sin dai tempi della permanenza in Svizzera, la quale accolse con soddisfazione la nomina: «Essere designato dai compagni a dare un contributo quotidiano alla nostra stampa, al nostro organo centrale, è per noi certo fonte di profonda soddisfazione intellettuale e morale», scriveva il 22 dicembre sull'«Avanti». «È un compito che ciascuno di noi si assume con immenso orgoglio. E ciò appunto perché si tratta di stampa nostra, di stampa socialista, perché ci si offre l'occasione di potere, anche dalle colonne del giornale, affermare e diffondere le idee che sono il patrimonio nostro più prezioso»[49].

La nuova linea del quotidiano si manifestò sin dai primi giorni del nuovo anno. Approfittando di alcuni eccidi proletari, il più grave dei quali fu quello di Roccagorga, in Ciociaria, avvenuto il 6 gennaio (una protesta popolare fu repressa con la forza dall'e-

---

[47] *[Alla direzione dell'«Avanti!»]*, in «Avanti!», 1° dicembre 1912 (ora in Mussolini, *Opera Omnia*, cit., vol. V, pp. 5-7).

[48] De Felice, *Mussolini il rivoluzionario*, cit., pp. 139-140.

[49] Balabanoff, *La stampa socialista e il dovere dei compagni*, cit. Balabanoff si dimise poi nel luglio successivo per dissapori di varia natura con Mussolini, cfr. Milza, *Mussolini*, cit., pp. 167-168.

sercito e sette contadini furono uccisi), Mussolini scatenò una violenta campagna contro il governo Giolitti che gli costò un rinvio a processo per apologia di reato e di eccitamento alla indisciplina e alla diserzione dell'esercito.

La... patria, quest'anno – scrisse nel primo di una serie di articoli sulla vicenda –, ha distribuito una memorabile strenna della Befana al proletariato italiano: un po' della molta mitraglia che la pace di Losanna risparmiò agli arabi e ai beduini della Libia! [...]
Ebbene, per portare la civiltà agli arabi della Libia si sono spesi ottocento milioni, e pur ieri una relazione ministeriale magnificava gli splendidi risultati dell'organizzazione sanitaria nella città di Tripoli; ma quando gli arabi di Rocca Gorga chiedono le fogne, i medici, l'acqua, la luce, il Governo, che non ha più milioni, manda i carabinieri e annega nel sangue la civile, la santa, l'umana protesta del popolo[50].

In qualità di direttore dell'«Avanti!», il 9 gennaio Mussolini intervenne anche in un grande comizio contro «gli assassinii di Stato» presso la casa del popolo di Milano, rievocando dal palco eccidi passati e incitando il proletariato a vendicarsi: «A morte i massacratori del popolo! Viva la Rivoluzione!», proclamò[51]. Il 12 gennaio, a Torino, parlò nuovamente per un'ora davanti a un'affollata platea di lavoratori[52], e quello stesso giorno, dalle colonne del suo giornale, attaccò anche i quotidiani borghesi che, a suo dire, avevano trascurato la vicenda, limitandosi a pubblicare i dispacci dell'agenzia «Stefani», in ossequio alla parola d'ordine di Giolitti: «tacere»[53].
Sebbene criticato sia dai riformisti, i quali gli rimproveravano di confondere rivolta e rivoluzione, lotta di classe e avventurismo insurrezionale, e di essere in realtà, come scriveva Anna Kuliscioff a Turati nel febbraio 1913, «un anarchico perfetto»[54], sia da taluni esponenti della corrente intransigente, come Serrati, il quale

---

[50] *Assassinio di Stato!*, in «Avanti!», 7 gennaio 1913 (ora in Mussolini, *Opera Omnia*, cit., vol. V, pp. 52-53).
[51] *[Contro gli eccidi]*, in «Avanti!», 10 gennaio 1913 (ivi, pp. 56-58).
[52] *La magnifica protesta del proletariato torinese*, in «Avanti!», 13 gennaio 1913.
[53] *Il silenzio della vergogna*, in «Avanti!», 12 gennaio 1913 (ora in Mussolini, *Opera Omnia*, cit., vol. V, pp. 59-61).
[54] Cit. in Milza, *Mussolini*, cit., p. 165.

giudicava il suo discorso rivoluzionario «paradossale, iperbolico e ridicolo», se messo a confronto con «*la pratica possibilistica del partito*»[55], Mussolini nei mesi successivi si mantenne sulla linea che si era prefissato, con l'«obiettivo strategico», come ha scritto Gaetano Arfè, di rafforzare l'organizzazione partitica a scapito della Confederazione generale del lavoro, «che rimaneva il formidabile baluardo dei riformisti e rendeva di fatto impossibile ogni rovesciamento di indirizzo politico del Partito socialista»[56]. Egli lanciò così un'energica campagna antiprotezionista per l'eliminazione delle industrie protette, nelle quali – come scriveva Nicolò Fancello sul foglio socialista – la lotta di classe non poteva essere condotta fino in fondo[57]. In maggio appoggiò poi lo sciopero dei metallurgici indetto a Milano dall'Unione sindacale italiana (Usi), l'organizzazione dei sindacalisti rivoluzionari, e in giugno lo sciopero generale proclamato dopo l'arresto dei principali capi dell'Usi. Criticato nuovamente per questo da Turati e da Serrati[58], a metà luglio Mussolini minacciò, quindi, di rassegnare le dimissioni allorché la direzione del Psi mise in discussione il suo atteggiamento, giudicato da alcuni avventuroso, ma la minaccia rientrò dopo che gli venne rinnovata la fiducia[59].

Commentando sul giornale i lavori della direzione, Mussolini evidenziò compiaciuto come a un anno dal congresso di Reggio Emilia gli iscritti al partito regolarmente tesserati fossero saliti da circa ventottomila a trentaquattromila. «Noi non siamo i feticisti del numero», scriveva, «ma non vogliamo perciò svalutare la significazione profonda di questo crescente proselitismo che reca continuamente nuove forze e nuovi uomini al Partito. Sono le idee morte quelle che non fanno più proseliti e le idee sono vive quando uscendo dal cerchio ristretto dei primi iniziatori ed assertori, toccano e commuovono le moltitudini».

Riguardo invece alla questione dell'«Avanti!», che – osservava – «è stato troppo parte della vita proletaria e socialista italiana in questi ultimi tempi, perché una discussione sul suo indirizzo non

---

[55] G.M. Serrati, *Valorizzare o concretare?*, in «Avanti!», 15 febbraio 1913.
[56] Arfè, *Storia dell'Avanti!*, cit., p. 106.
[57] Ivi, pp. 110-111.
[58] Milza, *Mussolini*, cit., pp. 175-176.
[59] Arfè, *Storia dell'Avanti!*, cit., pp. 112-113.

dovesse appassionare i dirigenti del Partito e un po', anche, il pubblico in genere», Mussolini rimarcava che gli «egregi compagni» che avevano contestato l'indirizzo del giornale non avevano però «specificato nulla» e si erano limitati «a esprimere dei desiderata, in verità alquanto vaghi». «Noi aspettiamo di sapere che cosa significano le parole "ortodossia marxista" e "rigidismo politico". Perché c'è una ortodossia intelligente e una ortodossia bigotta e beghinesca anche nel marxismo». A chi poi lo aveva criticato per le sue «oscillazioni di pensiero», il direttore dell'«Avanti!» rispondeva che ciò poteva essere anche vero, dal momento che «il pensiero è come l'acqua del mare, instabile, sempre anche quando la superficie sembra tranquilla», mentre a chi lo aveva accusato di «personalismo» faceva notare che

il «personalismo» nel senso migliore della parola è inevitabile in un giornale di idee e di battaglia. Tende a scomparire nei grandi giornali a base industriale che al conflitto delle idee hanno sostituito la prolissità del notiziario. Là, il direttore non scrive più. Fa scrivere. Ordina. Noi invece esprimiamo le «nostre» idee, cercando e credendo d'interpretare quelle degli altri. Ma l'idea non si spersonalizza. È un assurdo in termini[60].

Le elezioni del 1913

La direzione del partito si era occupata anche delle imminenti elezioni politiche, che si sarebbero svolte tra fine ottobre e inizio novembre, e Mussolini, nel suo commento, dopo aver sottolineato che i socialisti erano «pronti» per quell'appuntamento («dimostreremo domani l'organicità del nostro programma elettorale, che non è riformista, né integralista come si è affermato»), preannunciava che la campagna elettorale sarebbe stata condotta dal partito «colla più grande attività»: «Giolitti ha lanciato apertamente la sua sfida al Partito socialista e il Partito socialista saprà degnamente raccoglierla!»[61].

---

[60] *Dopo i lavori della Direzione del Partito. Primo commento*, in «Avanti!», 18 luglio 1913.
[61] *Ibid.*

La campagna elettorale dei socialisti si aprì ufficialmente il 7 settembre. Quel giorno, in un fondo intitolato *Preludio*, Mussolini scrisse:

> Oggi, in conformità alle decisioni della Direzione del Partito, i socialisti italiani iniziano ufficialmente e simultaneamente la campagna elettorale. Invero tale opera di preparazione è cominciata da parecchi mesi, ma frammentariamente secondo la nostra mala abitudine di latini che non sanno ancora adattarsi alle disciplinate masse d'insieme. Solo oggi la manifestazione assumerà ampiezza a carattere nazionale. Era ed è tempo di suscitare un po' di fervore, di polemiche, di discussioni attorno a un avvenimento che – qualunque possa essere la valutazione teorica del parlamentarismo – ha una indiscutibile importanza e ben lo sanno i contadini delle Puglie che sono disposti a tutto – anche allo sciopero generale – pur di essere liberi nella esplicazione del diritto di voto. Il partito socialista scende, dunque, in campo a bandiere spiegate, con un programma preciso, con una tattica altrettanto precisa, solo contro tutti[62].

Il direttore dell'«Avanti!» indicava quindi come capisaldi programmatici per tutti i socialisti – i quali per disperdere gli «equivoci» che a suo dire funestavano la vita politica italiana avrebbero combattuto per l'appunto «da soli contro tutti», «anche contro gli amici e i compagni di ieri»[63] – la lotta intransigente alle spese militari e la lotta altrettanto ferma al protezionismo doganale. «Il proletariato», affermava, «deve scuotersi e gridare il suo basta»: «basta colle corazzate, colle caserme, coi cannoni mentre migliaia di comuni in Italia non hanno scuole, non hanno strade, non hanno fogne, non hanno luce, non hanno medici e vivono nella tragica penombra della civiltà», e «basta colla scandalosa protezione doganale accordata a un manipolo di speculatori che compiono uno strozzinaggio esoso ai danni della grande massa dei consumatori»[64].

La campagna elettorale entrò nel vivo ai primi di ottobre, dopo lo scioglimento della Camera e la conferma che si sarebbe vota-

---

[62] *Preludio*, in «Avanti!», 7 settembre 1913 (ora in Mussolini, *Opera Omnia*, cit., vol. V, pp. 284-286).
[63] *Socialisti, a voi!*, in «Avanti!», 9 ottobre 1913 (ivi, pp. 315-317).
[64] *Preludio*, cit.

to il 26 ottobre. L'organo socialista intensificò allora l'azione di propaganda. Dedicò ampio spazio alle centinaia di comizi che si tennero nelle giornate precedenti il voto, denunciò a gran voce le intimidazioni e le violenze che turbarono il voto in Puglia e in altre regioni meridionali, e riportò anche un'ampia sintesi del discorso che Mussolini, candidato a Forlì, pronunciò il 18 ottobre per illustrare ai suoi elettori il programma socialista e ricordare loro che «questo primo esperimento di suffragio universale» avrebbe rappresentato «la prova del fuoco per il Partito Socialista», «l'indice della sua vitalità e della sua forza»[65]. Il resoconto pubblicato era però «lardellato» di «svarioni», tanto che il direttore dovette subito intervenire per rettificarli e avvertire che non avrebbe partecipato ad altre «conferenze elettorali», perché – spiegò – «in questo momento il mio posto è qui al giornale dove i compagni mi hanno messo appunto perché io parli – come so e posso – per tutti. E non faccio nessuna eccezione a questa regola. Nemmeno per il collegio di Forlì»[66].

Lo sforzo profuso diede i suoi frutti. Le elezioni furono un successo per il Psi, che ottenne quasi un milione di voti e 53 seggi, raddoppiando la forza del suo gruppo parlamentare rispetto alla precedente legislatura. Anche se non fu eletto, Mussolini a caldo commentò:

> Quella di domenica è stata per il partito socialista italiano una giornata trionfale. Vittoria certa, vittoria indiscutibile, vittoria che ha sorpreso i più ottimisti fra noi stessi, che ha sbalordito gli avversari, ma soprattutto vittoria «nostra», assolutamente «nostra».
> Nel 1909, l'«Avanti!» compiacendosi dei risultati delle elezioni generali, inneggiava al successo complessivo dei candidati democratici, repubblicani, socialisti. Era l'epoca nefasta del popolarismo. Oggi non più. [...] La vittoria di domenica appartiene a un solo partito, al nostro. Non comincino i fogli democratici a parlare di «trionfi popolari» per intorbidare le acque, o, altrimenti dicendo, per ciurlare nel manico ché il gioco è scoperto e non inganna nessuno. Noi soli abbiamo vinto, anzi, stravinto. A noi soli è concesso di bivaccare sulle posizioni conservate e sulle conquistate, mentre i nemici fiaccati sbandano da ogni

---

[65] *Benito Mussolini illustra a Forlì il programma del Partito Socialista*, in «Avanti!», 19 ottobre 1913 (ora in Mussolini, *Opera Omnia*, cit., vol. V, pp. 322-328).
[66] Cfr. «Avanti!», 20 ottobre 1913 (*ibid.*).

parte come gregge di pecore sorprese dall'uragano; bivaccare, ma per breve ora, perché noi vogliamo continuare l'avanzata, batterci ancora, vincere ancora sino al giorno in cui avremo annientati tutti i nemici del nostro ideale[67].

Il congresso di Ancona

Dopo le elezioni, Mussolini concentrò tutta la sua azione in funzione del XIV congresso nazionale socialista, in programma ad Ancona alla fine di aprile del 1914, per assicurare la vittoria al gruppo rivoluzionario che faceva capo a lui e al segretario Lazzari[68]. Prima di quell'appuntamento, però, a fine marzo, fu impegnato nel processo presso la Corte d'Assise di Milano che lo vedeva imputato insieme alla sua redazione per la campagna condotta dopo l'eccidio di Roccagorga, dal quale uscì assolto[69]. Davanti al presidente del tribunale, riportò l'«Avanti!», Mussolini si difese attaccando: non solo non negò che la sua nota intitolata *L'assassinio di Stato*, pubblicata all'indomani dei fatti, fosse «molto vivace», ma aggiunse che a distanza di sedici mesi era arrivato a credere che avrebbe avuto il diritto di scriverla in modo ancora «più vivace, perché i particolari che giunsero dopo erano tali da giustificare qualsiasi violenza di stile e di linguaggio»[70].

Al congresso di Ancona, che approvò la sua linea integralista e intransigente[71], Mussolini tracciò un bilancio dei primi diciassette mesi della sua direzione, premettendo che sarebbe stato telegrafico poiché la sua relazione «morale» era stata già pubblicata sull'«Avanti!» alcune settimane prima. Dopo aver ringraziato il suo predecessore, Giovanni Bacci, al quale riconosceva il merito

---

[67] *"Oh che bel camposanto da far invidia ai vivi!"*, in «Avanti!», 28 ottobre 1913 (ivi, pp. 338-341).

[68] Cfr. De Felice, *Mussolini il rivoluzionario*, cit., pp. 177 sgg.

[69] *La giuria milanese ha fatto giustizia: l'«Avanti!» assolto*, in «Avanti!», 2 aprile 1914.

[70] *Gli eccidi e le miserie del Mezzogiorno d'Italia davanti alla Corte d'Assise di Milano nel processo contro la redazione dell'«Avanti!»*, in «Avanti!», 27 marzo 1914.

[71] Cfr. De Felice, *Mussolini il rivoluzionario*, cit., pp. 188-192; Milza, *Mussolini*, cit., pp. 178-179; Gentile, *Mussolini, Benito*, in *Dizionario Biografico degli Italiani*, cit.

di aver ricompattato con la sua opera il partito, uscito lacerato dal congresso di Reggio Emilia, Mussolini confessò ai delegati presenti che nel novembre 1912 aveva accettato «con una grande trepidazione» l'incarico di direttore dell'organo del Psi: «Un giornale di partito», disse, «è un giornale di idee, un giornale di battaglia, quindi un giornale difficile che non può essere comparato con nessun altro giornale, né al giornalismo di affari, o d'informazione, né al giornalismo cosiddetto delle correnti idee, correnti elastiche che comprendono tutto e non comprendono nulla. (*Si ride*)»[72].

Mussolini ricordò quindi che in quei diciassette mesi di «attività indiavolata» c'erano stati tanti avvenimenti «ponderosi, memorabili: guerra di Libia (che continua ancora), guerra nella penisola balcanica, eccidi, grandi scioperi, elezioni politiche». Il giornale – sottolineava – aveva continuato nella sua «tenace» opposizione alla guerra libica, aveva cercato di spiegare («anche col sussidio di quanto scrivevano i socialisti stranieri, sempre bene informati, specie i tedeschi, sulle questioni internazionali»), ai socialisti italiani, i retroscena della guerra balcanica che era stata «cantata come una guerra di liberazione mentre era una guerra di rapina e di conquista, fatta da monarchie criminali avide di espansione territoriale»; una guerra che aveva lasciato «insoluta o quasi la questione balcanica», tanto che a suo avviso erano «possibili nuove e più gravi sorprese».

Riguardo agli eccidi, «specialità italiana (*si ride*) purtroppo», Mussolini fece notare che in occasione di quello «classico» di Roccagorga, invece di «prendere il toro per le corna», come aveva preteso di fare in passato il partito, lui aveva seguito un'altra linea di condotta, ritenendo che non dovessero essere i socialisti a consigliare il popolo di subire in silenzio le violenze governative:

> Ho detto tranquillamente: se è il Governo che incoraggia la polizia, è lui direttamente responsabile e complice continuo in questa sua politica di eccidi, di questi suoi massacri sistematici; quindi il popolo, il proletariato, i socialisti, non possono più umanamente e nemmeno giuridicamente predicare la rassegnazione e la calma (*applausi*) avven-

---

[72] [*Per l'«Avanti!»*], in Mussolini, *Opera Omnia*, cit., vol. VI, pp. 163-168, citazione a p. 163.

ga che può. Noi socialisti che dobbiamo essere pronti a tutti i cimenti, anche quelli che pongono a rischio la nostra incolumità personale, non possiamo fare quella propaganda pacifista, che fornisce un'arma agli avversari e deprime l'anima delle masse. L'educazione? Bellissima cosa: comincino anche gli altri a darne la prova. (*Si ride: «bravo!»*)[73].

Anche durante gli scioperi generali di Milano – quantunque guidati dai sindacalisti – l'«Avanti!» era rimasto al fianco del proletariato in lotta, ricordava ancora Mussolini, osservando che se così non avesse fatto «il giornale si sarebbe suicidato»[74]. Infine, anche in occasione delle elezioni politiche Mussolini sosteneva di aver seguito «una linea di condotta precisa e coerente»: «Intransigenza su tutta la linea, lotta contro i Partiti affini, specialmente democratici. [...] Chiarezza e lotta contro l'equivoco, anche contro l'equivoco socialista». L'«Avanti!», spiegava, aveva iniziato la campagna elettorale un anno ancora prima del voto. Aveva tentato anche «una rassegna dei collegi», che tuttavia non era risultata «troppo interessante per la solita deficienza di giornalisti» che aveva il partito, ma in ogni caso si poteva affermare – «anche se ciò sembri un po' orgoglioso» – che il giornale, nelle elezioni politiche, era stato «all'altezza della situazione»[75].

Nel periodo della sua direzione c'erano stati anche altri avvenimenti: «campagna politica contro i progetti Spingardi; campagna contro i dazi doganali e altri». L'«Avanti!» si era interessato poi di tutte le questioni internazionali, come ad esempio la questione triestina che era stata «lumeggiata ampiamente» dal giornale, e non erano mancati inoltre «dissidi» e «discrepanze», dovute a «ragioni materiali e meccaniche». «Per esempio – indicava Mussolini – il fatto che il giornale si stampa a Milano ed il gruppo parlamentare e la Direzione stanno a Roma: non sempre ci si può consultare». Bisognava poi tener presente che anche dal punto di vista tecnico un giornale socialista non era in nessun modo paragonabile ad un giornale borghese: «la tecnica – affermava Mussolini – è questione di denaro e finché non abbiamo i milioni avremo una tecnica deficiente». D'altra parte, proseguiva, l'«Avanti!» – in quanto organo di

---

[73] Ivi, p. 164.
[74] *Ibid*.
[75] Ivi, pp. 165-166.

partito – «ha da soddisfare esigenze imprescrittibili»: «ha bisogno di dare la vita al Partito» e «di dedicare una vasta parte del suo spazio alle organizzazioni operaie», e lui, anzi, aveva cercato «di accentuare questo carattere proletario e di fare il giornale del proletariato italiano», sembrandogli «inutile di rivaleggiare sul campo delle informazioni coi colossi del giornalismo borghese»[76].

Concludendo, Mussolini affermava dunque con soddisfazione che al partito presentava un giornale la cui tiratura – che aveva raggiunto in media le sessantamila copie giornaliere con punte sino a centomila – era «quintuplicata» rispetto a quando si stampava a Roma. E se avesse continuato «ad andare così bene, quasi troppo bene», l'«Avanti!», a suo avviso, avrebbe potuto aumentare ulteriormente la sua diffusione. Il giornale, rimarcava ancora, era «unitario» perché «tutte le voci» vi avevano libero corso e perché «tutti i proletari di tutta Italia» – «dagli automobilisti di Torino agli sfruttati zolfai della Sicilia» – avevano trovato nell'organo del Psi «il loro difensore disinteressato»: «Non ho dato tregua ai nemici del socialismo, li ho inseguiti sempre, e non me ne faccio un vanto, perché i nemici del Partito in Italia, quando non ci attaccano colla calunnia e col mendacio hanno sempre armi così arrugginite, così vecchie che più che il senso della battaglia eccitano quello della pietà e della compassione»[77].

«Abbasso la guerra!»

Dopo il successo ottenuto al congresso, il 1° maggio Mussolini lanciò un appello affinché fossero date nuove «macchine» tipografiche all'«Avanti!», per irrobustire «uno degli strumenti più poderosi che i socialisti italiani adoperano nella demolizione della società capitalistica» e rendere «più agile, più pronto, più efficace, più irrompente questo foglio di carta che da diciotto anni unisce, rincora, rinsalda le masse proletarie ed attacca, sgretola il mondo borghese»[78].

---

[76] Ivi, pp. 166-167.
[77] *Ibid.*
[78] *Date macchine all'«Avanti!»*, in «Avanti!», 1° maggio 1914.

Il mese successivo, le agitazioni popolari che scossero il paese durante la Settimana rossa sembrarono confermare poi ai suoi occhi la bontà del nuovo indirizzo rivoluzionario seguito dal partito, che contava ormai quarantacinquemila iscritti. Mussolini sostenne e incoraggiò i moti scoppiati dopo l'eccidio di Ancona del 7 giugno, che per alcuni giorni infiammarono le piazze delle principali città dell'Italia settentrionale. Lo sciopero generale proclamato dalla Confederazione generale del lavoro (e revocato con suo disappunto dopo due giorni), che paralizzò «quasi completamente la vita sociale italiana», fu a suo giudizio «il moto di popolo più grave che abbia scosso la terza Italia», ed egli attribuiva al suo «Avanti!», che «quotidianamente reca la sua parola agli sfruttati d'Italia, e all'opera complessa di tutto il Partito Socialista»[79], il merito di aver fatto maturare nelle coscienze proletarie il senso dell'insofferenza dell'ingiustizia e la volontà di ribellione.

Alla fine del mese, Mussolini sottostimò invece la gravità dell'uccisione a Sarajevo dell'arciduca d'Austria Francesco Ferdinando e della sua consorte, per mano del nazionalista serbo Gavrilo Princip. Commentando l'avvenimento, si limitò infatti a giudicare «doloroso ma spiegabile» l'attentato, da lui presentato come semplice conseguenza della lotta fra «nazionalismo e potere centrale» all'interno dell'impero degli Asburgo. Ma come ha osservato anche Pierre Milza[80], egli non prese in alcuna considerazione l'ipotesi che una guerra fosse vicina, né l'eventualità della partecipazione italiana a un conflitto che sarebbe rimasto confinato ai Balcani.

Anche nelle prime settimane di luglio l'«Avanti!» diede poca importanza alla crisi balcanica. Solo il 25 luglio, dopo la presentazione dell'*ultimatum* con cui l'Austria cercò di imporre alla Serbia la sua partecipazione nelle indagini sull'attentato, quando la situazione, dunque, andava ormai precipitando, il foglio socialista titolò: *Nubi minacciose all'orizzonte balcanico*. «La presentazione della Nota austro-ungarica alla Serbia», scrisse Mussolini, «è, in questo momento, il fatto più importante della politica internazionale. Il "passo" del Governo della Monarchia danubiana è,

---

[79] *Tregua d'armi*, in «Avanti!», 12 giugno 1914 (ora in Mussolini, *Opera Omnia*, cit., vol. VI, pp. 218-221).
[80] Milza, *Mussolini*, cit., p. 183.

in realtà, l'inizio del pericoloso duello fra la Serbia e l'Austria. A nessuno sfugge la gravità della Nota. Essa ha un palese carattere d'imposizione. L'Austria dà degli ordini, delle "ingiunzioni" alla Serbia. Tanto che è legittimo chiederci se ci troviamo in presenza di una Nota diplomatica o di un vero e proprio "ultimatum"»[81]. L'indomani, dopo la risposta negativa della Serbia, in un fondo intitolato *Abbasso la guerra!* Mussolini quindi commentò: «L'ipotesi terribile che non volemmo formulare ieri perché un ultimo barlume di speranza ci sorreggeva, è divenuta, oggi, realtà di fatto. Il termine fissato dall'Austria è trascorso e la risposta della Serbia è stata trovata "insufficiente" dal Governo austriaco. La diplomazia non ha più nulla da dire o da fare: ora entrano in scena gli eserciti. È la guerra!».

Secondo Mussolini, le responsabilità della catastrofe che si andava profilando erano chiare. Esse ricadevano sull'Austria-Ungheria, poiché «la Nota consegnata alla Serbia era un "ultimatum"». Per ciò che riguardava invece la posizione dell'Italia, il direttore dell'«Avanti!» non aveva dubbi sul fatto che essa avrebbe dovuto mantenere un atteggiamento di «assoluta neutralità», nel caso in cui il conflitto fosse rimasto isolato fra l'Austria e la Serbia. Ma se la Russia fosse scesa in campo, proseguiva Mussolini, allora la guerra austro-serba sarebbe divenuta una guerra europea: «L'Austria sarà appoggiata dalla Germania [...] e la Russia dalla Francia. L'atteggiamento dell'Inghilterra è incerto. Da quanto si sa essa non ha "impegni formali" né colla Russia, né colla Francia. [...] E l'Italia? Nel caso deprecato di una conflagrazione europea qual è il suo posto? Accanto all'Austria, contro la Francia?»[82].

L'«Avanti!» seguì l'epilogo della crisi con crescente apprensione. Il 28 luglio titolò a tutta pagina: *Ora di ansia e di trepidazione in Europa*. Il giorno successivo riportò poi con sgomento la notizia della dichiarazione di guerra dell'Austria alla Serbia; «notizia che», scriveva Mussolini, «getterà nella più acerba angoscia milioni e milioni di cuori. È il primo atto del dramma. Che avverrà poi?»[83]. Quello stesso giorno l'organo socialista diede,

---

[81] *Austria e Serbia*, in «Avanti!», 25 luglio 1914 (ora in Mussolini, *Opera Omnia*, cit., vol. VI, pp. 285-286).
[82] *Abbasso la guerra?*, in «Avanti!», 26 luglio 1914 (ivi, pp. 287-288).
[83] *Grido d'allarme!*, in «Avanti!», 29 luglio 1914 (ivi, p. 289).

inoltre, ampia rilevanza alle grandi manifestazioni pacifiste che si erano svolte nei giorni precedenti a Parigi e a Berlino, oltre che a Milano, le quali, secondo Mussolini, smentivano dunque quanto andava sostenendo «con una insistenza ormai idiota e in malafede» la «stampa borghese», ovvero che solo i socialisti italiani si stavano allora agitando contro la guerra, mettendo in dubbio «i sentimenti anti-guerreschi dei proletariati delle altre nazioni»[84].

«Dalla neutralità assoluta alla neutralità attiva ed operante»

La deflagrazione della «grande guerra europea», come titolò l'«Avanti!» il 3 agosto, ebbe in realtà come conseguenza immediata proprio la crisi dell'internazionalismo socialista. Nel clima di *unione sacra* creatosi in quei giorni nei paesi coinvolti nel conflitto, il grosso del movimento socialista internazionale finì infatti per schierarsi su posizioni sostanzialmente patriottiche. I socialisti francesi, quando il 31 luglio il loro leader Jean Jaurès fu ucciso da un fanatico nazionalista, rinunciarono a scendere in piazza, e poco dopo entrarono a far parte del governo. I capi della socialdemocrazia tedesca a loro volta votarono in parlamento a favore dei crediti di guerra, motivando la loro scelta col pericolo di una vittoria zarista, e allo stesso modo si comportarono i socialdemocratici austriaci.

Mussolini da parte sua, il 4 agosto, in una commemorazione per Jaurès, sottolineando come i socialisti italiani avessero da subito preso posizione contro la guerra disse che era comunque «prematuro e inopportuno» giudicare il comportamento tenuto dal proletariato negli altri paesi[85], anche se quello stesso giorno, in una breve nota da lui scritta per «Utopia», fu assai più netto: «L'Internazionale socialista», si leggeva, «è morta... Ma è mai vissuta? Era un'aspirazione, non una realtà. Aveva un ufficio a Bruxelles e pubblicava un soporifero bollettino in tre lingue una o due volta all'anno. Nient'altro»[86].

---

[84] *Le dimostrazioni contro la guerra a Parigi*, in «Avanti!», 30 luglio 1914.
[85] Mussolini, *Opera Omnia*, cit., vol. VI, pp. 302-304.
[86] Ivi, pp. 321-322.

L'indomani, sull'«Avanti!», Mussolini tornò quindi a polemizzare con i giornali borghesi colpevoli, a suo dire, di speculare in modo «imbecille» sul gesto del socialista francese Gustave Hervé, tipico antimilitarista e internazionalista convertitosi subito alla guerra difensiva e arruolatosi nell'esercito francese. «Quell'Hervé», scriveva, «che la stampa borghese ha trattato fino a ieri come una canaglia, un pazzoide, un venduto», e che ora è diventato «un Hervé che bisogna segnalare quale esempio incontrovertibile di devoto disperato amor patrio a quegli incorreggibili... antipatrioti che sono i socialisti italiani». Ricordando che il pacifista francese era stato «sino all'ultimo momento oppositore implacabile della guerra», definendola, come facevano anche i socialisti italiani, «immonda», Mussolini difendeva il suo gesto, sostenendo che Hervé non poteva in nessun caso essere considerato un «guerrafondaio» anche se fosse andato al fronte, «così come non è un delinquente il pacifico cittadino che deve d'un tratto ricorrere alla *browning* per difendersi dall'attacco del bandito»; e «il militarismo prussiano e pangermanista – concludeva – è, dal '70 ad oggi, il bandito appostato sulle strade della civiltà europea!»[87].

L'aggressione tedesca al neutrale Belgio aveva scosso profondamente l'opinione pubblica, e anche l'«Avanti!» di Mussolini non aveva esitato a schierarsi contro gli imperi centrali, manifestando le sue simpatie per i popoli aggrediti, sebbene i socialisti italiani avversassero comunque la guerra in ogni sua forma e si fossero espressi in modo chiaro per la neutralità assoluta dell'Italia. I titoli a tutta pagina di quei giorni erano in tal senso espliciti: *L'orda teutonica scatenata su tutta l'Europa* (4 agosto); *Il militarismo brutale inizia le sua gesta di sangue* (5 agosto); *La sfida germanica contro latini, slavi ed anglosassoni* (6 agosto); *La fiera resistenza dei belgi arresta l'avanzata tedesca* (7 agosto). Vittime del militarismo, secondo Mussolini, erano anche i socialisti tedeschi, accusati a suo avviso ingiustamente – sempre dai «giornali borghesi italiani» – di non aver saputo impedire la guerra, nonostante le forze a loro disposizione: «i quotidiani, i deputati, i sindacati». Tali forze tuttavia, sosteneva Mussolini, non potevano bastare per impedire una guerra, poiché per fare ciò sarebbe stato necessario «abbat-

---

[87] *Hervé «la guerra immonda»*, in «Avanti!», 5 agosto 1914 (ivi, pp. 307-308).

tere – rivoluzionarmente – i poteri dello Stato». Ma se il partito avesse avuto «in sé la capacità per questo sforzo», proseguiva, allora non ci sarebbe stato «bisogno di aspettare la guerra per fare la rivoluzione». Se invece non ce l'avesse avuta, non sarebbe stata di certo la guerra che avrebbe potuto «improvvisarla». Il problema, quindi, andava a suo giudizio posto differentemente: «hanno o non hanno i socialisti tedeschi protestato contro la guerra? Si sono o non si sono opposti alla guerra?». E fatti alla mano, affermava Mussolini, era inoppugnabile che i socialisti tedeschi avessero fatto il loro dovere: «hanno lavorato per la pace, hanno protestato contro la guerra. Poi è cominciato il regno della sciabola e della sciabola prussiana: il regno del terrore»[88].

Circolavano infatti notizie – non certe – di arresti arbitrari e fucilazioni sommarie di socialisti avvenute in Germania dopo lo scoppio della guerra. Il 15 agosto, l'«Avanti!» rilanciò ad esempio con grande enfasi la notizia dell'avvenuta fucilazione del «celebre» leader socialista tedesco Karl Liebknecht, riportata il giorno prima dal «Secolo» di Milano, che se fosse stata confermata, commentava Angelica Balabanoff, allora «il militarismo avrebbe compiuto un atto obbrobrioso, coerente, vendicativo. Avrebbe approfittato del momento di terrore e di spargimento di sangue per liberarsi d'uno dei suoi nemici più implacabili»[89]. La notizia si sarebbe rivelata poi infondata, ma quello stesso giorno l'«Avanti!» riferiva anche di altri «gravi avvenimenti» avvenuti a Berlino, anch'essi tuttavia non certi: si era appreso infatti da alcuni tedeschi fuggiti in Svizzera di una «vera rivolta delle masse popolari contro lo Stato e contro la feroce disciplina militare» scoppiata nella capitale tedesca, che il governo locale aveva «naturalmente» cercato di tenere nascosta «per dare ad intendere che tutta la Germania» era «unanime attorno al trono»[90].

Per oltre un mese Mussolini difese strenuamente sul suo giornale la tesi della neutralità assoluta[91]. L'«Avanti!», oltre a dare conto della situazione sui vari fronti e all'interno dei paesi belli-

---

[88] *Accuse e accusatori*, in «Avanti!», 7 agosto 1914.
[89] A. Balabanoff, *Liebknecht sarebbe stato fucilato*, in «Avanti!», 15 agosto 1914.
[90] *Gravi avvenimenti a Berlino?*, in «Avanti!», 15 agosto 1914.
[91] Cfr. De Felice, *Mussolini il rivoluzionario*, cit., p. 243.

geranti, riservò così ampio spazio anche alle manifestazioni e ai comizi contro la guerra organizzati dai socialisti in tutta Italia, e denunciò altresì il comportamento di quegli speculatori che tentavano di sfruttare il momento per arricchirsi, anche se il paese non era in guerra. Erano, questi, «i corvi», affermava l'organo socialista, «i veri nemici della società» che «nei periodi di gravi calamità pubbliche» vi speculavano sopra, insieme agli «allarmisti» che contagiavano «col loro panico la massa dei cittadini»; e «naturalmente», aggiungeva, «i corvi si reclutano tra quei grossi industriali che magari vanno per la maggiore nei periodi di elezioni, come gli allarmisti sono quei lucidi borghesi che allibiscono al pensiero di non poter godere dei piaceri di una lauta cucina»[92].

Mussolini ospitò poi sul giornale anche un dibattito sul tema della neutralità[93]. Intervennero tra gli altri Balabanoff, Giovanni Zibordi, Bordiga e lo stesso Mussolini, il quale ribadì la sua ferma avversione alla guerra. Il 1° settembre il direttore accolse quindi un articolo, da lui definito «ondeggiante», dell'onorevole Antonio Graziadei, in cui da un lato si riconosceva al Partito socialista «il merito grandissimo di avere, per primo e sin dall'inizio della immane crisi, proclamata la assoluta necessità per il nostro Paese di dichiararsi neutrale», e dall'altro lato si sosteneva che la neutralità avrebbe dovuto essere anche «armata» e che i socialisti avrebbero dovuto partecipare alla difesa del paese in caso di aggressione[94]. Mussolini non era d'accordo su questo secondo punto, ma osservò che era in ogni caso un «bene» che in quel frangente tutte le voci si facessero sentire, perché si trattava di «problemi complessi»[95]. Il 12 settembre, ospitò così anche un articolo di Sergio Panunzio in cui si affermava che tra socialismo e guerra non vi era incompatibilità e che la guerra sarebbe stata comunque un fatto rivoluzionario[96], al quale egli replicò l'indomani insistendo che essa rappresentava invece «una enorme violazione della libertà e dell'autonomia

---

[92] *I corvi e gli allarmisti*, in «Avanti!», 7 agosto 1914.
[93] Cfr. Arfè, *Storia dell'Avanti!*, cit., pp. 121-123; De Felice, *Mussolini il rivoluzionario*, cit., pp. 243-246.
[94] A. Graziadei, *In tema di "neutralità italiana"*, in «Avanti!», 1° settembre 1914.
[95] *La "subordinata"...*, in «Avanti!», 2 settembre 1914.
[96] S. Panunzio, *Guerra e socialismo*, in «Avanti!», 12 settembre 1914.

umana»[97]. Il 21 settembre Mussolini pubblicò ancora un manifesto contro la guerra, e il 25 promosse un referendum sulla questione invitando il proletariato italiano a pronunciarsi con la sua voce dopo due mesi di discussioni; ma in realtà Mussolini, pungolato dagli interventisti democratici e dagli interventisti rivoluzionari, che sostenevano la guerra contro il militarismo e l'autoritarismo degli imperi centrali, andava maturando allora interiormente un crescente scetticismo verso la formula della neutralità assoluta[98], che ripudiò infine pubblicamente con un lungo articolo intitolato *Dalla neutralità assoluta alla neutralità attiva ed operante*, apparso il 18 ottobre, nel quale sostenne che i socialisti non potevano più rimanere a guardare mentre si combatteva una guerra che avrebbe deciso le sorti dell'Europa e dell'Italia[99].

«*Chi paga?*»

Riunitasi a Bologna, la direzione del Partito socialista il 20 ottobre respinse quasi all'unanimità la svolta di Mussolini, il quale decise allora di rassegnare le dimissioni. L'indomani, in una breve nota sul giornale, spiegò:

In seguito alle decisioni della Direzione del Partito, ho rassegnato le dimissioni da direttore dell'«Avanti!». Nominato da un congresso nazionale, solo dinanzi un altro congresso nazionale avrei dovuto rendere conto del mio mandato; ma io, quantunque ci siano dei precedenti, non faccio questioni di procedura, e me ne vado. Con serenità, con orgoglio e con fede immutata![100]

Mussolini ricevette diversi telegrammi e lettere di solidarietà, tra cui una di Gaetano Salvemini nella quale lo storico di Mol-

---

[97] *Guerra, Rivoluzione e Socialismo. Contro le "inversioni" del sovversivismo guerrafondaio*, in «Avanti!», 13 settembre 1914.

[98] Sulla conversione di Mussolini all'interventismo cfr. E. Gentile, *Le origini dell'ideologia fascista (1918-1925)*, il Mulino, Bologna 1996, pp. 83-96; De Felice, *Mussolini il rivoluzionario*, cit., pp. 221 sgg.; Milza, *Mussolini*, cit., pp. 190-195.

[99] B. Mussolini, *Dalla neutralità assoluta alla neutralità attiva ed operante*, in «Avanti!», 18 ottobre 1914 (ora in Id., *Opera Omnia*, cit., vol. VI, pp. 393-403).

[100] *Congedo*, in «Avanti!», 21 ottobre 1914 (ivi, p. 416).

fetta si rallegrava che il suo «istinto sano e forte» lo avesse fatto arrivare «anche questa volta alla linea buona di condotta»[101]. La sera del 21 partecipò poi a una riunione della sezione socialista di Milano, in occasione della quale ribadì che la sua «fede» era «immutata»[102], e nei giorni successivi si attivò per fondare un suo giornale con il quale condurre la sua crociata interventista. Prese quindi contatto con il direttore de «il Resto del Carlino» Filippo Naldi, uomo di destra legato agli ambienti della grande industria che aveva conosciuto alcuni mesi prima, da cui fu aiutato economicamente e logisticamente nel lancio del nuovo foglio, e proprio su «il Resto del Carlino», il 25 ottobre, trapelò la notizia del suo progetto, che egli si affrettò a smentire[103]. Ma il 10 novembre, dopo alcuni giorni trascorsi nell'ombra, fu lui stesso ad annunciare con una intervista al quotidiano bolognese che il suo giornale, «Il Popolo d'Italia», avrebbe visto la luce il 15. «Si pensava da molti che io mi fossi ritirato a vita privata, che io mi acconciassi a tacere», disse. «Invece io mi preparavo l'arma, la mia arma, colla quale riprendere senza indugio e con ardore rinnovato la battaglia contro la neutralità assoluta»[104].

Il nuovo foglio non era comunque un semplice «giornaletto di propaganda, di dimensioni proletarie e spesa», come qualcuno si aspettava; era bensì un quotidiano di sei pagine (due più dell'«Avanti!»), con ampi e ricchi notiziari, una titolazione varia e articolata, il romanzo d'appendice e inserzionisti importanti. La sua comparsa rappresentò pertanto una «dolorosa sorpresa» per i militanti socialisti[105], i quali si sentirono traditi dal loro ex leader, che fino a qualche settimana prima li ammoniva dalle colonne dell'«Avanti!» affermando «chi vi spinge alla guerra vi tradisce!», e ora, sul primo numero de «Il Popolo d'Italia», scriveva invece: «Il mio grido augurale... è una parola paurosa e fascinatrice: guerra!»[106].

---

[101] *Una lettera di Salvemini*, in «Avanti!», 21 ottobre 1914 (*ibid.*).
[102] [«*La mia fede è immutata*»], in «Avanti!», 22 ottobre 1914 (ivi, p. 417).
[103] *Per una fantasia*, in «Avanti!», 26 ottobre 1914.
[104] *Mussolini riconferma la sua avversione alla neutralità. Il nuovo giornale sta per uscire*, in «La Patria-Il Resto del Carlino», 11 novembre 1914 (ora in Mussolini, *Opera Omnia*, cit., vol. VI, pp. 430-432).
[105] *Chi paga?*, in «La Giustizia», 22 novembre 1914 (Mussolini, *Opera Omnia*, cit., vol. VII, p. 434).
[106] *Il tradimento*, in «Avanti!», 22 novembre 1914.

Da subito si accese così una violenta polemica tra l'«Avanti!» e Mussolini, con l'organo socialista che chiedeva al suo ex direttore chiarimenti sulle fonti di finanziamento del nuovo giornale: «Mentre a tutti è noto che la stampa del Partito socialista ha chiarissime e pure sorgenti di vita», scriveva il 19 novembre, «sono ignote ed oscure fino ad oggi le fonti alle quali Benito Mussolini ha attinto per la pubblicazione del suo giornale. Alcuni giornali, sia borghesi che socialisti, hanno già esplicitamente chiesto a Benito Mussolini chi gli fornisce il danaro. Finora non si è avuta alcuna risposta». «Benito Mussolini», proseguiva l'«Avanti!», «non ha ancora spiegato perché, per fondare il suo giornale, si sia unito ad uomini e ad organismi giornalistici, che furono e sono notoriamente i più perfidi nemici del proletariato e del socialismo»[107].

Mussolini l'indomani replicò energicamente all'attacco, da lui giudicato «obliquo, sinistro», affermando di essere pronto a dimostrare come era nato il giornale, anche se – faceva notare – «l'organismo di un'azienda industriale non lo si mette in piazza. L'Avanti! stesso non lo fa, malgrado le sue 'fonti chiarissime e pure'. Ma io sono disposto – se sarà necessario – a pubblicare – a mortificazione di tutti – la 'convenzione' in base alla quale il giornale è sorto»[108]. Due giorni dopo, rispondendo a Lazzari, che lo aveva nuovamente criticato, il fondatore de «Il Popolo d'Italia» ribadì che «nessuna impresa» di norma sottoponeva «il suo meccanismo interiore agli sguardi del pubblico profano», e la mattina del 23, in una intervista concessa a «Il Giornale d'Italia», disse di non sentirsi in ogni caso «turbato» dai molteplici attacchi che gli venivano rivolti dalla quasi totalità dei fogli, grandi e piccoli, del socialismo italiano. «Gridino, strepitino, si avventino pure tutti insieme contro di me», affermava, «finché mi resta una penna in mano, e un *revolver* in tasca, io non temo alcuno. Sono forte, nonostante io sia quasi solo: dirò, quasi, che sono forte appunto per ciò»[109].

---

[107] [*Chi paga?*], in «Avanti!», 19 novembre 1914 (ora in Mussolini, *Opera Omnia*, cit., vol. VII, p. 431).
[108] Mussolini, *Chiodi e croce*, in «Il Popolo d'Italia», 20 novembre 1914 (ivi, pp. 18-19).
[109] [*«Finché mi resta una penna in mano, e un "revolver" in tasca, io non temo alcuno»*], in «Il Giornale d'Italia», 25 novembre 1914 (ivi, pp. 32-33).

Fattasi sempre più aspra, la polemica di quei giorni culminò con l'espulsione di Mussolini – considerato ormai dai suoi ex compagni un «traditore», un «elemento impuro» – dal Partito socialista, decisa il 24 novembre dall'assemblea della sezione milanese e ratificata il 29 dalla direzione[110], che considerava chiuso così il caso:

> La Direzione del Partito – si leggeva il primo dicembre sull'«Avanti!» – ha provveduto sollecitamente, energicamente, secondo giustizia e secondo i supremi interessi del movimento socialista. Tutti i compagni d'Italia, tutte le sezioni nostre aspettavano da noi la parola che troncasse nettamente questo triste incidente della vita di partito. Abbiamo tagliato via, reciso irremissibilmente il male[111].

Il duello Mussolini-Treves

Al di là delle polemiche, «Il Popolo d'Italia» – sulle cui pagine scrivevano giornalisti e intellettuali come Prezzolini, corrispondente da Roma del giornale, Antonio Lanzillo, Giovanni Papini, Lido Cajani, Arturo Rossato, Giuseppe De Falco, Torquato Nanni, Maria Rygier, Silvano Fasulo, Manlio Morgagni, Arturo Fasciolo, Francesco Paoloni, Ottavio Dinale, Alessandro Chiavolini, Cesare Rossi e altri ancora – riscosse da subito un notevole successo. In breve divenne il portavoce dell'interventismo rivoluzionario e democratico, e la sua tiratura passò nel giro di pochi mesi da trentamila a ottantamila copie giornaliere[112]. Ciononostante, all'inizio del nuovo anno il quotidiano si ritrovò in gravi difficoltà finanziarie, che riuscì a tamponare *in extremis* grazie a una somma di denaro ricevuta da un agente dei servizi d'informazione francesi[113]. Il 10 febbraio Mussolini, per fare fronte alle spese, rivolse quindi un appello ai lettori («Io non

---

[110] *La Direzione del Partito ratifica unanime l'espulsione di Benito Mussolini*, in «Avanti!», 30 novembre 1914.
[111] *L'incidente è chiuso*, in «Avanti!», 1° dicembre 1914.
[112] Cfr. De Felice, *Mussolini il rivoluzionario*, cit., pp. 288 sgg.
[113] Cfr. L. Nemeth, *Dolci corrispondenze. La Francia e i finanziamenti a "Il Popolo d'Italia" 1914-1917*, in «Italia contemporanea», 212, settembre 1998, pp. 605-615 (in particolare pp. 608-609).

chiedo milioni. Chiedo l'aiuto degli amici, dei simpatizzanti, dei lettori. Chiedo degli abbonati, chiedo dei sottoscrittori»[114]), ma il mese successivo «Il Popolo d'Italia» era ancora in difficoltà, come confessò Mussolini a Prezzolini («ti parlo franco», gli scrisse il 15 marzo: «il giornale non va troppo bene. La tiratura aumenta gradualmente e confortevolmente ma lo spaccio è limitato alle grandi città soltanto, nei piccoli centri è boicottato spontaneamente dal panciafichismo indigeno»[115]).

Frattanto, nel mese di febbraio, una commissione d'inchiesta voluta dallo stesso fondatore de «Il Popolo d'Italia» aveva accertato che il progetto per il suo giornale era stato concepito e messo in atto dopo la sua uscita dall'«Avanti!», dunque negli ultimissimi giorni di ottobre, e non prima come sostenevano i suoi ex compagni. Inoltre, aveva chiarito che Mussolini, benché avesse ricevuto i fondi da Naldi, non aveva tratto personalmente dall'operazione alcun vantaggio di tipo economico[116], ma ugualmente le tensioni con il suo ex partito non si erano placate. Già a fine gennaio si era difatti accesa una nuova virulenta polemica tra lui e Giacinto Menotti Serrati, incaricato dopo le sue dimissioni della continuità redazionale dell'«Avanti!»[117]. A fine marzo fu poi addirittura sfidato a duello da Claudio Treves, il quale si era sentito offeso da alcuni articoli apparsi su «Il Popolo d'Italia» in cui Mussolini aveva scritto: «fra tutti i neutralisti del socialismo ufficiale lazzaronico il più ripulsivo è senza dubbio l'avv. Claudio Treves. Ripulsivo per il suo cinismo, per il suo scetticismo da *snob*; ripulsivo, infine, perché è ormai pacifico che neutralismo e dote sono nella coscienza del debellisiano deputato di Bologna una equazione... senza incognite»[118]; «una volta lo si chiamava Claudio Tremens, d'ora in poi lo chiameremo "palancagreca". Titolo dotale»[119]; «io sono riuscito – pungendolo e mordendolo nella viva carne – a mostrare il Treves

---

[114] *Agli amici*, in «Il Popolo d'Italia», 10 febbraio 1915.
[115] B. Mussolini a G. Prezzolini, 15 marzo 1915 (in Gentile, a cura di, *Mussolini e «La Voce»*, cit., pp. 70-71).
[116] Cfr. Milza, *Mussolini*, cit., p. 198.
[117] Cfr. Mussolini, *Opera Omnia*, cit., vol. VII, pp. 154-216.
[118] *«Palancagreca»!*, in «Il Popolo d'Italia», 19 marzo 1915 (ora in Mussolini, *Opera Omnia*, cit., vol. VII, pp. 268-269).
[119] *L'on. Palancagreca*, in «Il Popolo d'Italia», 24 marzo 1915 (ivi, p. 278).

intimo, il Treves ignoto, il Treves perfido, malvagio, volgare, schifoso»[120].

Mussolini non era nuovo a risolvere le controversie in questo modo. Appena un mese prima aveva duellato a colpi di sciabola con un avvocato riportando una ferita al gomito destro[121]. Con Treves si diede appuntamento il pomeriggio del 29 marzo in una villa nei pressi di Milano, dove si affrontarono furiosamente in uno scontro sospeso senza conciliazione dopo otto assalti durati venticinque minuti, nel corso dei quali dovettero cambiare anche le sciabole essendosene contorta una. Dal verbale redatto dai padrini risultava che Treves aveva riportato «una ferita alla bozza frontale di destra con ematoma, una ferita al cavo ascellare destro, una ferita all'avambraccio, parecchie piattonate alla regione deltoide». Mussolini, invece, aveva riportato «un'abrasione all'avambraccio destro, una ferita interessante il padiglione dell'orecchio destro, piattonate»[122].

Da quel giorno la polemica tra i due sarebbe stata costante e avrebbe avuto per oggetto la posizione neutralista di Treves; e questi, come ricordò anni dopo il figlio Piero, non avrebbe da parte sua mancato di esprimere ai più intimi – «semi-giocosamente» – il rammarico per non averlo allora «infilzato» come forse avrebbe potuto fare[123].

---

[120] B. Mussolini, *L'on. Palancagreca e... compari*, in «Il Popolo d'Italia», 28 marzo 1915 (ivi, pp. 287-289).

[121] *La vertenza Mussolini-Merlino risolta con un duello*, in «Il Popolo d'Italia», 26 febbraio 1915 (ivi, pp. 474-475).

[122] A. Giuliani, *Il duello Mussolini-Treves*, in «Il Popolo d'Italia», 30 marzo 1915 (ivi, pp. 487-489). Cfr. anche *Un duello tra l'onorevole Treves e il professor Mussolini*, in «Avanti!», 30 marzo 1915 (ivi, pp. 489-490).

[123] Cfr. S. Gerbi, *L'ultima intervista a Piero Treves. «Papà e Mussolini»*, in P. Treves, *Scritti novecenteschi*, a cura di A. Cavaglion, S. Gerbi, il Mulino, Bologna 2006, pp. 181-184.

UNA RIVOLUZIONE PER LA TERZA ITALIA
di Emilio Gentile

Non aveva ancora compiuto 29 anni Benito Mussolini quando, quasi improvvisamente, da segretario della Federazione socialista di Forlì divenne un personaggio politico nazionale, dopo il XIII congresso del Partito socialista italiano, che si svolse a Reggio Emilia dall'8 al 10 luglio 1912[1]. Mussolini era giunto al congresso con una modesta popolarità nel suo partito, per aver sostenuto nell'aprile 1911, come esponente della frazione rivoluzionaria, la sedizione del socialismo forlivese contro la direzione nazionale riformista[2]. Inoltre, in Romagna era stato uno dei promotori delle manifestazioni contro la guerra di Libia, per cui aveva scontato il carcere dal 14 ottobre 1911 al 12 marzo 1912[3]. Importanti per il suo successo furono l'originalità dell'oratoria e la giovane età, considerando che Filippo Turati, capo dei riformisti, aveva 55 anni, così come il nuovo segretario del partito Costantino Lazzari[4].

---

[1] Cfr. *Il Partito socialista italiano nei suoi Congressi*, vol. II, *1902-1907*, Edizioni Avanti!, Milano 1961, pp. 184-213.
[2] Ivi, pp. 99 sgg.
[3] Cfr. R. De Felice, *Mussolini il rivoluzionario, 1883-1920*, Einaudi, Torino 1965, pp. 108 sgg.
[4] Cfr. A. Lyttelton, *Il linguaggio del conflitto politico nell'Italia pre-fascista*, in «Problemi del socialismo», 1, 1988, pp. 170-183; M. Ridolfi, *Il PSI e la nascita del partito di massa, 1892-1922*, Laterza, Roma-Bari 1992, pp. 164-166; M. Gervasoni, *Speranze condivise. Linguaggi e pratiche del socialismo nell'Italia liberale*, Marco Editore, Lungro di Cosenza 2008, pp. 142-153, 189-196.

Nascita di un mito

Un vecchio socialista rivoluzionario come Amilcare Cipriani, figura leggendaria per le imprese garibaldine a cui prese parte tra il 1859 e il 1866, combattente per la Comune nel 1871, condannato in Italia ed esule a Parigi da molti anni, all'indomani del congresso di Reggio Emilia dichiarò al giornale «Humanité», riferendosi a Mussolini: «Quest'uomo mi piace molto. Il suo rivoluzionarismo è il mio, dovrei dire il nostro, cioè quello che chiamo classico. A questo valoroso Mussolini manca solo semplicemente questo; di essere socialista e sindacalista a un tempo»[5]. Un altro anziano socialista rivoluzionario, Paolo Valera, lo descrisse come «un cerebrale del socialismo rivoluzionario. Egli è un temperamento. [...] Non conosce deviazioni. È tutto di bronzo. È un uomo di idee. È carico di avvenimenti»[6]. Il giornale sindacalista napoletano «La Propaganda» apprezzò «l'eloquenza personale», «tagliente come una lama, aborrente da ogni volgarità»[7]. Il giovane rivoluzionario affascinò anche anziani riformisti, che a Reggio Emilia votarono per l'espulsione di vecchi compagni e amici, come Bissolati e Bonomi, voluta da Mussolini: uno di essi lo descrive come un «meraviglioso giovane magro, dall'eloquenza a scatti, secca, focosa, originale; un uomo di grande avvenire; ne udremo ancora novella; sarà il dominatore futuro del partito»[8].

Mussolini fu così notato per la prima volta dalla stampa nazionale: il «Corriere della Sera» scrisse che l'oratore «magro, aspro, che parla a scatti, con sincerità, piace al congresso, il quale sente di avere in lui un interprete dei suoi sentimenti»[9]. «Il Secolo», giornale democratico di Milano, lo definì «un originale agitatore romagnolo, che non ripesca le ragioni del proprio rivoluzionarismo nel vecchio arsenale dei suoi compagni di tendenza e che, come ricerca negli studi severi le risorse della sua varia cultura, così nel contatto assiduo con le masse operaie della florida campa-

---

[5] Ivi, p. 207.
[6] Cit. in G. Megaro, *Mussolini. Dal mito alla realtà*, Istituto Editoriale Italiano, Milano 1947, p. 366.
[7] Ivi, p. 296.
[8] Cit. in M. Sarfatti, *Dux*, Mondadori, Milano 1926, pp. 137-138.
[9] Cit. in B. Mussolini, *Opera Omnia*, a cura di E. e D. Susmel, Firenze 1951-63, 36 voll., vol. IV, p. 292.

gna romagnola attinge il calore della sua fede e del suo irriducibile istinto di ribelle»[10]. Per «Il Nuovo Giornale» di Firenze, la concezione rivoluzionaria di Mussolini aveva «un po' del pazzesco. Ma è difesa da un uomo sottilmente dialettico, fecondo, sdegnoso: un vero tipo di originale pensatore, che ha voluto ad ogni modo trovare una via nuova ed incominciare ad imporla aprendola con garbo ed infiorandola con le doti del suo ingegno e della sua oratoria rude, che piace ai rudi romagnoli»[11].

Ciononostante, quando nel settembre 1913 Mussolini fu candidato alla Camera dei Deputati a Forlì, Rino Alessi, un giornalista che lo conosceva fin dall'adolescenza, su un giornale democratico di Bologna prevedeva che non sarebbe stato eletto, aggiungendo che di «questa verità egli deve essere più che persuaso»:

> Non è un antiparlamentarista, ma un uomo di carattere, uno sdegnoso la cui anima esula dai meschini intrighi della politica d'ogni giorno [...] egli non coltiva ambizioni personali. [...] È nato con le abitudini morali già formate; a diciotto anni era, come oggi, un tipico esempio d'intransigenza spirituale. [...] Nell'azione egli rimane un solitario: la massa, infatti, lo ama, ma non l'intende. Le sue formule, i suoi discorsi apodittici, le sue enunciazioni dottrinarie, portano il vigore di una freschezza intellettuale che rare volte si riscontra negli altri scrittori di parte socialista. Ciò spiega il dispetto che molti provarono il giorno in cui, ignoto ai più, dalla tribuna del congresso di Modena [recte Reggio Emilia] poté compiere la propria rivelazione, con idee nelle quali non era traccia di cose vecchie e superate[12].

Alla fine del 1913, annunciando l'uscita della rivista di Mussolini «Utopia», Giuseppe Prezzolini così ne parlava sulla sua rivista «La Voce»: «Quest'uomo è un *uomo* e risalta tanto più in un mondo di mezze figure e di coscienze sfilacciate come elastici che han troppo servito. Una fibra intera che sa reggere obbiettivamente il giornale del partito, ma ha tanto bisogno di esser se stesso completamente da crearsi un suo organo»[13]. Un'impressione simile ebbe l'anarchica Leda Rafanelli, dopo averlo ascoltato commemorare

---

[10] Ivi, vol. IV, p. 293.
[11] Ivi, vol. IV, p. 294.
[12] Ivi, vol. V, p. 395.
[13] «La Voce», 4 dicembre 1913.

la Comune a Milano il 18 marzo 1913: Mussolini «è il socialista dei tempi eroici. Egli sente ancora, ancora crede, con uno slancio pieno di virilità e di forza. È un Uomo. [...] Mi è piaciuto ritrovare, alfine, un socialista vero. Egli non ha subito gli adattamenti dei più del suo partito. Giovane, è rimasto con i giovani, con chi crede e spera nella Rivoluzione»[14].

Insomma, appena un anno dopo la sua affermazione sulla scena nazionale al congresso di Reggio Emilia, attorno alla figura del giovane direttore dell'«Avanti!» cominciava a formarsi un alone mitico, che parve consolidarsi l'anno successivo, quando Mussolini ottenne un nuovo successo personale al congresso nazionale del Partito socialista ad Ancona nell'aprile 1914. Persino fra i riformisti, da sempre duramente combattuti da Mussolini, ci fu chi tributò riconoscimenti alla sua personalità, come il riformista Giovanni Zibordi. Nel suo intervento al congresso di Ancona, pur opponendosi a Mussolini, plaudì «a tutta quella parte dell'opera di Mussolini e dell'"Avanti!" che voi meritatamente applaudite con tanto entusiasmo, anche senza condividere forse tutte le singole frasi che egli scrive», precisando che, con tale distinzione, egli intendeva innalzare l'opera stessa di Mussolini: «essa significa che voi apprezzate in Mussolini qualche cosa che è più della tattica e della tendenza: apprezzate l'anima e lo spirito, la sincerità della fede, la dirittura dell'uomo che anche qui, stamane, da questa tribuna, discuteva con se stesso per ricercare una verità superiore»[15]. Con parole analoghe si pronunciò due mesi dopo Gaetano Salvemini, in un commento sulla Settimana rossa, esprimendo fiducia in «quei socialisti rivoluzionari, che come Benito Mussolini sono rivoluzionari sul serio, e parlano come pensano, e operano come parlano, e perciò portano in sé tanta parte dei futuri destini d'Italia»[16].

Tuttavia, in altre considerazioni sulla figura politica di Mussolini, pubblicate il 15 agosto 1914, Zibordi si domandava se Mussolini «in alcuni aspetti e in alcuni momenti della sua opera – aspetti e momenti saltuari e rari, ma importantissimi e deci-

---

[14] L. Rafanelli, *Una donna e Mussolini*, Rizzoli, Milano 1975, p. 33.
[15] Cit. in Mussolini, *Opera Omnia*, cit., vol. VI, pp. 476-477.
[16] G. Salvemini, *Una rivoluzione senza programma*, in «L'Unità», 19 giugno 1914.

sivi – rappresenti, non diciamo tutto il Partito, ma quella parte stessa che, prevalendo a Reggio e ad Ancona, lo nominò e lo confermò alla direzione dell'"Avanti!"». La questione che il riformista poneva non aveva alcun intento polemico personale, perché, ribadiva, «Benito Mussolini ha doti e benemerenze da tutti riconosciute. Il problema è un altro: rappresenta egli almeno la *sua* frazione?»[17].

Un primitivo nel socialismo

Di sé e del suo socialismo Mussolini scriveva l'11 agosto 1912:

Io sono un primitivo. Anche nel socialismo. Io deambulo nell'attuale società di mercanti come un esule. [...] Ora che il socialismo sta diventando un affare – per i singoli e per le collettività – non lo capisco più. Io vivo in un'altra atmosfera. Sono cittadino d'un'altra epoca. C'è stato un tempo in cui il socialismo non era pratico, non era industriale, non era cooperatore, non era bancario; c'è stato un tempo in cui socialismo significava disinteresse, fede, sacrificio, eroismo. Parlo di trenta, quarant'anni fa. Allora c'erano socialisti innamorati dell'ideale; oggi ci sono dei socialisti – i molti, i più – innamorati del denaro. [...] Il socialismo italiano è ormai un'immensa pratica computistica di dare e avere[18].

Prendendo spunto dalla richiesta di indennità da parte di un ex segretario del partito e giornalista dell'«Avanti!», Mussolini accusava il Partito socialista di aver ripudiato il suo originario idealismo rivoluzionario, diventando «un vasto campo di speculazione»[19]. A Reggio Emilia aveva indicato una nuova via – intransigente e integralista – che, secondo lui, il Partito socialista doveva intraprendere per riacquistare la sua funzione rivoluzionaria, rianimando nel proletariato la «fede» nel futuro avvento del socialismo, come scriveva sull'«Avanti!» il 18 luglio:

---

[17] G. Zibordi, *Continuando a discutere di cose interne di famiglia*, in «Critica Sociale», 15 agosto 1914.
[18] Mussolini, *Opera Omnia*, cit., vol. IV, p. 182.
[19] *Ibid.*

Il congresso socialista di Reggio Emilia dev'essere invece interpretato come un tentativo di rinascita idealistica. L'anima religiosa del Partito (*ecclesia*) si è scontrata ancora una volta col pragmatismo realistico dei rappresentanti l'organizzazione economica che non è una comunità di idee, ma una comunità d'interessi. Ci sono i termini dell'eterno conflitto fra l'idealismo e l'utilitarismo, tra la fede e la necessità. Che importa al proletario di capire il socialismo come si capisce un teorema? E il socialismo è forse riducibile a un teorema? Noi vogliamo crederlo, noi dobbiamo crederlo, l'umanità ha bisogno di un *credo*. È la fede che muove le montagne perché dà l'illusione che le montagne si muovano. L'illusione è, forse, l'unica realtà della vita[20].

Principali responsabili della decadenza del partito erano, per Mussolini, i riformisti, che per oltre un decennio avevano egemonizzato l'orientamento politico e sindacale, con la mentalità positivista, evoluzionista e gradualista. Ispirandosi a una interpretazione evoluzionista del socialismo, i riformisti privilegiavano l'azione parlamentare, le rivendicazioni economiche, il movimento cooperativo, mentre trascuravano l'educazione e la preparazione del proletariato alla rivoluzione sociale. Ciò aveva provocato la decadenza del partito come organizzazione rivoluzionaria, con la perdita di militanti a vantaggio delle organizzazioni economiche[21]. Pertanto, dopo il suo trionfo al congresso di Reggio Emilia, confermato alla fine del 1912 con la nomina a direttore dell'«Avanti!», Mussolini continuò la battaglia contro i riformisti, pur sentendosi «spaesato» anche fra i compagni della frazione rivoluzionaria, come confidò il 20 luglio 1912 a Giuseppe Prezzolini, direttore de «La Voce», che lo aveva invitato a scrivere un articolo sul congresso di Reggio Emilia:

Mi trovo in una curiosissima situazione personale e spirituale che mi impone il riserbo. Io mi sento un po' *dépaysé* anche tra i rivoluzionari. Non più tardi di ieri un collaboratore della 'Critica Sociale' e fondatore a Reggio Emilia del partito riformista, mi profetizzava un non lontano esodo dalle schiere ufficiali. Certo che la mia concezione *religiosa* del socialismo è molto lontana dal rivoluzionarismo filisteo di molti dei miei amici; rivoluzionarismo appena e non sempre elet-

---

[20] Ivi, vol. IV, pp. 173-174.
[21] Ivi, vol. IV, p. 156.

toralistico. Forse chiederò l'ospitalità della *Voce* per i miei tentativi di revisionismo in senso rivoluzionario ma non ora. Ho bisogno di orientare e precisare le mie idee[22].

Mussolini aveva elaborato la sua concezione «religiosa» del socialismo nel corso di un decennio, acquisendo una cultura politica dai testi fondamentali di Marx, Engels, Kautsky, Antonio Labriola – quest'ultimo definito da Mussolini nel 1908 «il più fedele interprete del pensiero marxista e senza dubbio il più profondo dei pensatori socialisti d'Italia»[23] –, oltre che da altri esponenti del socialismo europeo. Sul tronco della sua cultura socialista, costantemente aggiornata con la lettura della letteratura marxista europea, il giovane Mussolini era venuto innestando idee, temi e motivi provenienti dalla storiografia della rivoluzione francese, dall'anarchismo libertario, dalla nuova cultura idealistica italiana, dalle varie «filosofie della vita», dal vitalismo pagano di Nietzsche, dalla teoria delle élites di Pareto, dalla concezione del mito di Sorel[24].

Idealismo rivoluzionario

Per Mussolini il socialismo era «un movimento d'idee che ha le sue basi nelle condizioni della società attuale e rappresenta nella sua negazione – uno stadio superiore di civiltà – un movimento d'idee che per estensione e profondità non può esser paragonato se non al cristianesimo»[25]. Nella retorica politica del giovane rivoluzionario il richiamo alle idee e all'ideale del socialismo era frequente. Egli era convinto, come scriveva il 18 aprile 1908, rievocando Edmondo De Amicis, che «nella vita v'è pure una realtà

---

[22] E. Gentile (a cura di), *Mussolini e «La Voce»*, Sansoni, Firenze 1974, pp. 56-57.
[23] Mussolini, *Opera Omnia*, cit., vol. I, p. 145.
[24] Cfr. Megaro, *Mussolini. Dal mito alla realtà*, cit.; E. Nolte, *Il giovane Mussolini. Marx e Nietzsche in Mussolini socialista*, a cura di F. Coppellotti, Sugarco, Milano 1993; A.J. Gregor, *Young Mussolini and the Intellectual Origins of Fascism*, University of California Press, Berkeley-Los Angeles-London 1979; E. Gentile, *Le origini dell'ideologia fascista (1918-1925)*, il Mulino, Bologna 1996, pp. 61 sgg.; D. Musiedlak, *Il mito di Mussolini*, Le Lettere, Firenze 2009, pp. 121 sgg.
[25] Mussolini, *Opera Omnia*, cit., vol. I, p. 122.

non tangibile, la realtà dell'ideale»[26]. In ciò consisteva quel che Mussolini chiamava «l'idealismo rivoluzionario» del partito[27].

Per Mussolini, «l'ideale» era analogo al mito di Sorel: una visione della futura civiltà socialista e la fede nel suo avvento attraverso l'azione. Il marxismo era per lui «una dottrina di volontà e di conquista: altrimenti sarebbe assai difficile spiegare l'assurda contraddizione fra il preteso fatalismo dottrinale e l'attività pratica di tutta la vita di Marx». Il socialismo così interpretato era idealistico perché non si limitava «a un semplice problema di creazione e distribuzione di beni», ma era «una concezione integrale di una civiltà superiore a quella capitalistica». Di qui «la necessità di un'organizzazione di uomini che – oltre le organizzazioni di mestiere – tenga vivo lo spirito di rivolta, agiti la fiaccola delle idealità lontane, indichi la meta, affronti quei problemi – politici, morali, culturali, religiosi, giuridici – che trascendono la pura e semplice questione del pane»[28].

Mussolini teorizzò fin dall'inizio il primato del partito, «avanguardia vigile del proletariato»[29], come l'aveva definito nel 1904, cioè un'organizzazione rivoluzionaria la cui azione, eminentemente politica, doveva essere principalmente diretta, nella propaganda e nell'azione, alla formazione di una coscienza rivoluzionaria nelle masse proletarie per condurle all'abbattimento della società borghese. Il temperamento e le convinzioni, confessava Mussolini nel 1909, «mi portano a preferire il piccolo nucleo risoluto e audace alla massa numerica, ma caotica, amorfa, vile»[30]; egli corroborava la concezione della minoranza dirigente con la teoria delle élites di Pareto, «forse la più geniale concezione sociologica dei tempi moderni», come la definì nel 1908, ritenendola del tutto compatibile con la sua concezione rivoluzionaria del socialismo e del progresso umano:

> La storia non è che una successione di *élites* dominanti. Come la borghesia si è sostituita al clero e alla nobiltà – nel possesso del-

---

[26] Ivi, vol. I, p. 125.
[27] Cfr. De Felice, *Mussolini il rivoluzionario*, cit., pp. 136 sgg.
[28] Mussolini, *Opera Omnia*, cit., vol. V, pp. 175-176.
[29] Ivi, vol. I, p. 52.
[30] Ivi, vol. II, p. 75.

la ricchezza e nel dominio politico – così la borghesia sarà sostituita dal proletariato, la nuova *élite* sociale che sta formando oggi nei suoi sindacati, nelle sue leghe, nelle sue camere del lavoro i nuclei della futura organizzazione economica a basi comuniste. Mentre la rivoluzione borghese ha mantenuto le classi, la rivoluzione proletaria le sopprimerà[31].

Anche dalla filosofia di Nietzsche, «lo spirito più geniale dell'ultimo quarto del secolo scorso», il giovane rivoluzionario aveva tratto alcune idee per elaborare la sua concezione dell'idealismo rivoluzionario: l'avanguardia proletaria era la manifestazione di una «volontà di potenza che si esplica nella creazione di nuovi valori morali o artistici o sociali», protesa verso «una maggiore espansione della vita [...] vissuta con tutte le energie in una tensione continua verso qualche cosa di più alto, di più fino, di più tentatore», come scriveva alla fine del 1908[32]. Mussolini considerava utile anche l'apporto del sindacalismo rivoluzionario per la «formazione d'un uomo nuovo, economico e morale», come scriveva il 27 maggio 1909[33]. Per questo motivo, il giovane rivoluzionario dava «importanza all'elemento teorico-dottrinario nella vita del socialismo»:

> È la cultura, è la sua massima diffusione – affermava il 30 maggio 1908 –, quella che deve preparare l'anima nuova, è la cultura che darà l'*elemento umano* capace di sollevarsi dalla vita bestiale di tutti i giorni, capace di comprendere la bellezza di un'idea e di interessarsi ai grandi problemi. L'influenza della letteratura socialista sarà ancor maggiore quando l'operaio si volgerà al libro come ad un amico fedele e cercherà di raggiungere l'elevazione delle propria intelligenza e la liberazione dalla schiavitù dello spirito. È con questo sforzo voluto e cosciente che la classe lavoratrice segnerà una nuova e luminosa epoca nella storia del genere umano[34].

---

[31] Ivi, vol. I, pp. 128-129.
[32] Ivi, vol. I, pp. 174-189.
[33] Ivi, vol. II, p. 128.
[34] Ivi, vol. II, p. 144.

Un eretico dell'ortodossia

La miscela mussoliniana di marxismo e idealismo, di Pareto e di Nietzsche, rappresentava una singolarità nella tradizione ideologica del socialismo italiano. Mussolini rivendicava il diritto all'eresia come ricerca per dare nuova vitalità al marxismo, secondo lo svolgersi dei tempi e le nuove esigenze emerse da nuove situazioni.

Giunto alla guida del partito dopo un decennio di coerente politica rivoluzionaria, Mussolini riteneva di essere nella condizione propizia per «svecchiare» la concezione del socialismo e la militanza del partito attraverso una revisione teorica e pratica, nel solco della concezione dell'idealismo rivoluzionario elaborata nel decennio precedente. Poiché, come membro della direzione che aveva assunto la guida del partito e, soprattutto, come direttore dell'«Avanti!» non si sentiva del tutto libero di condurre quest'opera di revisione teorica, alla fine del 1913 Mussolini diede vita alla rivista «Utopia», che nel sottotitolo si definiva «Rivista quindicinale del Socialismo Rivoluzionario Italiano»: «L'ho fondata non tanto per me», scriveva a Prezzolini il 25 marzo 1914, «quanto per trovare fra i giovani dell'ultima ora – socialisti e anche non socialisti – le intelligenze ignorate e capaci di ringiovanire con una nuova interpretazione – ortodossa e o eterodossa – la teoria»[35].

Nel primo numero, il 22 novembre 1913, Mussolini delineava gli scopi della rivista. Precisava, innanzitutto, che essa non nasceva «in opposizione larvata o palese al Partito Socialista, ai suoi uomini dell'una e dell'altra corrente, al suo attuale indirizzo, ma sorge 'per' il Partito e reclama nel Partito ampio diritto di cittadinanza. [...] Niente di scismatico, dunque; ortodossia, invece, pura ortodossia e onestamente – per quanto ciò consentano i tempi – settaria». Mussolini esaltava il valore del marxismo come «il sistema più organico di dottrine socialiste», dove «tutto è controverso, ma niente è fallito. Niente, diciamo; né la teoria della miseria crescente, né quella della concentrazione del capitale, né la previsione apocalittica della catastrofe. Tutto ciò non ha solo un valore storico, ma un valore attuale». Attuale, per Mussolini, era soprattutto la previsione catastrofica, cioè la concezione della

---

[35] Cit. in Gentile (a cura di), *Mussolini e «La Voce»*, cit., p. 62.

rivoluzione sociale come inevitabile conflitto finale nella lotta di classe del proletariato contro la borghesia. Pertanto, era «urgente» una «revisione del socialismo dal punto di vista rivoluzionario», che «si giova, in questo momento, di un complesso di fattori, fra i quali due sono, a parer nostro, preminenti: il fallimento del riformismo politico, la crisi dei sistemi filosofici positivisti». Positivista ed evoluzionista, il riformismo italiano «bandiva la volontà e la violenza dal mondo, negava la Rivoluzione», immaginando un passaggio graduale, pacifico, senza catastrofi e senza salti, dallo Stato borghese allo Stato senza classi, per giungere alla costruzione della nuova civiltà socialista attraverso la democrazia parlamentare. Ma i risultati conseguiti col «metodo legalitario e riformista dominante i partiti socialisti europei, da un ventennio a questa parte», secondo Mussolini erano in massima parte negativi. I riformisti avevano creduto «a un diluirsi dello Stato e del capitalismo in una democrazia – ponte di passaggio al socialismo – mentre lo Stato è e rimane, come nella tipica definizione marxiana, il comitato d'affari della classe borghese, la quale ha abbandonato – per suo conto – le fisime societarie... agli ingenui e fa in tutti i paesi una politica 'classista', recisa e violenta. Le classi, invece di 'confondersi', si 'differenziano' sempre più. In questa constatazione è tutta la bancarotta del riformismo...»[36].

La rivoluzione non è un colpo di mano

Alla polemica antiriformista di Mussolini, i riformisti reagivano accusandolo di romanticismo, irrazionalismo, attivismo, anarchismo, avventurismo, individualismo, superomismo, fino a considerare la sua concezione del socialismo fuori del socialismo. La loro avversione nei confronti del giovane rivoluzionario si acuì dopo il suo rinnovato successo personale al congresso nazionale tenuto ad Ancona dal 26 al 29 aprile 1914, che confermò i rivoluzionari alla guida del partito, e soprattutto dopo l'esaltazione che Mussolini fece dei moti insurrezionali della Settimana rossa nel

---

[36] Mussolini, *Opera Omnia*, cit., vol. VI, pp. 5-8.

giugno 1914[37]. In quell'occasione Claudio Treves sostenne che il rivoluzionarismo mussoliniano era «la ripresa del verbalismo anarcoide, il dileggio di ogni zelo di responsabilità, la divina e fanciullesca illusione di tenere il mondo nel pugno... dell'Idea»[38]. Treves paragonava la rivoluzione vagheggiata da Mussolini a una tragedia «nella quale la folla ha il solito eterno 'ruolo' di coro, e proprio di un coro che è gregge tirato al macello, e i *militanti* hanno quell'altro, brillante e appassionato, dei *protagonisti*, dei fondatori per la *forza dell'intuito*», credendo che l'anima e la volontà della massa organizzata si incarni e si manifesti «nella coscienza dell'eroe, del *santo*, del *duce*»[39].

A tali accuse Mussolini replicava accusando i riformisti di divulgare una caricatura delle sue idee: «ho fama d'essere un impulsivo, un esaltato... No, no. Io non sono invece che un freddo ragionatore», disse a Milano il 17 giugno 1913 durante un comizio a sostegno dello sciopero generale[40]. In un precedente discorso tenuto il 22 aprile alla sezione socialista milanese, Mussolini aveva protestato che era ora di «finirla di segnalare come anarchici tutti quelli che non la pensano come Turati. Sarà forse sbagliato il rivoluzionarismo, ma non è detto che il riformismo sia tutta la verità, null'altro che verità»:

Nessuno di noi intende per rivoluzione la semplice rissa con le guardie o il fattaccio. Per noi è cosa grande, colossale il movimento che può avvenire, e avverrà, forse più presto di quanto si crede. La guerra pareva lontanissima ed è avvenuta. La rivoluzione è nel passato, ma è anche nell'avvenire. Il riformismo non è riuscito ad annullare la possibilità della rivoluzione come l'intendiamo noi[41].

Una simile precisazione non era un espediente di circostanza: infatti, fin dal suo esordio politico Mussolini aveva sostenuto che

---

[37] Cfr. De Felice, *Mussolini il rivoluzionario*, cit., pp. 177 sgg.
[38] Il Vice [C. Treves], *1° maggio di Pangloss*, in «Critica Sociale», 1°-16 maggio 1914.
[39] Il Vice [C. Treves], *Involuzione rivoluzionaria*, in «Critica Sociale», 16-31 luglio 1914.
[40] Mussolini, *Opera Omnia*, cit., vol. V, p. 192.
[41] Ivi, vol. V, p. 154. Mussolini si riferiva alla guerra di Libia e alle due guerre balcaniche.

la rivoluzione esigeva una lunga preparazione del proletariato, perché l'ordine esistente non poteva essere cambiato dall'oggi al domani semplicemente con la violenza: «L'ordine di cose oggi esistente non si muta d'un colpo, come vorrebbero certi utopisti, e come vorremmo del resto anche noi, se non fossimo umanamente sicuri di cadere nelle regioni del sogno», aveva scritto il 9 agosto 1902 in uno dei suoi primi articoli. Ai lavoratori il giovane rivoluzionario consigliava di non «avventurarsi a lotte che, portando alla sconfitta, sfiduciano non solo coloro che hanno dovuto cedere, ma altresì anche gli altri che attendono l'esito del combattimento»; li ammoniva a non cedere «alle impulsività, specie quelle provenienti da una falsa visione del come debba svolgersi il conflitto fra le classi oggi armate l'una contro l'altra», e li esortava a «formare associazioni potenti e per numero e per coscienze», perché «la vittoria arriderà solo ai *ben preparati*»[42]. A chi lo accusava di essere fautore della violenza, Mussolini replicò, nel 1908, che i suoi scritti non autorizzavano «chiunque sappia leggere a credermi un feroce profeta di rivoluzioni, di sangue, di strage»[43].

La rivoluzione che verrà

Dodici anni di militanza e di esperienze politiche non mutarono l'idea mussoliniana della rivoluzione, considerata come atto finale ed estremo della lotta di classe, compiuto dopo una lunga preparazione. L'8 febbraio 1914, parlando a Firenze sul valore storico del socialismo, Mussolini dichiarò: «Il dire oggi che la rivoluzione è vicina è un assurdo; però è altrettanto assurdo dire che la rivoluzione è lontana poiché la storia è piena dell'imprevisto»; in ogni caso, egli ribadiva che la rivoluzione non sarebbe avvenuta con colpi di mano, come credevano i rivoluzionari del 1848: «non c'è più nessuno che creda al colpo di mano [...] in Europa nessuno pensa più al colpo di mano». Compito dei socialisti era di elaborare «le nuove forze della società, demolire costruendo», perché «il socialismo non verrà come un ladro, di notte, secondo la frase

---

[42] Ivi, vol. I, pp. 11-12.
[43] Ivi, vol. I, p. 127.

oweniana, ma sarà invece il resultato dei nostri sforzi consapevoli»; e continuava affermando che per preparare la rivoluzione socialista era necessario «creare in seno al proletariato una minoranza abbastanza numerosa, abbastanza cosciente, abbastanza audace che al momento opportuno possa sostituirsi alla minoranza borghese». Poiché i borghesi non avrebbero ceduto spontaneamente, sarebbe stato necessario un periodo di violenza, ma, precisava Mussolini, «la nostra non sarà la violenza giacobina, noi non creeremo i tribunali rivoluzionari, non imiteremo il 1793». E aggiunse che se era «prevedibile un periodo di storia assai movimentato è d'altra parte umanamente prevedibile che l'atto rivoluzionario sarà oltremodo breve, condizione *sine qua non* di riuscita»[44].

In effetti, pur sostenendo che il Partito socialista non poteva negare la sua solidarietà ai lavoratori impegnati in uno sciopero generale, anche quando non lo approvava, Mussolini criticava i sindacalisti rivoluzionari che praticavano con frequenza lo sciopero generale, come aveva fatto l'8 giugno 1913 sull'«Avanti!», in occasione di uno sciopero generale metallurgico a Milano: «Noi siamo favorevoli alla sciopero generale. Ma, appunto per ciò, protestiamo e insorgiamo tutte le volte che lo si vuole proclamare a sproposito, condannandolo all'insuccesso e al ridicolo. In Italia, i sindacalisti parlano di sciopero generale ad ogni momento e per ogni motivo. Pare uno sport»[45]. Tuttavia, per Mussolini, la frequenza degli scioperi generali dopo la guerra di Libia era il sintomo che «l'Italia è entrata in una situazione rivoluzionaria», come scriveva il 1° luglio 1913 sull'«Avanti!»: «Il Partito Socialista – pena il suicidio – deve affrontare animosamente questa nuova e inquietante situazione storica»[46]. Un anno dopo, replicando – il 6 luglio 1914 – a chi gli rimproverava di avere una concezione anarcoide del socialismo, Mussolini negava di essere «un partigiano della rivolta sistematica»[47]. E nove giorni dopo, commentando la Settimana rossa, affermava che non era stata ancora la «giornata storica» da lui auspicata, ma la definiva comunque un avvenimento a carattere decisamente rivoluzionario senza precedenti nella storia d'Italia:

---

[44] Ivi, vol. VI, pp. 70-82.
[45] Ivi, vol. V, p. 170.
[46] Ivi, vol. V, p. 212.
[47] Ivi, vol. VI, pp. 242-249.

Nessuno, fra i socialisti, pensa che le grandi trasformazioni civili e sociali si conseguano mercé "scatti" di folle disorganizzate. Ho respinto il "colpo di mano", non teorizzo "lo scatto". [...] Una cosa intanto è chiara: in Italia esiste uno stato d'animo rivoluzionario. I moti di giugno lo hanno dimostrato. L'impalcatura sociale scricchiola paurosamente. [...] Il pericolo è che la rivoluzione ci sorprenda troppo presto, che "precipiti" per forza d'eventi più ancora che per volontà di uomini. Ma la rivoluzione sarà. [...] Non sarà la rivoluzione sociale? Che importa! Ogni rivoluzione politica, diceva Carlo Marx, è anche sociale. Oggi il motto marxiano è ancor più vero, dati i rapporti intimissimi che corrono fra economia e politica. Un capovolgimento nell'una ha conseguenze immediate sull'altra. L'Italia ha bisogno di una rivoluzione e l'avrà[48].

Per una grande Terza Italia

La perentoria affermazione del bisogno di una rivoluzione in Italia non rifletteva soltanto la fede di Mussolini nella rivoluzione sociale, ma lasciava filtrare una sua visione della Terza Italia, espressione da lui spesso usata per riferirsi all'Italia unita, alla sua origine e alle sue vicende. La Terza Italia, monarchica e liberale, appariva a Mussolini un paese meschino, con una classe dirigente inetta e corrotta che dominava con spregiudicato interesse di classe su una popolazione in massima parte composta da un proletariato povero e sfruttato, spesso vittima di eccidi quando osava ribellarsi e manifestare contro le ingiustizie: «noi ci vergogniamo di essere cittadini italiani», affermava l'11 luglio 1908: «Non per il ricordo del glorioso passato che ha fatto di noi un popolo grande, immortale nella storia, non per la splendida natura che sorride a questa nostra dolce terra, ma per la delinquenza che vi spadroneggia, per la camorra che la infesta, per le brutture che in nome suo ogni giorno si compiono!»[49].

Il giovane Mussolini aveva una visione complessivamente positiva del Risorgimento democratico e repubblicano; visione derivata probabilmente dalla interpretazione della storia italiana

---

[48] Ivi, vol. VI, pp. 263-264.
[49] Ivi, vol. I, p. 161.

del romagnolo Alfredo Oriani[50]. Mussolini si proclamava federalista e municipalista; ammirava Garibaldi, Mazzini e i patrioti rivoluzionari. Alla fine del 1913, sostenendo la candidatura alla Camera di Amilcare Cipriani, evocò la «vita di sacrifici, di eroismi, di disinteresse» dell'uomo che «ha dato il suo braccio e il suo cuore all'Italia quando si trattava di compiere l'unità della patria, quando si trattava di combattere e non di ciarlare nei circoli più o meno popolari»[51]. Disprezzava, invece, la monarchia di Savoia e i successivi governi del Regno d'Italia. I Savoia, scriveva Mussolini il 30 aprile 1904, avevano originariamente ampliato i confini del loro dominio «coll'assassinio e la frode», per estenderlo poi a tutta l'Italia «colla saggia politica del carciofo». Così, «la terza Italia, che doveva essere repubblicana, fu monarchica»: «Dal '70 ad oggi, la storia della Monarchia è la storia di una lunga vergogna»[52].

Mussolini non attenuò il suo disprezzo per l'Italia monarchica neppure dopo l'avvento al governo di Giovanni Giolitti, salutato dai riformisti come un liberale sensibile alle esigenze del proletariato. Per Mussolini, Giolitti incarnava, al contrario, proprio la Terza Italia monarchica: «Non c'è nulla in lui di grande», affermava il 12 ottobre 1909. A Giolitti il giovane rivoluzionario attribuiva la responsabilità di aver sedotto e indebolito il Partito socialista, senza neppure comprendere la formazione di una nuova Italia produttiva e culturalmente rinnovata: «Mentre l'Italia si rinnova e accelera il ritmo della sua attività economica e spirituale, un ministro come Giolitti è un anacronismo, è una vergogna. Forse è prossima la salutare ventata che spazzerà via Giolitti, il giolittismo e tutta la smidollata ideologia socialoide, che ha vituperato il socialismo puro dell'Internazionale»[53]. Giolitti era «il ministro

---

[50] Mussolini citò per la prima volta Oriani in una recensione al libro di Prezzolini *La teoria sindacalista*, del 27 maggio 1909: «Se, se come afferma Alfredo Oriani, nella sua magnifica *Rivolta Ideale*, ogni epoca non ha che uno scopo: "sviluppare un carattere umano", dovremo o no al sindacalismo la formazione d'un uomo nuovo, economico e morale?» (Mussolini, *Opera Omnia*, cit., vol. II, p. 128). Lo citò di nuovo ampiamente dopo la conversione all'interventismo, in un articolo, *Il monito di Oriani*, pubblicato su «Il Popolo d'Italia», 14 marzo 1915, facendo riferimento, con citazione, al terzo e ultimo volume *La lotta politica in Italia*, pubblicato per la prima volta nel 1892 e riedito da «La Voce» in tre volumi nel 1913.
[51] Mussolini, *Opera Omnia*, cit., vol. VI, p. 27.
[52] Ivi, vol. I, pp. 56-57.
[53] Ivi, vol. II, pp. 258-260.

ideale» di «un paese dove non si fa nulla di serio con un governo che vive alla giornata»; dove era «vivo, profondo, incolmabile l'abisso che separa rappresentanti e rappresentati, parlamento e nazione», i governanti corrotti e il paese «che lavora, che evolve [...] che cerca attraverso la mala politica delle classi dirigenti di migliorare se stesso e di rendere l'aere più puro; il paese nuovo, libero, conscio della missione dei popoli che si riaffacciano alle scene della storia; il proletariato infine che eleva faticosamente con lotte e dolori il livello della sua vita spirituale e fisica, non può sentirsi rappresentato da quell'accolta di parruccóni dall'idee ammuffite come l'ambiente di Montecitorio»[54].

Mussolini insisteva sulla contrapposizione fra «le due Italie» all'interno della stessa società borghese, «fra la borghesia latifondista, neghittosa, politicante che trova il suo istituto ideale nella monarchia e la nuova Italia che progredisce, lavora e sente acutissimo il bisogno di nuove forme più sincere e più libere di vita nazionale», come affermava il 15 gennaio 1910[55]. Il socialista rivoluzionario non nascondeva la sua ammirazione per «una borghesia nuova – ora in via di formazione», come scriveva il 27 dicembre 1908: una «borghesia moderna, evoluta, progressista, avida di traffici, capace di iniziative – *filoneista* per tutto quanto riguarda la tecnica industriale – una borghesia che domani non avrà scrupoli a spezzare la compagine stessa dell'istituto monarchico – se lo troverà d'ostacolo all'espansione delle sue energie rinnovatrici. Questa borghesia grida a coloro che reggono così malamente il timone della nostra barca nazionale: 'Svegliatevi e soprattutto svecchiatevi'». Da questa nuova e intraprendente borghesia, secondo il socialista rivoluzionario, veniva «un grido di battaglia e di speranza: prepariamo l'avvenire d'Italia»[56].

Alla visione negativa dell'Italia monarchica e liberale, Mussolini opponeva allora l'ideale di una Italia nuova che «si prepara a riempire di sé una nuova epoca nella storia del genere umano», come scriveva il 3 luglio 1909, in un articolo sul poeta August von Platen, «un grande amico dell'Italia», al pari di grandi stranieri d'ogni nazione d'Europa: «Da Byron a Goethe, da De Musset

---

[54] Ivi, vol. I, pp. 159-160.
[55] Ivi, vol. III, p. 12.
[56] Ivi, vol. I, pp. 185-186.

a Lamartine, da Klopstock a Schiller, da Shelley a Wagner, da Nietzsche a Ibsen... la patria comune del genio fu ed è l'Italia»[57].

Scritto durante il soggiorno a Trento, l'articolo su Platen era un retorico inno all'Italia, che, dopo «essere stata per molti secoli meta di agognata conquista alle orde barbariche», era divenuta «ed è meta al pellegrinaggio reverente di tutti i grandi geni del nord», così come alla «madre mediterranea [...] si sono volti, spinti da un irresistibile sentimento di nostalgia, i creatori delle altre nazioni d'Europa». All'inno dell'Italia storica, Mussolini faceva seguire un panegirico dell'Italia dei nuovi produttori:

> L'Italia attuale va perdendo le caratteristiche di un cimitero. Dove un tempo sognavan gli amanti e cantavan gli usignoli, oggi fischiano le sirene delle officine. L'Italiano accelera il passo nello stadio dove le Nazioni corrono la grande Maratona della supremazia mondiale. Gli eroi hanno lasciato il posto ai produttori. Dopo aver combattuto si lavora. L'aratro feconda la terra e il piccone sventra le vecchie città.
> L'Italia si prepara a riempire di sé una nuova epoca nella storia del genere umano.

Le parole con le quali Mussolini inneggiava all'Italia storica e all'Italia attuale erano certamente inusitate per un socialista, come lo erano le parole di auspicio per l'avvento di una nuova Terza Italia, scritte il 3 aprile 1909 in un articolo in cui presentava ai lettori trentini la rivista di Prezzolini «La Voce», per sostenere che «chiunque voglia conoscere gli atteggiamenti spirituali più nuovi e più profondi della coltura italiana contemporanea, chiunque voglia – nei limiti delle sue forze – cooperare al rinnovamento dell'anima italiana e preparare veramente la Terza Italia, deve leggere 'La Voce'»[58]. Mussolini appoggiava la campagna de «La Voce» per il rinnovamento culturale:

> Non basta l'educazione per preparare una coltura, non basta un programma – anche massimo – per formare un partito, non basta un glorioso passato a giustificare un presente sotto ogni rapporto basso e volgare, non basta l'unità politica di una nazione ad assegnarle una

---

[57] Ivi, vol. II, pp. 171-175.
[58] Ivi, vol. I, pp. 53-56.

missione nella storia del mondo, se non v'è l'unità psicologica che saldi le volontà e diriga gli sforzi. La vita intellettuale italiana manca di coraggio: ebbene *La Voce* cercherà di infonderlo: essa aiuterà a risolvere "il terribile problema" che si pone davanti all'anima nazionale: "o avere il coraggio di creare la terza grande Italia, l'Italia non dei papi, né degli imperatori, ma l'Italia dei pensatori, l'Italia che finora non è esistita – o non lasciare dietro di sé che una scia di mediocrità subito dileguata con un colpo di vento". Ecco il programma della *Voce*.

Nello stesso periodo, Mussolini scriveva a Prezzolini che l'Italia «convertita in una Svizzera di più vaste proporzioni – non mi sembra un ideale di giovinezza che vuol conquistare l'avvenire»[59].

Contro il feticcio della nazione

In effetti, nel socialista internazionalista ferveva il mito dell'italianismo, condiviso da molti altri giovani della sua generazione[60]. Taluni vociani chiamavano «nazionalista» il loro movimento, perché poneva al centro della sua prospettiva la nazione italiana, senza coltivare sogni di grandezza e ambizioni imperialiste. In questo senso, si riferiva probabilmente a «La Voce» Mussolini quando, il 10 dicembre 1910, commentando la costituzione dell'Associazione nazionalista italiana, che propugnava un programma di espansione imperialista e di riforma autoritaria dello Stato per riaffermare il dominio della borghesia contro il socialismo, scrisse:

Noi avremmo compreso e forse guardato con simpatia un nazionalismo all'interno, un movimento democratico-culturale di miglioramento, di raccoglimento e di rinnovazione del popolo italiano. Noi avremmo voluto che questi nazionalisti che sognano di portare le armi d'Italia attraverso l'Europa, non si fossero così muliebremente abbandonati alle illusioni del lirismo nazionalista importatoci d'Oltre Alpi. Dovevano riflettere che prima di conquistare Trento e Trieste o la Tripolitania c'è da conquistare l'Italia, c'è da portare l'acqua alle Puglie, le bonifiche sull'Agro Romano, la giustizia al Sud, l'alfabeto dovun-

---

[59] Gentile (a cura di), *Mussolini e «La Voce»*, cit., p. 40.
[60] Id., *La Grande Italia. Il mito della nazione nel XX secolo*, Laterza, Roma-Bari 2011.

que! Ma se ciò avessero pensato, se a far ciò avessero converso le loro energie, questi letterati di dubbia fama avrebbero smentito se stessi[61].

Pur vagheggiando una «grande Terza Italia», Mussolini detestava il movimento nazionalista che si stava sviluppando in Italia fin dall'inizio del Novecento. L'8 aprile 1909 inveì contro i nazionalisti definendo «*morbus sacer* [...] il vostro nazionalismo trippaio, il vostro patriottismo claudicante e bolso come la vostra eloquenza, le vostre parate ideologiche che mal celano l'arrivismo e l'affare»[62]. Il nazionalismo italiano era un «fiore esotico, sbocciato nelle serre italiane. Portato al sole, esposto ai venti, perderà le foglie e il profumo»; mentre i nazionalismi che si stavano affermando in Europa erano solo «tentativi, diversivi della borghesia per ritardare di un anno, di un giorno, il grande avvenimento che segnerà la fine della preistoria del genere umano»: «Il mondo va verso l'Internazionale socialista, verso la Federazione delle patrie, non più nemiche, ma sorelle»[63].

Il socialista Mussolini considerava la patria un ideale anacronistico nella società moderna, che tendeva a superare le nazioni in un mondo sempre più cosmopolita e interdipendente. In una conferenza pronunciata il 25 giugno 1909 a Trento sul tema «Il proletariato ha un interesse alla conservazione delle patrie attuali?», Mussolini ammise che «il problema della patria oggi è uno dei più gravi e più angoscianti fra tutti quelli che si presentano alla coscienza socialista. Ma anche qui bisogna far forza a se stessi e giungere alle negazioni estreme che non ammettono equivoci»[64].

Dopo aver riconosciuto che la patria era «il più alto organismo collettivo cui siano giunti i gruppi etnici civili», e che «sull'amor di patria, considerato come sentimento, è inutile discutere», Mussolini discusse «sul concetto di patria, ed esclusivamente dal punto di vista socialista», muovendo dalla premessa che la stessa borghesia non aveva patria, perché nel «campo economico l'attività capitalistica ha infranto le frontiere e imposto dovunque il suo modo di produzione – nel campo della cultura ha già realizzato

---

[61] Mussolini, *Opera Omnia*, cit., vol. III, pp. 280-281.
[62] Ivi, vol. II, p. 60.
[63] Ivi, vol. III, pp. 280-281.
[64] Ivi, vol. II, pp. 169-170.

da tempo l'internazionalismo del pensiero». Le frontiere politiche esistevano solo «perché una casta di parassiti ha bisogno di far manovrare armi da sterminio. I primi ad abolire la patria sono stati i borghesi. Il patriottismo è un feticcio. La borghesia ha offerto all'adorazione delle turbe un primo feticcio: il parlamentarismo. Ora che questo iddio tramonta, ecco un altro feticcio: il patriottismo. Ma invano ormai, perché il proletariato è antipatriottico per definizione e necessità». In caso di guerra, concludeva Mussolini, i socialisti «hanno un solo dovere: la guerra alla frontiera dev'essere il segnale dello sciopero generale, dell'insurrezione, della guerra civile all'interno. Tanto peggio per le istituzioni borghesi. I socialisti non se ne devono menomamente preoccupare. [...] Per superare bisogna negare. La nazione ha negato la signoria, la signoria il comune, il comune il feudo, il feudo e la chiesa l'impero, l'umanità nega la nazione dilatandola sino ai confini del mondo»[65].

Negli anni successivi, Mussolini accentuò il suo antipatriottismo. Al congresso socialista di Milano, il 23 ottobre 1910, disse che «l'affare della patria, questo vecchio *cliché* della patria in pericolo, è il *cliché* ideologico di tutte le democrazie borghesi, col quale *cliché* da 30 anni a questa parte si pompa il sangue alla miseria del proletariato»[66]. E il 7 ottobre 1911, quando era iniziata la guerra di Libia, contro la quale condusse una accesa campagna giornalistica e agitatoria, Mussolini condannò la propaganda nazionalista che eccitava l'opinione pubblica all'entusiasmo bellicoso: «L'amor proprio, l'orgoglio nazionale, il sentimento di patria sono luoghi comuni, motivi rettorici per inebbriare [*sic*] il pubblico, ma se noi squarciamo il velame roseo delle ideologie, troviamo che si tratta d'interessi economici da tutelare colla forza brutale delle armi»[67].

Al di là degli interessi economici che mascherava, la propaganda bellicista era una ridicola esibizione retorica «dei poeti, dei novellieri, dei dandys, dei lenoni, dei bluffisti» del nazionalismo «sorto in Italia come una caricatura del nazionalismo francese. Il suo terreno è la farsa, anzi la *pochade*», come scriveva il 31 ago-

---

[65] Ivi, vol. II, pp. 169-170.
[66] Ivi, vol. III, p. 208.
[67] Ivi, vol. IV, pp. 75-76.

sto 1912[68]. Nello stesso tempo, Mussolini condannò i sindacalisti rivoluzionari e i sovversivi che approvarono l'impresa coloniale, condividendo l'apologia della guerra con i letterati nazionalisti che inneggiavano «alla bella guerra, alla sacra guerra, alla buona guerra»[69]. «L'Italia – scriveva il 18 agosto 1912 – è ormai un'ampia giostra per gli invertiti di tutte le fedi, di tutte le idee, di tutti i partiti. Non passa giorno senza che qualcuno abbandoni le file del sovversivismo per schierarsi in quelle della conservazione. [...] Io mi vergogno di vivere in questa Italia di funamboli e di passivi, di giocolieri di ogni politica e di gente che li sopporta con una rassegnazione evangelicamente idiota»[70].

Favorevoli alla guerra di Libia furono anche i riformisti di destra, che nel giugno 1912 polemizzarono con Mussolini definendo «aberrante» il suo socialismo antipatriottico. Ad essi il giovane rivoluzionario replicò:

> La patria è una finzione, una mistificazione, una menzogna convenzionale. Lo riconobbero gli Umanisti dell'*Ubi bene, ibi patria* e gli stoici che proclamarono l'*'Uomo cittadino dell'Universo' e 'Cristo l'antipatriota per eccellenza'*. Noi non siamo italiani, noi ci sentiamo, almeno, europei. Non vi sono più frontiere patriottiche per la scienza, la filosofia, l'arte, l'economia, la moda, lo sport, e ci dovrebbero essere per il socialismo? La patria s'identifica col militarismo. Sono inscindibili. Chi dice patria dice militarismo. Noi superiamo il concetto di patria con un altro concetto: quello di classe. E siamo tipicamente socialisti.
> Marx quando lancia il suo grido: 'Proletari di tutto il mondo unitevi!' è un distruttore della vecchia ideologia patriottica[71].

Contro l'entusiasmo per la guerra prodotto dalla propaganda, Mussolini ribadiva la necessità di intensificare la campagna antimilitarista per «creare la coscienza antiguerresca» dimostrando con gli esempi della storia che «le guerre sono il disastro delle nazioni»[72].

---

[68] Ivi, vol. IV, pp. 197-198.
[69] Ivi, vol. IV, p. 198.
[70] Ivi, vol. IV, pp. 191-194.
[71] Ivi, vol. IV, p. 155.
[72] Ivi, vol. IV, p. 199.

«No alla guerra!»

Alla guerra di Libia seguirono, nel 1912 e nel 1913, le due guerre nei Balcani, mentre ovunque in Europa, secondo Mussolini, la società borghese si rafforzava con il ricorso al militarismo: «Il militarismo – affermava nel novembre 1913 – risorge e con lui risorgono tutte le ideologie anti-societarie, anti-umanitarie e soprattutto anti-socialiste. Si torna indietro, al regno della sciabola. [...] Il militarismo è l'incubo dell'Europa contemporanea. Disarmo o guerra internazionale? Ecco il tragico dilemma di un domani più vicino di quanto non si creda»[73].

Il 1° gennaio 1914 Mussolini ribadiva che era in atto «la grande ripresa del militarismo internazionale. [...] Dopo una breve sosta, gli Stati europei hanno ripreso la corsa degli armamenti. [...] Si parla già di una nuova guerra»:

> Di fronte al militarismo – onnipossente e minaccioso – l'unica forza di negazione è il socialismo. In tutti i paesi d'Europa i socialisti tentano di sbarrare il passo al militarismo, ma le forze di cui dispongono non bastano all'opera immane. Il militarismo è divenuto così l'espressione tipica, fondamentale, necessaria della società borghese. Capitalismo e militarismo sono due modi dello stesso fenomeno; si condizionano a vicenda. L'uno non è pensabile senza l'altro. Non appena il capitalismo esce dalla sua fase primitiva di formazione, esprime dalle sue viscere il militarismo. Colpire questo è colpire il capitalismo. [...]
>
> Il 1914 vedrà acuirsi ancor più questo conflitto fra militarismo e socialismo. [...]
>
> Col 1914 ci avviciniamo di un altro anno alla realizzazione dei nostri ideali. Qualche cosa si rimescola nella paglia, diceva Enrico Heine, qualche cosa matura nel sottosuolo sociale, qualche cosa incomincia...
>
> Il quarto stato ch'era niente ieri, sarà tutto domani. *Ça ira*[74].

Con realistica preveggenza della possibilità di una guerra europea, Mussolini considerò la lotta antimilitarista un fattore decisivo per l'affermazione del socialismo rivoluzionario. Attraverso le iniziative di lotta contro il militarismo, come quella che fece esplode-

---

[73] Ivi, vol. VI, p. 7.
[74] Ivi, vol. VI, pp. 32-34.

re la Settimana rossa all'inizio di giugno, Mussolini si proponeva di preparare il proletariato alla rivoluzione.

Quando il 28 giugno avvenne l'assassinio di Sarajevo, Mussolini lo interpretò come una «esplosione d'odio nazionale» contro l'Austria «odiosa e odiata», «la forza bruta che comprime gli aneliti e le aspirazioni di un popolo verso la sua elevazione mentre ne sfrutta le energie e la forza»[75]. Due settimane dopo, il 13 luglio, mentre l'eco dell'assassinio di Sarajevo pareva attenuarsi, Mussolini considerava l'eventualità di una nuova guerra nei Balcani come un «pericolo europeo»: «Una nuova guerra nei Balcani può significare la guerra europea»[76]. Quando giunse la notizia dell'*ultimatum* austro-ungarico alla Serbia, Mussolini previde il 25 luglio che il governo serbo non avrebbe accettato le ingiunzioni austriache perché «la Serbia conta sull'appoggio della Russia», e auspicò una «soluzione conciliativa», rinunciando «a formulare ipotesi catastrofiche»[77]. Il giorno dopo, alla notizia che il governo austriaco aveva trovato «insufficiente» la risposta serba, Mussolini comprese subito che la «diplomazia non ha più nulla da dire o da fare: ora entrano in scena gli eserciti. È la guerra!». E le responsabilità ricadevano «in massima parte sull'Austria-Ungheria». Prevedendo un'estensione della guerra austro-serba in una guerra europea con l'intervento della Russia, della Germania, della Francia e probabilmente dell'Inghilterra, Mussolini poneva la questione dell'Italia:

> Nel caso deprecato di una conflagrazione europea, qual è il suo posto? Accanto all'Austria contro la Francia? [...]
> Anche nel caso di una conflagrazione europea, l'Italia, se non vuole precipitare la sua estrema rovina, ha un solo atteggiamento da prendere: neutralità assoluta.
> O il Governo accetta questa necessità o il proletariato saprà imporgliela con tutti i mezzi.[...]
> Sorga, dunque, dai circoli politici, dalle organizzazioni economiche, dai Comuni e dalle Provincie dove il nostro Partito ha i suoi rappresentanti, sorga dalle moltitudini profonde del proletariato un grido solo, e sia ripetuto per le piazze e le strade d'Italia: "Abbasso la guerra!"[78].

---

[75] Ivi, vol. VI, p. 240.
[76] Ivi, vol. VI, p. 254.
[77] Ivi, vol. VI, pp. 285-286.
[78] Ivi, vol. VI, pp. 287-288.

Fra Triplice Alleanza e Triplice Intesa

Il 29 luglio, dopo la dichiarazione di guerra dell'Austria alla Serbia, Mussolini alluse alla «possibilità spaventevole di una guerra, che supererebbe in estensione e in gravità quelle dell'epoca napoleonica» con «una catastrofe per la stessa civiltà europea»[79]. Accolse perciò favorevolmente il 4 agosto l'annuncio della neutralità decisa dal governo italiano: «Neutralità dunque, oggi e domani. L'atteggiamento del Governo fornisce – per una strana ironia delle cose – la parola d'ordine al proletariato»[80].

Mussolini aveva un'idea precisa sulle responsabilità della guerra: «È sulla Germania che ricade la responsabilità della guerra», perché aveva violato la neutralità del Belgio col suo «procedere inaudito e brigantesco», scriveva il 5 agosto[81]. E il 9 ripeteva: «La verità è che la Germania voleva la guerra e ha trovato nell'assassinio di Sarajevo il pretesto per scatenarla»[82]. Di conseguenza, per Mussolini, l'Italia non doveva in alcun modo intervenire a fianco degli imperi centrali: «Non dobbiamo però nasconderci – osservò il 4 agosto – che la neutralità dell'Italia significa la fine della Triplice Alleanza» e che, pertanto, la neutralità italiana «in questo momento, si risolve in un vantaggio non indifferente per la Triplice Intesa»[83]. Il 6 agosto ribadiva che l'Italia doveva mantenere la neutralità fino alla fine della guerra e non doveva uscire dalla neutralità per aiutare gli imperi centrali, perché in questo caso «il dovere dei proletari italiani – lo diciamo forte fin da questo momento – è uno solo: insorgere!»[84].

Fra agosto e ottobre, mentre la guerra dilagava in Europa, come direttore dell'«Avanti!» Mussolini si fece portavoce del Partito socialista, che aveva intanto ritrovato la sua unità proprio nell'appoggio alla neutralità assoluta. La neutralità «non può che essere che 'assoluta'. Può essere inerme o armata, ma la neutralità 'parziale o relativa' non è più neutralità e può diventare ve-

---

[79] Ivi, vol. VI, p. 290.
[80] Ivi, vol. VI, p. 298.
[81] Ivi, vol. VI, pp. 305-306.
[82] Ivi, vol. VI, p. 312.
[83] Ivi, vol. VI, p. 298.
[84] Ivi, vol. VI, p. 311.

ramente una grande mistificazione e un grande pericolo», scriveva Mussolini il 13 agosto in polemica con «L'Unità» di Gaetano Salvemini. Il direttore dell'«Avanti!» respingeva l'eventualità, prospettata dal giornale salveminiano, di un intervento contro il blocco austro-germanico, perché, data l'impreparazione militare dell'Italia e dell'enorme costo di una guerra, sarebbe stato «la suprema delle follie», tanto più che «la stessa opinione pubblica borghese si manifesta per mille segni ostile ad ogni guerra». Del resto, concludeva, una «guerra vittoriosa coll'Austria significa il rinsaldarsi della monarchia e delle correnti militariste all'interno; una guerra disastrosa può avere le più imprevedibili e catastrofiche conseguenze anche territoriali»[85].

Mussolini non accettava neppure un intervento italiano a fianco della Triplice Intesa, perché, scriveva il 23 agosto, non ne vedeva lo scopo e gli obiettivi «semplicemente morali e politici o anche territoriali», né riteneva giustificato l'intervento italiano «per offrire un aiuto alle democrazie occidentali o per conquistare le terre irredente»: la Triplice Intesa «non ha assoluto bisogno dell'aiuto dell'Italia» e comunque, aggiungeva, la «nostra neutralità, forse, più di un intervento diretto, ha giovato e giova alla Triplice Intesa», mentre l'intervento italiano «potrebbe facilitare la vittoria della Triplice Intesa, non assicurarla»[86].

Quanto a far la guerra agli imperi centrali per conquistare Trento e Trieste, Mussolini osservava che «per dichiarare guerra a nazioni colle quali l'Italia fu alleata per oltre trent'anni e sino a ieri bisogna trovare un motivo decente», perché «ripugnerebbe alla coscienza italiana un'applicazione dei metodi di Conrad: la pugnalata alle spalle». Inoltre, Mussolini contestava l'abbinamento di Trento e Trieste, perché la due città italiane si trovavano «in condizioni totalmente diverse»: per conquistare Trento era necessaria una guerra vittoriosa, mentre Mussolini dubitava che Trieste, anche se conquistata, sarebbe restata «lungamente italiana, premuta com'è dall'ondata slava che una vittoria della Russia e della Serbia renderebbe ancora più travolgente di quanto non sia ora». Esclusa un'azione offensiva contro l'Austria per il Trentino, perché «difficilissima, se

[85] Ivi, vol. VI, p. 319.
[86] Ivi, vol. VI, p. 336.

non impossibile», per Trieste Mussolini auspicava «l'internazionalizzazione della città», soluzione per la quale non era affatto necessario impugnare le armi. Per Mussolini, in conclusione, tutte le ragioni «che si adducono a favore di un intervento dell'Italia sono così deboli che non vale la pena di ribatterle»[87].

Infine, il 26 agosto il direttore dell'«Avanti!» definì «ignominia» una conquista territoriale ottenuta in cambio di compensi territoriali, attraverso trattative con l'uno o con l'altro degli schieramenti in guerra: «L'Italia non può uscire dalla neutralità. Non può 'vendersi' al miglior offerente», scriveva, mentre «un intervento – sia pure l'unico possibile, ai danni dell'Austria – si presenterebbe sotto la luce più sinistra e maramaldesca»[88].

Nei confronti dei vari interventismi, Mussolini non manifestava pubblicamente alcuna simpatia. Ridicolizzava il «*delirium tremens*» dei nazionalisti che volevano la guerra a ogni costo, prima con gli imperi centrali poi contro di loro, comunque pronti a «menar le mani per menare le mani» e «andare allo sbaraglio – così ad occhi chiusi – come i pazzi e gli ubriachi», solo per affermare l'Italia come grande potenza[89]. Prendeva in giro i repubblicani che «soffiano in tutte le trombe delle fanfare guerresche e proclamano a gran voce la necessità della guerra all'Austria, per annettere all'Italia Trento e Trieste»[90]. Affermava che i «motivi guerreschi modulati in questi giorni sulla trama dell'irredentismo, della democrazia da salvare, dei confini da correggere, degli 'equilibri' più o meno famosi e più o meno instabili da mantenere, ecc. ecc., ci lasciano indifferenti»[91]. Il 25 settembre, dopo che un *referendum* tra i militanti aveva approvato il manifesto della direzione del partito, stilato da Mussolini, che ribadiva la neutralità assoluta, il direttore dell'«Avanti!» incitò i socialisti a mobilitarsi per la neutralità «dinanzi alla campagna guerrafondaia cui danno impulso pochi transfuga sovversivi e le frazioni della democrazia radicale e riformista»[92].

---

[87] Ivi, vol. VI, pp. 336-337.
[88] Ivi, vol. VI, p. 341.
[89] Ivi, vol. VI, pp. 339-341.
[90] Ivi, vol. VI, p. 349.
[91] Ivi, vol. VI, p. 332.
[92] Ivi, vol. VI, p. 368.

Il tarlo del dubbio

Dalla fine di agosto il neutralismo assoluto di Mussolini, ribadito pubblicamente in ogni suo articolo come direttore dell'«Avanti!» e nelle dichiarazioni ufficiali della direzione del partito, cominciò privatamente a vacillare con l'insinuarsi di un dubbio.

Probabilmente la prima incrinatura nelle convinzioni neutraliste di Mussolini fu prodotta dall'adesione alla guerra di quasi tutti i partiti socialisti dei paesi belligeranti, con il conseguente fallimento della Seconda Internazionale socialista. Il 4 agosto Mussolini constatava: «L'Internazionale socialista è morta... Ma è mai vissuta? Era un'aspirazione, non una realtà». E il suo fallimento era dovuto non al fatto «che i socialisti abbiano accettato di confondersi temporaneamente – per amore o per forza – colla nazione, ma sta piuttosto nella incapacità dimostrata dai socialisti di tutti i paesi di accordarsi nel determinare le cause che hanno provocato il conflitto», sulle quali «il loro giudizio teorico, la loro posizione mentale dovevano essere identici»[93].

Ciò indusse il direttore dell'«Avanti!» ad affermare, il 16 agosto, che nella posizione del socialismo di fronte alla guerra bisognava distinguere una «posizione mentale» di intransigente opposizione alla guerra, coerente con le premesse dottrinali, e una «posizione storica», che era «il risultato dell'azione complessa di diversi fattori e circostanze», compreso il fatto che l'uomo «non è o non è soltanto un animale raziocinante, ma è anche un essere senziente: talvolta la ragione è sopraffatta dal sentimento e la logica non resiste all'empio della passione». Riaffermando il proposito «di restare sino all'ultimo sul terreno 'logico' del socialismo», Mussolini dichiarava di essere indifferente anche alle motivazioni interventiste dei democratici e degli irredentisti[94].

Questa indifferenza non impedì, tuttavia, ad alcuni interventisti democratici e irredentisti di far vacillare il neutralismo assoluto del direttore dell'«Avanti!». Più acuto fu il dubbio insinuato nelle convinzioni neutraliste mussoliniane dalla conversione alla guerra

---

[93] Ivi, vol. VI, pp. 321-322.
[94] Ivi, vol. VI, pp. 331-332.

contro gli imperi centrali di esponenti importanti del sindacalismo rivoluzionario, come Filippo Corridoni, Alceste De Ambris e Sergio Panunzio; di militanti del sovversivismo anarchico come Libero Tancredi (pseudonimo di Massimo Rocca), di gran parte dei collaboratori de «La Voce», come Prezzolini e Giuseppe Lombardo Radice, e del socialista irredentista Cesare Battisti, amico e compagno ai tempi di Trento[95]. Agli inizi di ottobre, Lombardo Radice, Trancredi e Battisti rivelarono che Mussolini aveva detto loro di ritenere inevitabile una guerra contro l'Austria; che in questo caso, i socialisti non avrebbero posto ostacoli alla mobilitazione con scioperi generali, e che lui stesso vi avrebbe partecipato con entusiasmo[96]. Pur polemizzando con queste rivelazioni, Mussolini non poté smentirle: l'8 ottobre ammise sull'«Avanti!»: «non mi vergogno di confessare che nel corso di questi due mesi tragici, il mio pensiero ha avuto oscillazioni, incertezze, trepidazioni. E chi dunque fra gli uomini intelligenti d'Italia e di fuori non ha subito – più o meno profondamente – il duro travaglio di questa crisi interiore?»[97].

In effetti Mussolini aveva già lasciato trapelare da tempo, fra le sue perentorie dichiarazioni di intransigente opposizione all'intervento, qualcosa a proposito del suo patimento interiore, dei dubbi sulla validità della neutralità assoluta e sulla capacità dei socialisti di impedire l'intervento. Il 3 agosto, sull'«Avanti!», dichiarò che nell'eventualità di «una 'spedizione punitiva' dell'Austria attraverso il Veneto allora... è probabile che molti di quelli che oggi sono accusati di... antipatriottismo saprebbero compiere il loro dovere»[98]. Il giorno dopo ribadiva ancora che nell'ipotesi in cui «l'Italia sia costretta a uscire dalla neutralità da un'aggressione austriaca, ma allora abbiamo già detto ieri il nostro pensiero e il nostro proposito»[99]. Il 23 agosto, confermando l'opposizione socialista alla

---

[95] Cfr. De Felice, *Mussolini il rivoluzionario*, cit., pp. 230 sgg.; B. Vigezzi, *L'Italia di fronte alla prima guerra mondiale*, vol. I, *L'Italia neutrale*, Ricciardi, Milano-Napoli 1966, pp. 373 sgg.

[96] Gli interventi giornalistici di Lombardo Radice e Libero Tancredi che rivelarono le confidenze interventiste del direttore dell'«Avanti!» sono riprodotte in Mussolini, *Opera Omnia*, cit., vol. VI, pp. 497 sgg.

[97] Ivi, vol. VI, p. 282.

[98] Ivi, vol. VI, p. 295.

[99] Ivi, vol. VI, p. 301.

guerra, che aveva «l'assentimento entusiasta delle masse lavoratrici», palesò il dubbio sulla possibilità per l'Italia di rimanere neutrale, dando tuttavia per certo che «l'Italia non si schiererà più cogli Imperi Centrali»[100]. Il 1° settembre ribadì che i socialisti proseguivano la propaganda per la neutralità «non ammettendo che una sola ipotesi di guerra: quella necessaria a respingere una eventuale invasione»[101]. Il 9 settembre, all'assemblea della sezione socialista milanese, definì assurda l'ipotesi di proclamare lo sciopero generale in caso di mobilitazione contro una guerra difensiva, perché non avrebbe comunque evitato una guerra:

o lo sciopero generale non riesce, e lo Stato – che quando è in guerra non può transigere – lo soffoca nel sangue; o riesce e il popolo si impossessa del potere. Ma si evita la guerra così? Può aprire le frontiere, alla tolstoiana, e permettere l'invasione del nemico? E se invece fa la guerra allora non valeva la pena di fare una rivoluzione antimilitarista. Si deve inoltre tener conto degli elementi passionali che in un'ora grave della nostra storia hanno grande valore[102].

Quanto all'ipotesi di una guerra contro l'Austria, Mussolini attenuò l'assoluta opposizione dichiarando: «per ora non diciamo niente di preciso: valuteremo il nostro atteggiamento a seconda delle circostanze. E se la guerra sarà fatta con uno dei soliti pretesti diplomatici, noi ci opporremo». E concluse lasciando la via aperta a una revoca della neutralità assoluta:

Potremo accettare la guerra, ma patrocinarla significherebbe passare la barricata e confondersi con gli altri che intendono la guerra... igiene del mondo!
Noi siamo sulla via buona, socialisticamente; non intendiamo, con questo, di affermare che le nostre idee non potranno mutare, poiché solo i pazzi e i morti non cambiano.
Se domani si determinerà l'evento nuovo, noi decideremo[103].

---

[100] Ivi, vol. VI, p. 335.
[101] Ivi, vol. VI, p. 349.
[102] Ivi, vol. VI, pp. 361-362.
[103] Ivi, vol. VI, p. 363.

La nazione esiste

Il 13 ottobre, replicando alle accuse di duplicità su «il Resto del Carlino», dichiarò: «io sono venuto a valutare l'eventualità di un intervento italiano nella conflagrazione europea da un punto di vista puramente e semplicemente nazionale. Il che non esclude che sia 'proletario'»[104].

Cinque giorni dopo sull'«Avanti!», con un articolo intitolato *Dalla neutralità assoluta alla neutralità attiva ed operante*, Mussolini decise di fare il salto della barricata, ribaltando tutte le posizioni e gli argomenti contro l'intervento italiano che come direttore del giornale aveva sostenuto fino a quel momento[105]. Affermò che un partito «che vuol vivere nella storia e fare – per quanto gli è concesso – la storia, non può soggiacere – pena il suicidio – a una norma cui si conferisca valore di dogma indiscutibile o di legge eterna sottratta alle ferree necessità dello spazio e del tempo». Affermò che la neutralità assoluta andava abbandonata perché la neutralità socialista era stata sempre «parziale», ossia era stata «una neutralità spiccatamente austrotedescofoba e, per converso, francofila». Affermò che bisognava «distinguere – logicamente, storicamente, socialisticamente – fra guerra e guerra», perché valutare «tutte le guerre alla stessa stregua sarebbe assurdo e – ci sia concesso di dirlo – cretino», e vedere «se convenga di opporci a quella guerra che ci liberasse 'in preventivo e per sempre' da possibili rappresaglie future». Pose i socialisti che volevano ribadire la neutralità assoluta di fronte a un dilemma: se «voi volete accentuare l'opposizione alla guerra, dovete prepararvi a fare la rivoluzione»:

Per evitare una guerra bisogna abbattere – rivoluzionariamente – lo Stato. Quando? Non certo alla vigilia della mobilitazione, ma appena il pericolo si delinei all'orizzonte.

In Italia il momento buono sarebbe l'attuale. Vogliamo correre – per evitare una guerra – questa enorme avventura? E sia. Ma credete voi che lo Stato di domani, repubblicano o social-repubblicano (di più non è permesso attendere), non farà la guerra, se le necessità storiche – interne ed esterne – ve lo costringeranno? E chi vi assicura

---

[104] Ivi, vol. VI, p. 392.
[105] Ivi, vol. VI, pp. 393-403.

che il Governo uscito dalla Rivoluzione non debba cercare – appunto in una guerra – il suo battesimo augurale? E se (siamo nel campo delle ipotesi) gli Imperi Centrali trionfanti intendessero riportare sul soglio "l'antico regime", sareste voi dunque neutralisti "assoluti" ancora contrari a quella guerra che dovrebbe salvare la "vostra", la nostra rivoluzione? Ma dinnanzi a queste ipotesi... future (che però hanno... molti precedenti nella storia) rifiutarsi di distinguere fra guerra e guerra e pretendere di opporsi a tutte le guerre con identici mezzi, non è dar prova di una "intelligenza" confinante coll'imbecillità?[106]

Con la stessa perentorietà con la quale in passato aveva negato la nazione, Mussolini affermava ora che i socialisti che negavano «l'esistenza dei problemi nazionali» negavano la realtà; che «tali problemi non risolti turbano lo svolgimento della lotta di classe»; che non «si scivola sul terreno dell'irredentismo ammettendo l'esistenza di un problema 'nazionale' italiano oltre gli attuali confini d'Italia». E, dopo aver citato socialisti francesi, belgi, inglesi che avevano approvato la guerra contro gli imperi centrali, confondendo «temporaneamente, si capisce! – nella nazione la classe», Mussolini concludeva la sua perorazione incitando ad abbandonare la neutralità assoluta per salvare lo «spirito» del socialismo, anche a costo di uccidere la «lettera»:

La realtà si muove e con ritmo accelerato. Abbiamo avuto il singolarissimo privilegio di vivere nell'ora più tragica della storia del mondo. Vogliamo essere – come uomini e come socialisti – gli spettatori inerti di questo dramma grandioso? O non vogliamo esserne – in qualche modo e in qualche senso – i protagonisti? Socialisti d'Italia, badate: talvolta è accaduto che la "lettera" uccidesse lo "spirito". Non salviamo la "lettera" del Partito se ciò significa uccidere lo "spirito" del socialismo![107]

Furono pochi i socialisti che, persuasi dalle argomentazioni mussoliniane, lo assecondarono e lo seguirono nella svolta interventista[108]. Di conseguenza, il 20 ottobre Mussolini rassegnò le di-

---

[106] Ivi, vol. VI, p. 399.
[107] Ivi, vol. VI, pp. 402-403.
[108] Sulle diverse interpretazioni della svolta interventista mussoliniana e la reazione all'interno del Partito socialista cfr. L. Valiani, *Il partito socialista italiano nel*

missioni da direttore dell'«Avanti!». Nei giorni successivi, in varie interviste a giornali borghesi, Mussolini cominciò a sostenere la necessità dell'intervento italiano, polemizzando con la direzione del suo partito.

«Viva la guerra!»

Il 21 ottobre, parlando alla sezione milanese del partito, Mussolini dichiarò che la sua fede socialista era «immutata»[109]. Il 25 ottobre spiegava in una lettera al «Corriere della Sera» di essersi posto «marxisticamente a valutare l'ipotesi di un intervento italiano nella guerra europea da un punto di vista nazionale (che non è nazionalista e può essere invece anche proletario)»[110]. Infine, il 10 novembre, durante l'assemblea della sezione socialista milanese, Mussolini esordì constatando che la maggioranza dei socialisti era per la neutralità, ma attribuì il «nostro disagio psicologico» al fatto che «noi socialisti non abbiamo mai esaminato i problemi delle nazioni. L'Internazionale non se ne è mai occupata; l'Internazionale è morta, travolta dagli avvenimenti. Risorgerà, me lo auguro»[111].

Il discorso fu una succinta presentazione della nuova via sulla quale Mussolini intendeva far muovere il socialismo italiano, tenendo presente quanto era accaduto ai partiti socialisti degli altri paesi coinvolti nel conflitto, schieratisi con la loro nazione in guerra. Vediamo, disse Mussolini, «se non sia possibile trovare un terreno di conciliazione fra la nazione che una realtà storica e la classe che è una realtà vivente», riconoscendo che «la nazione rappresenta una tappa nel progresso umano, la quale non è ancora superata. [...] Il

---

periodo della neutralità: 1914-1915, Feltrinelli, Milano 1962, pp. 69 sgg.; De Felice, *Mussolini il rivoluzionario*, cit., pp. 258 sgg.; Vigezzi, *L'Italia di fronte alla prima guerra mondiale*, cit., pp. 879 sgg. Nel più recente saggio sul Mussolini interventista (P. O'Brien, *Mussolini in the First World War: The Journalist, the Soldier, the Fascist*, Berg, Oxford-New York 2005) la conversione all'intervento è attribuita all'opportunismo politico di un Mussollini che non sarebbe stato un vero socialista e avrebbe già «inventato» durante la Grande Guerra il fascismo, come fu poi realizzato nel regime totalitario.

[109] Mussolini, *Opera Omnia*, cit., vol. VI, p. 417.
[110] Ivi, vol. VI, p. 421.
[111] Ivi, vol. VI, p. 426.

sentimento di nazionalità esiste, non lo si può negare! Il vecchio antipatriottismo è cosa tramontata e gli stessi luminari del socialismo, Marx ed Engels, hanno scritto a proposito di patriottismo pagine che farebbero scandalizzare!». La guerra europea aveva posto sul tappeto questioni nazionali che dovevano essere risolte, delle quali i socialisti non potevano disinteressarsi e sulle quali Mussolini precisava che «non siamo affatto nazionalisti e siamo lontani dalle loro follie! Noi non vogliamo la conquista della Dalmazia, dove la percentuale degli italiani è minima. Gli stessi problemi del Trentino e di Trieste devono essere risolti colla massima prudenza per non creare in Italia un irredentismo alla rovescia». Inoltre, ai socialisti non poteva essere indifferente «la vittoria del blocco delle Potenze Centrali come quella della Triplice Intesa», se si ammetteva che «la vittoria della Triplice Intesa rappresenta un passo sulla via della democratizzazione politica d'Europa». Nell'appello finale per la scelta dell'intervento, riaffiorò altresì l'ideale della nuova Italia da rigenerare: «Se l'Italia rimarrà assente, sarà ancora la terra dei morti, la terra dei vili! Io vi dico che il dovere del socialismo è di scuotere questa Italia di preti, di triplicisti e di monarchici e concludo assicurandovi che nonostante le vostre proteste e i vostri fischi la guerra vi travolgerà tutti»[112].

Era la prima volta che il discorso di Mussolini provocava fischi e proteste fra i socialisti, specialmente fra i milanesi. Ma lui stesso lo aveva previsto all'inizio del discorso, accolto da applausi: «Ascoltatemi, poi, invece di applaudirmi, mi lapiderete». Proteste e fischi esplosero nel momento in cui l'ex direttore dell'«Avanti!» annunciò che avrebbe espresso il suo pensiero interventista con «un nuovo giornale»: «Esso mi servirà per poter parlare tutti i giorni». Fu a quel punto che, come riporta la cronaca dell'organo socialista, «l'assemblea improvvisa un'entusiastica dimostrazione all'"Avanti!". Da tutte le parti si grida 'Viva l'Avanti! Viva il giornale del nostro Partito!'»[113].

Quello stesso giorno, in un'intervista a «il Resto del Carlino», Mussolini annunciava che il 15 novembre avrebbe visto la luce il suo nuovo giornale, «Il Popolo d'Italia», col quale avrebbe ripreso

---

[112] Ivi, VI, pp. 428-429.
[113] Ivi, VI, pp. 427-429.

«senza indugio e con ardore rinnovato la battaglia contro la neutralità assoluta», avendo constatato che l'Internazionale socialista aveva cessato di esistere: «Io mi domando se l'internazionalismo sia un elemento assolutamente necessario alla nozione di socialismo. La critica socialista di domani potrebbe anche esercitarsi a trovare una forza d'equilibrio fra la nazione e la classe». Per parte sua, Mussolini dichiarava di aver «risolto il problema: intervento e, possibilmente, immediato»[114].

Il 15 novembre nelle edicole di Milano e delle principali città italiane si poteva trovare il nuovo giornale dell'ex direttore dell'«Avanti!», con il sottotitolo: «Quotidiano socialista». Mussolini aveva deciso di dar vita a un proprio giornale dopo essersi dimesso dalla direzione dell'organo socialista e aveva trovato i primi finanziamenti necessari ad avviare l'impresa tramite il direttore de «il Resto del Carlino» Filippo Naldi[115]. Nell'editoriale del primo numero, intitolato *Audacia!*, Mussolini spiegava le ragioni che lo avevano spinto a fondare un nuovo giornale, ossia per continuare la sua battaglia contro «il dogma stolto della neutralità assoluta», essendosi convinto che «i destini del socialismo europeo sono in relazione strettissima coi possibili risultati di questa guerra; disinteressarsene significa staccarsi dalla storia e dalla vita, lavorare per la reazione e non per la Rivoluzione Sociale»: «siamo uomini e uomini vivi che vogliamo dare il nostro contributo, sia pure modesto, alla creazione della storia», per tentare di dominare gli avvenimenti invece di subirli, agendo da socialisti rivoluzionari che avevano «rappresentato – salvo nelle epoche basse del riformismo mercatore e giolittiano – una delle forze 'vive' della nuova Italia». Per questo scopo, aggiungeva Mussolini, aveva fondato «Il Popolo d'Italia» come «un giornale indipendente, liberissimo, personale, *mio*. Ne risponderò solo alla mia coscienza e a nessun altro [...] Dei malvagi e degli idioti non mi curo. Restino nel loro fango i primi, crepino nella loro nullità intellettuale gli ultimi. Io cammino!». Infine, chiudeva l'articolo rivolgendosi ai «giovani

---

[114] Ivi, VI, pp. 430-432.
[115] Sulla questione dei finanziamenti a Mussolini per fondare e avviare «Il Popolo d'Italia», cfr. De Felice, *Mussolini il rivoluzionario*, cit., pp. 273 sgg.; Valiani, *Il partito socialista italiano nel periodo della neutralità*, cit., pp. 70-71 e n; P. Milza, *Mussolini*, Carocci, Roma 2001, pp. 197-202.

d'Italia; giovani delle officine e degli atenei; giovani d'anni e giovani di spirito; giovani che appartengono alla generazione cui il destino ha commesso di 'fare la storia'», lanciando loro un «grido augurale»: «Il grido è una parola che io non avrei mai pronunciato in tempi normali, e che innalzo invece forte, a voce spiegata, senza infingimenti, con sicura fede, oggi: una parola paurosa e fascinatrice: *guerra!*»[116].

Quattro giorni dopo, Mussolini iniziava la campagna per la guerra esaminando il problema dell'intervento militare italiano da un punto di vista che egli definiva socialista, ripetendo che i socialisti non potevano ignorare i problemi nazionali, che «esistono e profondi e complessi», tanto che si ripercuotevano all'interno degli stessi partiti socialisti. Era missione della borghesia dominante risolvere il problema italiano della nazione, ma era dovere dei socialisti spronarla e, qualora non fosse stata capace di assolvere tale compito, sostituirla, svolgendo essi, come socialisti, una funzione nazionale, così come avevano fatto i socialisti internazionalisti della Comune, quando la borghesia francese «si era dimostrata incapace di salvare la Francia dall'invasione prussiana. La Comune è stata una rivoluzione in un certo senso 'nazionale', patriottica»; la stessa funzione «nazionale», arguiva Mussolini, intendeva svolgere in Italia «la campagna 'interventista' di una parte notevole del socialismo italiano» per contribuire a risolvere non solo il problema nazionale italiano, ma per distruggere il militarismo prussiano. Il proletariato italiano doveva recare «il suo sacrificio di sangue per affrettare l'epilogo dell'immensa tragedia che devasta tutta l'Europa»: «Finché dura la guerra tra le nazioni, la lotta di classe è sospesa. L'interesse supremo del proletariato è che la guerra finisca presto e con tali risultati da garantire un lungo periodo di pace». Era pertanto «dovere di socialisti e dovere di uomini» contribuire alla fine della guerra e alla vittoria dell'Intesa, mentre insistere sulla neutralità assoluta era «una diserzione e un tradimento»: «Snazionalizzare il proletariato è colpa, disumanizzarlo è un delitto. La neutralità assoluta è una colpa nei riguardi della nazione: un delitto di fronte al socialismo. Il proletariato italiano non può, non deve isolarsi in questa neutralità pusillanime, degna di gente al di sotto della storia;

---

[116] Mussolini, *Opera Omnia*, cit., vol. VII, p. 7.

in questa neutralità, che lo esporrà domani all'odio e al disprezzo dei vincitori e dei vinti»[117]. Per Mussolini, in conclusione, l'interventismo era una nuova versione del socialismo rivoluzionario, che attraverso la guerra mirava ad assumere la guida di una rivoluzione nazionale per la Terza Italia.

L'idolo infranto

Nel suo primo editoriale su «Il Popolo d'Italia», il 15 novembre, Mussolini dichiarava: «Non ho intenzioni aggressive contro il Partito Socialista, o contro gli organi del Partito, nel quale intendo restare, ma sono disposto a battermi contro chiunque tentasse di impedirmi la libera critica di un atteggiamento che ritengo per varie ragioni esiziale agli interessi nazionali e internazionali del Proletariato»[118]. Il ramoscello d'ulivo contrastava tuttavia con l'asprezza del linguaggio utilizzato dal Mussolini interventista per attaccare i socialisti rimasti fedeli alla neutralità assoluta, cioè tutta la direzione rivoluzionaria del partito, i riformisti, il gruppo parlamentare e la massa dei militanti. Da parte loro, i dirigenti socialisti non tardarono a inveire contro Mussolini, attaccandolo sul piano morale oltre che politico, avviando fin dal 19 novembre una campagna di insinuazioni diffamatorie sui finanziamenti del nuovo giornale, condotta dall'«Avanti!» all'insegna della domanda: *Chi paga?*. Mussolini replicò definendo la campagna «la più bassa prova di brigantaggio morale», un «tentativo di assassinio» compiuto coinvolgendo «la vasta tribù degli scemi»[119].

Da quel momento, fra i socialisti e il direttore de «Il Popolo d'Italia» si scavò un solco di odio, che in pochi giorni divenne sempre più profondo, fino a rivelarsi definitivamente incolmabile la sera del 24 novembre, durante una tumultuosa assemblea della sezione socialista milanese, riunita per deliberare sulla proposta di espulsione di Mussolini dal partito. Deciso a partecipare all'assemblea, pur consapevole dell'esito già scontato, Mussolini ostentava

---

[117] Ivi, vol. VII, pp. 13-15.
[118] Ivi, vol. VII, p. 7.
[119] Ivi, vol. VII, pp. 18-19. Per le accuse dell'«Avanti!», ivi, pp. 431 sgg.

sicurezza: «mi batterò e faremo a pugni per farmi ascoltare e così farò nuovi proseliti alle mie idee e tutto tenterò per far trionfare quello che è il mio ideale di intervenzionista rivoluzionario»[120]. L'assemblea fu tumultuosa. Mussolini tentò di parlare fra le numerose interruzioni, gli esigui applausi degli ormai pochi amici e le bordate di fischi assordanti:

> Voi credete di perdermi, ma io vi dico che vi illudete. Voi oggi mi odiate perché mi amate ancora, perché... *(applausi e fischi interrompono ancora l'oratore).*
> Ma voi non mi perderete: dodici anni della mia vita di partito sono o dovrebbero essere una sufficiente garanzia della mia fede socialista. Il socialismo è qualche cosa che si radica nel sangue. Quello che mi divide ora da voi non è una piccola questione, è una grande questione che divide il socialismo tutto[121].

Alla fine, la stragrande maggioranza decretò la sua espulsione dal partito per «indegnità politica e morale». Il giorno dopo, Mussolini commentò profeticamente: «Il caso Mussolini non è finito, come voi pensate. Incomincia, si complica. Assume proporzioni più vaste. Io innalzo apertamente la bandiera dello scisma. Non mi acqueto, ma grido; non mi piego, ma insorgo»[122].

In effetti, l'espulsione di Mussolini ebbe un impatto enorme all'interno del Partito socialista, considerando quel che la sua figura era divenuta dopo la sua affermazione al congresso di Reggio Emilia. E ancora più enorme fu l'impatto sullo stesso Mussolini, che in pochi giorni comprese di essere solo, con uno sparuto gruppo di compagni che ancora lo appoggiavano. «Sono forte. nonostante io sia quasi solo: dirò, quasi, che sono forte appunto per ciò», disse alla vigilia dell'espulsione, e aggiunse:

> Ricordo quel che mi diceva un giorno un amico mio: 'Io non so spiegarmi, egli mi diceva, come tu possa essere socialista dato il tuo carattere di uomo fieramente indipendente'. Quel mio amico diceva bene, e io mi aspetto un giorno che mi ricordi quelle parole. Egli, il

---

[120] Ivi, vol. VII, p. 34.
[121] Ivi, vol. VII, pp. 39-41.
[122] Ivi, vol. VII, p. 43.

mio amico, giudicava giusto ritenendo che un uomo come me mai si sarebbe acconciato ad essere supinamente ossequiente ai voleri di coloro che sono alla testa del gregge socialista[123].

Con un simile linguaggio sprezzante nei confronti del partito e della massa con cui aveva militato per dodici anni, Mussolini lasciava chiaramente intendere di aver rotto definitivamente i ponti con il Partito socialista. Fu una svolta traumatica, decisiva e irrevocabile, nella sua vita politica. La scelta interventista di Mussolini non fu un atto impulsivo e ancor meno la conseguenza di un cedimento alle lusinghe dell'ambizione e alla seduzione del denaro, giacché era avvenuta dopo una travagliata riflessione sul fallimento dell'Internazionale socialista e con la consapevolezza dell'impotenza del Partito socialista a imporre al governo la neutralità assoluta e a mobilitare il proletariato per impedire la guerra. Proponendo la «neutralità attiva e operante», Mussolini aveva cercato una via d'uscita dal vicolo cieco della neutralità assoluta in cui lui stesso aveva imbottigliato il partito: forse pensava veramente di poter convincere, se non la maggioranza, almeno una cospicua parte dei socialisti a seguirlo per la nuova strada; forse era maturata in lui la convinzione che il tentativo di condurre il partito alla rivoluzione era destinato al fallimento, vista l'esperienza tumultuosa ma inconcludente della Settimana rossa; forse dopo l'esplosione della guerra europea, la fine dell'Internazionale socialista e il rafforzamento del nazionalismo ovunque in Europa, aveva pensato che solo trasformandosi in un socialismo nazionale il Partito socialista italiano avrebbe potuto aspirare ad assumere in futuro il governo della Terza Italia come lui la vagheggiava.

Sono tutte ipotesi. Mentre è un fatto che nell'autunno del 1914 il giovane Mussolini bruciò in pochi giorni tutto quello che era riuscito a conseguire in dodici anni di assidua militanza socialista, soprattutto il successo e la posizione di prestigio e di potere conquistata nel partito e fra le masse durante i due anni di direzione dell'«Avanti!». Tuttavia, ai suoi ex compagni che lo accusavano di aver tradito per perseguire un'ambizione personale, replicava che tutti «dal più al meno, abbiamo le nostre ambizioni, ma non

---

[123] Ivi, vol. VII, pp. 32-33.

è men vero che da questa passione soltanto io sia pervaso; perché, allora, avrei lasciato il partito di cui ero il primo e la direzione del giornale che ne è l'organo potente?»[124].

Dal luglio 1912, come direttore dell'«Avanti!», Mussolini era diventato il personaggio più prestigioso, più popolare e più influente del socialismo italiano, amato dai giovani socialisti e idolatrato della masse: «Noi giovani – ricordava un operaio torinese divenuto poi comunista – eravamo tutti entusiasti di Mussolini: un po' perché era, relativamente, un giovane anche lui, un po' perché aveva sbaragliato i riformisti e, finalmente, perché i suoi articoli sull''Avanti!' ci parevano forti e rivoluzionari»[125]. In Mussolini, si legge in un articolo pubblicato dallo stesso quotidiano socialista il 29 novembre, «la gioventù socialista aveva trovato, dopo una lunga e ansiosa attesa, non soltanto la buona tempra del combattente a parole e a scritti, ma anche l'anima eroica del rivoluzionario di azione [...]. L'uomo, in altre parole, era diventato il simbolo»[126].

Gli stessi riformisti, pur deprecando il fenomeno, riconoscevano che Mussolini era diventato l'idolo delle masse:

In verità – aveva osservato Zibordi il 15 agosto 1914 – il Mussolini, anche inconsciamente, ha istituito una dittatura, che ha basi individuali e basi collettive, psicologiche o meglio sentimentali entrambe; non razionali.

Col prestigio irresistibile della sua combattività aspra, ma elevata, che trascina le folle senza essere – in barba alla etimologia – volgarmente demagogica; con alcune doti personali di credente e di milite, egli fa ingoiare alle masse tutto quello che vuole: persino la teoria del salasso rigeneratore [...].

Ma sarebbe far torto a lui e alla verità il tacere che, s'egli oggi domina, non è solo perché la sua figura copra e faccia digerire le sue teorie. Gli è che anche queste teorie – o più esattamente questi suoi stati d'animo, questi suoi atteggiamenti psichici – rispondono oggi a una condizione che è nella folla.

La guerra e tutta l'atmosfera psichica che, come il polverone al tu-

---

[124] Ivi, vol. VII, p. 33.
[125] Cit. in P. Spriano, *Torino operaia nella grande guerra (1914-1918)*, Einaudi, Torino 1960, p. 43.
[126] I. Toscani, *I giovani, il socialismo e la guerra*, in «Avanti!», 29 novembre 1914.

multo, le si è levata intorno, ha penetrato, con suo contagio, gli animi. Quanta psicologia del nazionalismo v'è nel mussolinismo! In parte perché violenza esige violenza che la fronteggi; in parte per una pura ragione epidemica[127].

Dell'idolatria delle masse verso la sua persona Mussolini era consapevole, tanto che più volte gli accadde di doversene schernire, con finta o convinta modestia, come fece in occasione di un'assemblea dei socialisti milanesi riuniti il 5 aprile 1914 per festeggiare la sua assoluzione in un processo: «Fui indeciso se venire o darmi alla latitanza», aveva esordito Mussolini, accolto da una prolungata, delirante ovazione: «Poi non avrei voluto ridestare in voi – e non lo voglio –, in alcuno di voi un sentimento di idolatria che bisogna invece combattere. Non varrebbe la pena di demolire una chiesa per costruirne un'altra»[128].

Al mito e all'entusiasmo delle masse per Mussolini, oltre al personale carisma, contribuirono i successi evidenti che egli poté vantare come direttore dell'«Avanti!» e come capo della frazione rivoluzionaria che aveva assunto la guida del partito. Dopo il 1912, oltre alla rapida moltiplicazione delle copie vendute del giornale, ci fu una notevole ripresa delle iscrizioni al partito: durante la direzione riformista, nel 1909 gli iscritti erano scesi da 43.700 a 28.835, per risalire nel 1910 a 32.108 e ridiscendere ancora a 28.689 nel giugno 1912, ma nell'aprile 1914 erano saliti a 49.148. Inoltre, nelle elezioni politiche del 1913, le prime a suffragio universale maschile, i deputati socialisti erano aumentati da 33 a 53.

Non tutti questi successi potevano essere attribuiti unicamente all'azione diretta di Mussolini, ma certamente essa ebbe una parte notevole nel ridare vigore all'attività, all'organizzazione, alla propaganda e al proselitismo del partito: lo riconoscevano gli stessi oppositori riformisti: nel momento in cui esplose la rottura fra Mussolini e il partito, Zibordi scrisse che nei due anni trascorsi alla direzione dell'«Avanti!» Mussolini era stato «il leader rivoluzionario, il beniamino delle ringiovanite schiere socialiste,

---

[127] G. Zibordi, *Continuando a discutere di cose interne di famiglia*, in «Critica Sociale», 1°-15 agosto 1914.
[128] Mussolini, *Opera Omnia*, cit., vol. VI, p. 144.

l'*excubitor domitantium*, l'elettrizzatore del partito, il rinnovatore dell''Avanti!' [...] l'uomo rispettato da tutti entro il Partito»[129].

Ora, in pochi giorni, l'idolo delle masse proletarie si infranse. Lo stesso Mussolini se ne rese subito conto: alla vigilia della sua espulsione, che ormai dava per certa, dichiarò in un'intervista che i contadini brettoni, «quando le cose loro non procedono secondo i loro desideri, se la prendono con i loro santi e giungono perfino ad abbatterli. È un modo come un altro di sfogare il proprio malumore. Nei riguardi miei si produce lo stesso fenomeno: un fenomeno che l'incoscienza brutale della massa giustifica, come si può giustificare quel che avviene sulle coste brettoni»[130].

Il 29 novembre, la direzione del partito ratificava l'espulsione di Mussolini. Da quel momento, per le masse socialiste, Mussolini divenne il venduto, il transfuga, il traditore. Prezzolini, Lombardo Radice e altri vociani gli telegrafarono: «Partito socialista ti espelle, l'Italia ti accoglie».

---

[129] G. Zibordi, *La logica di una crisi*, in «Critica Sociale», 16-30 novembre 1914.
[130] Mussolini, *Opera Omnia*, cit., vol. VII, p. 33.

GLI AUTORI

Pierluigi Allotti, giornalista professionista, lavora per l'agenzia di stampa askanews. Ha conseguito il dottorato di ricerca in Storia contemporanea presso l'Università di Roma La Sapienza e svolge attività didattica presso lo stesso ateneo. I suoi interessi di studio vertono sulla storia culturale e politica dell'Italia contemporanea e sulla storia del giornalismo. Nel 2012 ha pubblicato con Carocci il volume *Giornalisti di regime. La stampa italiana tra fascismo e antifascismo (1922-1948)*.

Stefano Biguzzi ha compiuto gli studi storici presso l'Università Ca' Foscari di Venezia dedicandosi con particolare interesse alla questione irredentista e alla crisi dello Stato liberale, dalla Grande Guerra all'avvento del fascismo. Ha pubblicato per Utet *L'orchestra del duce* (2003), contributo all'analisi della politica culturale fascista, e *Cesare Battisti* (2008), biografia del socialista e irredentista trentino.

Spencer M. Di Scala è full professor alla University of Massachusetts Boston. È stato Fulbright senior research fellow a Roma, visiting professor alla Luiss e dal 2009 al 2014 presidente della "Dante Alighieri" di Boston. Tra le sue opere: *Dilemmas of Italian Socialism: the Politics of Filippo Turati* (The University of Massachusetts Press, 1980) e *Italy: From Revolution to Republic, 1700 to the Present* (Westview, 4ª edizione 2009); con la Oxford University Press ha pubblicato *Renewing Italian Socialism: Nenni to Craxi* (1988) e *Europe's Long Century 1900 to the Present: Society, Politics, and Culture* (2013).

Emilio Gentile è professore emerito dell'Università di Roma La Sapienza. È stato visiting professor in Australia, Stati Uniti e Francia. Nel 2003 gli è stato conferito il Premio Hans Sigrist per i suoi studi sulle religioni della politica. Tra le sue opere, più volte ristampate e tradotte nelle principali lingue, per i tipi Laterza ha pubblicato: *Il culto del lit-*

torio (1993); *Il mito dello Stato nuovo* (1999); *Le religioni della politica* (2001); *Fascismo. Storia e interpretazione* (2002); *Le origini dell'Italia contemporanea* (2003); *la democrazia di Dio. La religione americana nell'era dell'impero e del terrore* (2006); *La Grande Italia. Il mito della nazione nel XX secolo* (2006); *Fascismo di pietra* (2007); *Né Stato né Nazione. Italiani senza meta* (2010); *Italiani senza padri. Intervista sul Risorgimento* (a cura di S. Fiori, 2011); *E fu subito regime. Il fascismo e la marcia su Roma* (2012); *Due colpi di pistola, dieci milioni di morti, la fine di un mondo. Storia illustrata della Grande Guerra* (2014).

Marco Gervasoni insegna Storia contemporanea all'Università degli Studi del Molise e Storia comparata nella Luiss Guido Carli di Roma. Ha pubblicato i volumi *Georges Sorel. Una biografia intellettuale* (Unicopli, 1997) e più di recente, per Marsilio, *La guerra delle sinistre. Socialisti e comunisti dal '68 a Tangentopoli* (2013) e *Le armate del presidente. La politica del Quirinale nell'Italia repubblicana* (2015).

Charles Killinger insegna Storia nel Valencia College e presso la University of Central Florida. Fra le sue opere: *Gaetano Salvemini. A Biography* (Praeger, 2002), *The History of Italy* (Greenwood, 2002), *Culture and Customs of Italy* (Greenwood, 2005), e "Renato Poggioli and Antifascism in the United States" in *Renato Poggioli. An Intellectual Biography*, a cura di R. Ludovico, L. Pertile, M. Riva (Olschki, 2012).

Simone Visconti è assistente di Storia contemporanea presso la facoltà di Lettere dell'Università di Losanna. Si è laureato all'Università di Ginevra con una tesi sull'idea di nazione di Mussolini durante la Prima guerra mondiale e ha vinto in seguito una borsa dottorale presso l'Università di Paris Ouest Nanterre La Défense per il suo progetto di tesi di dottorato sul percorso politico e intellettuale di Mussolini dal socialismo al fascismo.

INDICI

INDICE DEI NOMI

Adamson, W., 138, 144.
Addis Saba, M., 102.
Adler, V., 54, 57.
Agnello, L., 171.
Agosti, G., 140, 172.
Alessi, R., 43, 207.
Alfassio Grimaldi, U., 109-110.
Alighieri, D., 41, 55, 68.
Amato, G., 99, 146.
Ambrosi, E., 41.
Andreucci, F., 41.
Antliff, M., 74-75.
Antonioli, A., 88, 93-94.
Apih, E., 135.
Aquarone, A., 146.
Arfè, G., 110, 115-116, 120, 123, 126, 135, 147-149, 152, 179, 181, 184, 197.
Ariosto, L., 180.
Arlettaz, G., 3.
Arlettaz, S., 3.
Asheri, M., 74.
Asor Rosa, A., 170.
Assante, F., 179.
Audenino, P., 13.

Bacci, G., 115, 180-181, 188.
Badaloni, V., 111.
Bakunin, M., 77, 100.
Balabanoff, A., 6, 11, 42, 66, 111, 155, 171, 182, 196-197.
Barboni, T., 6, 9-11, 13-15.
Barni, G., 27, 48, 71.
Bartoli, S., 6, 27.
Barzini, L., 170-171.
Basso, L., 148-149.
Battisti, C., v, 39, 46-49, 53, 57- 60, 62, 66, 70-71, 128, 141, 143, 173, 233.
Baudelaire, C., 45.

Bechelloni, A., 4.
Becquemont, D., 29.
Bedeschi, S., 3, 5.
Beethoven, L. van, 56.
Benvenuti, S., 38.
Bergson, H.-L., 29.
Bernardino da Feltre, 52.
Bernstein, E., 81.
Bertagnolli, G., 45.
Bertero, G., 6.
Berth, É., 77-78, 83, 90.
Berti, C., 44, 56, 65, 69, 100.
Bertoni, L., 16, 19, 21, 170.
Berutti, F., 10.
Bevilacqua, P., 4.
Bezençon, M., 5.
Bianchi, M., 95.
Biguzzi, S., 40, 45.
Bissolati, L., 81, 108-111, 114, 130, 147-148, 150, 155-156, 179-180, 206.
Bittanti, E., 46.
Blanqui, L.-A., 77.
Bobbio, N., 140.
Bocca, G., 172.
Bombacci, N., 94.
Boninsegni, P., 31-32.
Bonomelli, G., 24.
Bonomi, I., 81, 114, 147-148, 150, 155-156, 180, 206.
Bordiga, A., 94, 171, 197.
Bosio, G., 101.
Bourget, P., 24.
Bozzetti, G., 74, 80, 109-110, 180-181.
Braccialarghe, C., 109, 130.
Briand, A., 78.
Broll, R., 50.
Bruno, G., 44, 50, 175.
Byron, G.G. Lord, 221.

Cabiati, A., 131-132.
Cabrini, A., 114, 155.
Cajani, L., 201.
Caldara, E., 95, 97.
Calì, V., 62.
Calvino, G., 26.
Campi, A., 46, 67.
Candeloro, G., 100, 109.
Cantarella, H., 140.
Cantini, C., 25.
Carli, M., 89.
Casalini, M., 102.
Cavaglion, A., 203.
Cavallari, G., 87.
Cerutti, M., 4.
Chamberlain, H.S., 61.
Chelodi, G., 51, 69.
Chiavolini, A.L., 201.
Chiesa, F., 45.
Ciardi, L., 80.
Ciccotti, F., 111, 155.
Cingari, G., 139.
Cipriani, A., 206, 220.
Colpi, G., 55-56.
Conci, G., 45.
Conti, F., 108, 116.
Coppa, F., 126.
Coppellotti, F., 211.
Corner, P., 138.
Corradini, E., 87.
Corridoni, F., 80, 88, 92-93, 95-96, 233.
Corsini, U., 61.
Cortesi, P., 80, 102, 104-105.
Costa, A., 82, 175.
Craveri, P., 40, 52.
Crispi, F., 141.
Croce, B., 86-87, 102.
Cubeddu, R., 77.

Dallabrida, C., 51.
D'Annunzio, G., 24.
De Ambris, A., 88, 92-96, 128, 233.
De Amicis, E., 211.
De Begnac, Y., 3, 65.
De Bellis, V., 147.
De Caro, G., 147, 152, 154, 165.
De Clementi, A., 4.
De Falco, G., 201.
De Felice, R., 11, 42-43, 48-51, 59-60, 66, 73, 80, 95, 97, 108, 111, 113, 116, 120-121, 125, 128, 136-137, 139, 143-144, 147, 149, 155-157, 159-160, 165, 170, 172-173, 177, 179-180, 182, 188, 196-198, 201, 205, 212, 216, 233, 236, 239.
De Gasperi, A., 40, 51-52.
Degl'Innocenti, M., 7, 96, 112.
De Grand, A., 159.
Delahaye, V.-A., 24.
Della Peruta, F., 100.
della Seta, A., 112, 121.
Dell'Avalle, C., 9, 10.
Del Noce, A., 87.
Delzell, C.F., 138.
De Michelis, G., 5-6, 14, 25.
Denis-Dumont, E., 24.
De Paulis, C., 6.
de Pietri Tonelli, A., 80.
Detassis, V., 56.
Detti, T., 41.
Dinale, O., 6, 80, 95, 201.
Di Scala, S.M., 99, 105-106, 109, 112-113, 126-127, 146, 148.
Donatini, S., 6, 9-11, 15-16, 24.
Dorso, G., 66.
Drake, R., 74.
Dreyfus, M., 4.

Eisen, M., 27.
Emer, D., 44, 56.
Emiliani, V., 82.
Engels, F., 101, 104-105, 211, 238.
Espinas, A., 24, 26, 28-30.

Fancello, N., 184.
Fasciolo, A., 201.
Fasulo, S., 82, 201.
Ferri, E., 9, 17, 24, 81.
Finocchiaro, B., 152.
Fonjallaz, A., 32.
Fonti, L., 4, 11.
Formentini, U., 159.
Fortunato, G., 139, 154.
Fouillée, A., 24, 28-30.
Francesco Ferdinando d'Austria, 127, 192.
Francesco Giuseppe I d'Austria, 54, 61.
Franzina, E., 4.
Frauenfelder, A., 6.
Fulpius, C., 25.
Furiozzi, G.B., 87.

Indice dei nomi

Galante Garrone, A., 140.
Galli, G., 133.
Garibaldi, G., 38, 55, 94, 220.
Garin, E., 141.
Gasparini, D., 41-42.
Gencarelli, E., 139.
Gentile, E., 47, 75, 80, 91, 143-144, 153, 170-171, 173, 180-181, 188, 198, 202, 211, 214, 223.
Gentile, G., 87.
Gerbi, S., 203.
Gervasoni, M., 15, 77, 80, 83, 85-87, 89-90, 96, 176, 205.
Ghisleri, A., 102, 146.
Gianinazzi, W., 17, 25, 78, 80, 92.
Giarizzo, G., 139.
Giolitti, G., 17, 106, 112, 114, 119, 122, 135, 137, 142, 145-146, 150-152, 155-157, 159, 183, 185, 220.
Giuliani, A., 203.
Gramsci, A., 94, 157, 159-160, 171-172.
Graziadei, A., 23, 95, 197.
Gregor, J., 74, 138, 211.
Guesde, J., 81-82, 97.
Guido, M.L., 77.
Guyau, J.-M., 28, 31.

Haerdtl, G., 54.
Haraucourt, E., 45.
Hartmann, E., 24.
Head-König, A.-L., 27.
Hervé, G., 78, 81, 84-85, 96, 195.
Heuré, G., 85.
Hofer, A., 38, 54-55.
Horochowsky-Shéviakoff, E., 27.
Hostetter, R., 100.
Hughes, H.S., 141.

Ibsen, H., 222.

Jaurès, J., 92, 96, 194.
Jouhaux, L., 96.
Joyce, J., 79.
Julliard, J., 76, 78.

Kautsky, K., 81-82, 84, 97, 211.
Killinger, C., 139.
Klopstock, F.G., 45, 222.
Kramer, H., 53.
Kropotkin, P.A., 21, 82.

Kuliscioff, A., 101-103, 105, 109, 114-117, 129, 148-149, 183.

Labriola, A., 16-18, 20, 22, 24, 26, 78-84, 87, 89, 94, 96, 101, 104, 141, 145, 172, 178, 182, 211.
Lafargue, P., 45, 82.
Lagardelle, H., 77, 78, 82-83.
Lamartine, A. de, 68, 222.
Lanzillo, A., 95, 97, 159, 182, 201.
Lassalle, F., 84.
Lazzari, C., 82, 88, 97, 116, 148-149, 155, 180, 188, 200, 205.
Le Bon, G., 33, 175.
Lenin, V.I., v, 81.
Leone, E., 78-79, 82, 182.
Lerda, G., 108, 110-113, 115, 120.
Lerda Olberg, O., 108.
Lichtenberger, H., 24, 26, 28.
Liebknecht, K., 81, 196.
Linden, M. van der, 76.
Livorsi, F., 99.
Lombardo Radice, G., 128, 148, 233, 246.
Longobardi, E.C., 9, 78, 81-82.
Lotti, L., 94, 117-118, 123, 126.
Loughlin, M.B., 85.
Lucini, G.P., 80.
Ludwig, F., 59.
Luxemburg, R., 81, 111.
Luzzatti, L., 111, 146, 150.
Luzzatto, G., 156.
Lyttelton, A., 205.

Madruzzo, C.E., 59.
Malatesta, E., 100, 122.
Malot, A.H., 12.
Manacorda, G., 100.
Manz, P., 7.
Marangoni, G., 78.
Marchetti, L., 125.
Marchioli, E., 120.
Marinetti, F., 80.
Martig, P., 12.
Martinelli, G., 121.
Marucco, D., 22, 82.
Marx, K., 26, 87, 103-104, 125, 141, 151, 175, 211-212, 219, 226, 238.
Masini, P., 100.
Mattei, S., 42, 61.
Matteotti, G., 135.
Mazzini, G., 94, 220.

Mazzoni, N., 9.
Megaro, G., 46, 60, 66, 73, 143, 149, 155, 160, 206, 211.
Meisel, H.J., 73.
Meisel, J., 73.
Melograni, P., 170.
Metternich, K. von, 68, 166.
Micheletta, L., 90.
Michelini, L., 77.
Michels, R., 74, 79, 88, 90.
Miller, J., 146.
Millioud, M., 31-33.
Milza, P., 4, 173, 177, 179-180, 182-184, 188, 192, 198, 202, 239.
Minervini, L., 142.
Missiroli, M., 87.
Mocchi, W., 20, 172.
Modigliani, G.E., 149, 151.
Monceri, F., 77.
Mondolfo, U.G., 156, 159.
Monicelli, T., 80.
Monteleone, R., 40-41, 43, 48, 56, 66, 70, 99.
Morgagni, M., 201.
Morgari, O., 59, 152.
Mornati, F., 31-32.
Moschi, F., 80.
Mottu-Weber, L., 27.
Mucchielli, L., 29.
Müller, J.-W., 74-75.
Murri, R., 51.
Musatti, E., 59.
Musiedlak, D., 8, 28, 61, 211.
Musset, A. de, 221.

Nadler, E., 45.
Naldi, F., 199, 202, 239.
Nanni, T., 42-44, 46, 58, 170, 201.
Napoleone Bonaparte, 37.
Nemeth, L., 201.
Nenni, P., 121-122, 152.
Nietzsche, F.W., 23-24, 26, 28, 31, 35, 118, 138, 160, 211, 213-214, 222.
Nolte, E., 74, 211.

Oberdan, G., 38, 62.
Ojetti, U., 46.
Olász, F., 45.
Olivetti, A.O., 25, 86.
Orano, P., 74, 78, 81, 89-90.
Oriani, A., 220.
Orsini, A., 103.

Osti Guerrazzi, A., 92.

Pagliari, F., 148.
Palmieri, P., 135.
Pantaleoni, M., 77.
Panunzio, S., 78, 93, 95-97, 128, 138, 146, 182, 197, 233.
Panuzzi, T., 5, 7.
Paoloni, F., 201.
Papini, G., 65, 143, 178, 201.
Pareto, V., 21, 23, 31-32, 77, 83, 88, 138, 141, 143, 166, 211-212, 214.
Particella, C., 59.
Pastore, O., 159.
Pastori, P., 87.
Pedone, F., 109.
Pepe, A., 93.
Perfetti, F., 96.
Pernicone, N., 100.
Petőfi, S., 45.
Piazzalunga, L., 12.
Picasso, P., 153.
Pilati, C., 52.
Pini, G., 46, 57.
Pisano, R., 17.
Piscel, A., 46, 54, 58-59, 173.
Pittoni, V., 57.
Placci, C., 141-142, 160.
Platen, A. von, 45, 68, 221-222.
Plechanoff, G., 111.
Podrecca, G., 45, 115.
Poe, E.A., 45.
Pombeni, P., 40, 52.
Prampolini, C., 129.
Prezzolini, G., 46-47, 61-62, 65, 79, 86-87, 91, 137-138, 143-144, 153-154, 165, 171, 178, 181, 201-202, 207, 210, 214, 220, 222-223, 233, 246.
Princip, G., 192.
Proudhon, P.-J., 77.
Prudel, A., 50.

Rafanelli, L., 66, 207-208.
Ragazzoni, A., 64.
Ragionieri, E., 102.
Rapone, L., 172.
Rasmussen, A., 34.
Raynaud, E., 45.
Regnard, P., 24.
Ridolfi, M., 4, 9, 80, 205.
Rigola, R., 97, 125.

Riosa, A., 16, 78, 82, 88-89.
Robert, O., 31.
Roberts, D.D., 138.
Rolland, R., 45, 56.
Romano, A., 100.
Rosada, A., 9, 11, 14-15, 19, 25.
Rossato, A., 201.
Rossi, C., 201.
Rossi, E., 139.
Rossoni, E., 95.
Rota, E., 140.
Roth, J., 73.
Rygier, M., 80, 201.

Sabino, G.M., 4.
Salandra, A., 122.
Salomone, A.W., 139.
Salvadori, M.L., 140-142, 152.
Salvemini, G., VI, 91, 116, 135, 172, 182, 199, 208, 230.
Sänger, F., 45.
Santarelli, E., 100.
Santucci, A.A., 172.
Sardi, L., 49, 52.
Sarfatti, M., 3, 60, 65, 206.
Sarti, R., 138.
Sasso, G., 154.
Savelli, R., 146.
Scavino, M., 16.
Schiller, F., 45, 222.
Schmidt, M., 77.
Scotoni, M., 53-54, 57.
Seidel, R., 45.
Serrati, G.M., 5-12, 14-15, 19, 25, 27, 42, 82, 95, 97, 155, 158-159, 172, 183-184, 202.
Serventi Longhi, E., 93, 95.
Sestan, E., 141, 154.
Sharp, A., 127.
Shelley, P.B., 222.
Sighele, S., 24.
Silva, P., 152, 154.
Simeonoff, S., 33.
Sombart, W., 20, 79.
Sorel, G., VI, 24, 47, 70, 73-75, 77-79, 81-92, 95, 97, 138, 143, 145, 178, 211-212.
Spadolini, G., 139.
Spencer, H., VI, 29.
Spriano, P., 159, 244.
Stefenelli, G., 62.
Stein, L., 24.

Sternhell, Z., 74.
Strik Lievers, L., 101.
Susmel, D., 3, 42, 46, 57, 169, 206.
Susmel, E., 3, 42, 143, 169, 206.
Sznajder, M., 74.

Tabin, J.-P., 6.
Tagliacozzo, E., 139-141, 146, 156.
Taglialatela, A., 12.
Talmon, J.L., 74.
Tamburrano, G., 121.
Tancredi, L., 89-90, 128, 233, 235.
Tasca, A., 94.
Tessadri, P., 57.
Thorpe, W., 76, 80.
Tikhonov, N., 27.
Togliatti, P., 94, 171-172.
Togni, C., 6.
Tomoff, T.P., 27.
Torre, A., 152.
Torre Santos, J., 93.
Toscani, I., 244.
Trancredi, L., 233.
Tranquillini, C., 53-54, 57, 69.
Treves, C., 109, 113, 115-116, 118, 150, 179-180, 182, 202-203, 216.
Treves, P., 203.
Tucker, K., 76.
Turati, F., VI, 17, 82, 97, 99, 101-106, 108-110, 112-117, 119-120, 129-130, 141-142, 146-150, 155, 177, 179, 183-184, 205, 216.

Umberto I, re d'Italia, 106.
Unferdorben, S., 52.
Ungari, A., 90.

Valera, P., 116, 206.
Valiani, L., 109, 146, 158, 236, 239.
Vandervelde, É., 12, 97.
Vasoli, C., 154.
Verhaeren, É., 45.
Vigezzi, B., 112, 117, 128, 233, 237.
Villari, P., 140.
Villari, R., 154.
Vittoria, A., 45, 68.
Vittorio Emanuele III, re d'Italia, 40, 111.
Vivanti, C., 170.
Viviani, S., *vedi* Martinelli, G., 121-122.

Voltaire (F.-M. Arouet), 24.
Vuilleumier, M., 4, 7, 14.

Wagner, R., 222.
Walt, L. van der, 77.
Webb, B., 80.
Weber, M., 27, 169.
Webster, R.A., 51.
Wolin, R., 74, 75.

Woltmann, L., 61.
Worms, F., 29.

Zagari, G., 154, 160.
Zanardelli, G., 106.
Zannini, G., 11.
Zerbini, A., 111.
Zibordi, G., 95, 119-120, 124, 127, 132-133, 197, 208-209, 244-246.

INDICE DEL VOLUME

Premessa   v

L'educazione rivoluzionaria di un romagnolo in Svizzera
    di Simone Visconti   3

Un rivoluzionario in Trentino   *di Stefano Biguzzi*   37

Mussolini: un sindacalista rivoluzionario?
    di Marco Gervasoni   73

Benito Mussolini, i riformisti e la Grande Guerra
    di Spencer M. Di Scala   99

Salvemini, Mussolini e la critica allo Stato liberale
(1910-1914)   *di Charles Killinger*   135

Lo stile di un giornalista rivoluzionario
    di Pierluigi Allotti   169

Una rivoluzione per la Terza Italia   *di Emilio Gentile*   205

Gli autori   247

Indice dei nomi   251